Great Barrier Reef
Kuranda
Cairns
Creek
Mount Isa
Queensland
ngs
Bundaberg
Cracow
Childers
Eidsvold
Brisbane
ustralia
Surfers Paradise
Myall Creek
Bingara
Tamworth
New South Wales
Sidney
Thirroul
Wollongong
delaide
Albury
Canberra
Wodonga
Wangaratta
Bonegilla
Glenrowan
Melbourne
Victoria
Tasmania

Andreas Altmann

IM LAND DER REGENBOGENSCHLANGE

Andreas Altmann

IM LAND DER REGENBOGENSCHLANGE

Unterwegs in Australien

DUMONT

Für Katharina, die Muse, die Überraschung
Für Günther, von deinem Schuldner und Freund

Erste Auflage 2008

Umschlag: Zero, München
Satz: Fagott, Ffm
Gesetzt aus der DTL Documenta
Gedruckt auf säurefreiem und chlorfrei gebleichtem Papier
Druck und Verarbeitung: CPI – Clausen & Bosse, Leck
Printed in Germany

ISBN 978-3-8321-8053-9

Was bleibt mir an Wünschen?
Die Ferne.
Die Nähe.

Ko Un

Ein Buch ist verfehlt,
welches den Leser unversehrt lässt.

André Gide

VORWORT

Dieses Buch ist wie jedes meiner Bücher ein *Minority Report*, ein Bericht für die Minderheit. Es soll jenen gehören, die Reisen (und Leben) als einen Zustand begreifen, der einmalig ist. Der ihnen Gefühle zumutet, die anstrengen und – wenn gemeistert – reich machen. Reicher allemal, im Kopf, im Herz, tief im Bauch. Die 319 Seiten sind, auch das ist geblieben, ein vehementes Ja-Wort an die Welt, diesmal an die australische Welt. An ihre Wunder, an ihre wunderlichen Schrecken, ihre Schönheit, ja an all die Möglichkeiten, die sie vor uns ausbreitet. Damit wir etwas über den Kontinent und seine Bewohner erfahren, ihre Geschichten. Und über uns. So wie wir sind. Reisen als Offenbarungseid. Auch das.

Nicht geschrieben wurde das Buch für die Tranigen, die Luxusgeschöpfe, die Glotzer, die Virtuellen, die Langschläfer und alle anderen, die sich vorgenommen haben, der Welt und der Wirklichkeit aus dem Weg zu gehen. Sie werden sich hüten, es aufzuschlagen. Jeder Absatz würde sie daran erinnern, wie sterbensfad sie sich inzwischen in ihrem Alltag, ihrer Allnacht eingerichtet haben. Dösend. Nie plagt sie erhöhte Temperatur. Die Lauwarmen sind immer lau.

Was das Buch nicht ist, nimmer: Ein Reiseführer, mit keiner Zeile werde ich jemanden »führen«. Es ist ein Tagebuch, ein Fahrtenschreiber, ein Notizheft, in dem jeden Tag Australien und die Australier auftauchen. Und dazwischen melden sich eigene Gedanken zu Wort, Nebengedanken, Seitenhiebe, Widersprüche,

Einsichten, Zweifel, Bewunderung, Wutsplitter, Einsamkeit, Lachanfälle, wieder Bewunderung, wieder Zweifel, wieder Lachen.

Natürlich taugt *Im Land der Regenbogenschlange* auch als Kriegserklärung an die Grauen Herren, jene umtriebigen Hanswurste, die sich vorgenommen haben, die Welt, die Weltbewohner, ihre Träume und ihr Verlangen nach Freiheit und Sinn zu demontieren. Jene *Global Criminals*, die uns in verschiedenen Kostümierungen begegnen. Mal als kriegslüsterne Politiker, die im Namen des Friedens morden, morden lassen. Mal als geifernde Hochwürden und Muftis, die uns mit ihren gräulichen Göttern in Atem halten. Mal als Natur abfackelnde Businessmen, die uns ihre höllischen Reden vom Wachstum um die Ohren hauen. Auch ihnen begegnet man in Australien. Wie den weißen Hassern, die sich noch immer der Herrenrasse zugehörig fühlen und bis heute nicht willens sind, den Aborigines – immerhin die ersten Australier – ohne Anmaßung zu begegnen.

Die Reise über diesen riesigen Erdteil ist kein Ausflug für Zartlinge. Selbst als Leser wird man sich Schrammen und Flecken holen. Doch das wäre durchaus im Sinne des Verfassers. Hat er doch sein »Herz ausgeschüttet«, sein Australien. Und dessen Glanzpunkte und Geheimnisse, dessen Gemeinheiten, Wunden und Niederlagen. Und je inniger die Sprache den anderen berührt, desto inniger die Freude. Bei beiden. Dem Leser einen dicken Brief schreiben, ein Buch eben, das scheint bis zum heutigen Tag das probateste Mittel, um uns von der Welt und dem Staunen über sie zu erzählen.

Wer von Europa nach Australien fliegt, verliert einen Tag seines Lebens. 10 000 Meter über Asien verschwindet er, der Tag. Die Zeitverschiebung hat Schuld. Ein Zwilling, der in Sydney ankommt, ist älter als sein in Paris gebliebener Bruder. Absurd, aber wahr. Es gibt aber noch andere Gründe, um unnötig schnell auf dem Weg dorthin zu altern. Ich blättere im Heft, in dem das Unterhaltungsprogramm für den Flug steht. Grell wird der neue Film von Bruce Willis vorgestellt, *Die hard 0.4 – A new breed of violence*. Die Welt darf sich freuen. Hat sie doch die Schnauze voll von alter, althergebrachter Gewalt. Mister Willis und seine Mittäter haben sich für uns was Neues ausgedacht: brandneue Gewalttätigkeiten, um mit ihr (und uns) fertig zu werden. Der letzte Satz in der Ankündigung, der letzte von Bruce: »I kill you all«.

Neben dem Flachkopf steht ein Bericht über Elle Macpherson. Das Ex-Modell ist tatsächlich bemerkenswert attraktiv. Auf das »Geheimnis ihrer Schönheit und Harmonie« angesprochen, meint die heute 44-Jährige, die einst als *The Body* berühmt wurde: »Viel Wasser trinken und viel schlafen.« Das muss ein wildes Leben sein, nach dem vielen Schlafen kommt das viele Wassertrinken. Und doch, irgendwie beneidet man die Australierin. Wie man immer Zeitgenossen beneidet, die mit ein paar wenigen Gedanken über die Runden kommen. Was hat die Menschheit nicht alles unternommen, um Schönheit, innen und außen, zu finden. Dabei wäre alles so einfach, ein Bett und ein Wasserhahn genügten.

Dennoch, das wird ein angenehmer Flug. Herr Abed sitzt neben mir. Ein Arzt aus Malaysia, der sich in Frankreich verliebt hat, dort ein Sommerhäuschen besitzt und eines Tages, mitten in einem Wutanfall, innehielt und sich fragte: »Was tue ich gerade?« Seitdem erregt er sich nur noch »innerlich«, sagt sich gefasst: »I walk away«. Er geht weg, entfernt sich vom Ärger, lässt ihn stehen. »Wie einen keifenden Patienten.« Zwölf Stunden lang schiele ich immer wieder auf einen Mann, der sich vorgenommen hat, anders mit seinem und anderer Leute Leben umzugehen. Er zieht keine Pumpgun, keinen Dolch, er zieht Leine, will immer elegant bleiben. Die Wut soll verpuffen, nicht explodieren.

Zwischenstopp am Flughafen von Kuala Lumpur. Suche nach einem Ort, wo man (noch) rauchen darf. Den es tatsächlich gibt, die *Smoking Lounge*. Tische, Stühle, zwei Getränkeautomaten, sogar eine Entlüftung funktioniert. Hier wirtschaftet kein sadistischer Flughafenchef, der einen Raum zur Verfügung stellt, den man mit ein paar Handgriffen zur Gaskammer hochrüsten könnte. Die Bude ist voll, alle scheinen gut gelaunt, eine Insel der Seligen, auf der munter kommuniziert wird. Kein Kommunikationsmittel verdammt uns zum Schweigen. Man denkt sogleich an die *Go-West*-Werbung. Die muskulöse Tattoo-Frau spricht mit der malayischen Stewardess in ihrem hübschen Kebaya. Chinesen, Inder, Bangladeshi, Gutbetuchte, 18-Jährige mit Rucksäcken, Klomänner, Klofrauen, Saudis, Schwarze, kleine Leute, große Leute, schöne Paare, ex-schöne Paare, Rolexträger und Sandalen-Jünger, Piloten in schicken Uniformen und Handelsvertreter mit schweren Aktenkoffern, sie reden, sie hören zu. Eine betagte Muslimin mit Kopftuch zieht lässig eine Marlboro-Schachtel aus ihrem Umhang, inhaliert, diskutiert, vergisst bisweilen die Zigarette im rechten Mundwinkel. Alles an ihr wirkt mondän, unkriegerisch, religionsfern, ganz offensichtlich predigt sie keinen heiligen Krieg, sondern bekennt sich öffentlich zur Sünde.

Wir kommen gut miteinander aus, das Gefühl der Zusammengehörigkeit verbindet, wie Aufsässige und Dissidenten dürfen wir uns fühlen. Ist uns doch allen bewusst, dass wir seit einiger Zeit die einzige Rasse sind, die täglich und weltweit verfolgt wird. Immerhin haben wir für Momente einen Ort gefunden, wo wir von den schrillen Aufrufen der Fitness-Ayatollahs verschont bleiben. Rauchen ist ungesund, aber ja doch – und entspannt, verführt zu einem Lächeln. Umso mehr, wenn der Blick durch die Glasscheibe fällt, vor der die kugelrunden Nichtraucher vorbeischnaufen, gewiss heimlich von einer radikalen Entschlackung träumend.

Mir fällt das Wort »Fickbomber« ein, das ich von einem Lufthansa-Kapitän gelernt habe. Jene Flugzeuge, in denen überwiegend Männer sitzen, die auf der Suche nach Sex nach Mombasa oder Phuket oder Manila jetten. Bald haben wir die »Smokebomber«. Damit dürfen wir Raucher auf eine Insel fliegen, wo sich ein rebellischer Häuptling entschlossen hat, uns für die Dauer von ein paar Schachteln Nikotin Asyl zu gewähren.

Nochmals sieben Stunden Flug, diesmal neben einem leutseligen Australier, der als Ingenieur in Malaysia arbeitet und beiläufig erzählt – der Essensservice wird gerade wegen starker Turbulenzen abgebrochen –, wie er kürzlich die Leiche seines Freundes identifizieren musste, der bei einem Flugzeugabsturz ums Leben kam. Eine Leiche, der zwei Beine fehlten.

Das wird sich noch oft bestätigen. Aussis haben eine Begabung zu schwarzem Humor, kaltblütig reden sie von der Wirklichkeit. Jack ist der erste Australier, den ich auf dieser Reise treffe. Und er ist freundlich und hilfsbereit (nach dem Schauermärchen lädt er mich zu einem Martini ein). Schöne Vorurteile, denen selten einer widerspricht. Denn ein Fremder braucht den Beistand des Ansässigen. Wie ein Spurenelement führt er ihn durch die Fremde.

Spätabends Ankunft in Sydney, »Welcome« steht in dem Zug, der in die Stadt fährt. Der Wind faucht, hier haben sie Winter, es regnet, die letzten Meter auf der George Street führen an Kneipen und Shops mit *Adult books* vorbei. Ich werfe mein Gepäck im Hotel ab und finde ein Café mit überdachter Terrasse. *The Australian* liegt herum, die größte Zeitung des Kontinents.

Auf der ersten Seite das Foto eines indischen Arztes, eines Moslems, der in Brisbane arbeitete, und verdächtigt wird, an den (gescheiterten) Attentaten in Großbritannien beteiligt gewesen zu sein. Und ein (größeres) Foto vom berühmtesten Bimbo-Paar, das sich die westliche Welt zurzeit leistet, David Beckham mit Frau, Ex-Spicegirl Victoria B. Ausführlich werden wir auf Seite eins darüber informiert, wie viel Geld die beiden an wie vielen Orten scheffeln. Er ist bereits zu *Los Angeles Galaxy* gewechselt, sie droht der Menschheit mit einer eigenen TV-Show. Der Artikel endet mit der nervenzerreißenden Frage an das australische Volk, ob die beiden zu einem Abstecher hierherkommen oder nicht.

Die Franzosen nennen dieses rasant boomende Phänomen »peopolisation«: Nicht unser Planet und seine Bewohner sollen uns interessieren, sondern »people«, jene magersüchtigen Idiotinnen und gelverklebten Hohlköpfe, die uns mit ihren Sottisen in Atem halten.

Das ist eine lehrreiche Zeitungslektüre, todernst gemeint. Sie lehrt uns etwas über Globalisierung, übers Reisen. Wo immer man ankommt, zwei Sorten von Erdenbürgern sind schon da: die Bombenleger und die »simple minds«, kein Winkel entgeht ihnen. Wer wüsste noch ein Versteck, um ihnen zu entkommen. Meist die gleichen Visagen und gleichen Sprüche. Die einen versprechen uns den Tod, die anderen den Hirntod.

Der Beginn dieser Reise erinnert mich an eine Szene aus der Kindheit, als ich neben einem zockelnden Güterzug herlief und aufzuspringen versuchte. Es dauerte, bis ich den Tritt fand, den Mut, den rechten Augenblick. Australien kenne ich nur flüchtig, ich habe noch keine Ahnung, wie mit ihm umgehen. Aber ich spüre, dass ich hier – wie seltsam, gleicht es doch in vielem Europa – länger brauchen werde als auf unvertrauteren Erdteilen.

Nächster Morgen. Frühstück direkt neben dem Hotel, ein Türke ist der Boss des Fast-Food-Ladens. Ich stelle mich vor Mister Cenel auf und deklamiere ein Gedicht von Nazim Hikmet, dem Gott, dem Liebling, dem Nationaldichter aller Türken. Der Alte traut seinen Ohren nicht, 15 000 Kilometer von Anatolien entfernt hört er eine Strophe aus seiner Heimat (sie ist kurz und die einzige, die ich auswendig weiß):

> Leben
> einzeln und frei
> wie ein Baum
> und brüderlich
> wie ein Wald
> ist unsere Sehnsucht

Hinterher habe ich einen Kumpel in Sydney, ab sofort kommt der Kaffee umsonst zu den Spiegeleiern. Ich genieße die kleinen Siege der Poesie. Nie wird sie Berge versetzen, aber mit nichts als ein paar Worten Nähe und Wärme zwischen zwei Wildfremden zaubern. Das schon.

Jeder Reisende kennt das Gefühl. Man betritt eine Stadt und mag sie. Oder nicht. Ich bin das dritte Mal hier und bin noch immer nicht begeistert. Zu brav, zu schön, zu geschleckt. Es ist, als ginge man mit einer verdammt gut aussehenden Frau aus, die immer nur verdammt gut aussieht. Und irgendwann, ziemlich bald, kann man den Wunsch nicht mehr unterdrücken, sich nach einer anderen Frau zu sehnen. Bei der sich nicht jeder umdreht. Aber die mit jedem Satz, den sie ausspricht, verlockender wird. Weil Tiefe und Weltwissen begehrenswerter machen als eine Oberfläche, die kein Geheimnis birgt.

Die Presse heizt gerade die Stimmung für das hiesige Opernhaus an, es soll, nein, es muss auf die Liste der »sieben neuen Weltwunder«. Ach, ich weiß nicht, ich würde Cate Blanchett vorschlagen, sie ist eine australische Sensation an Schönheit und Talent und, das auch noch, klugen Gedanken.

Das Problem mit der größten Stadt Australiens und ihren über vier Millionen Einwohnern ist die Abwesenheit von Aufregung. Nirgends ein Spinner. Ein Großteil der Sydneysider eilt morgens mit einem Pappbecher Starbucks-Kaffee Richtung Subway und abends nach Hause, diesmal mit Shoppingtüten beladen. In einem im Flugzeug gelesenen Reisebericht über die laut Bürgermeister »schönste Stadt der Welt« klapperte der Autor die typischen Klischees ab, die Harbour Bridge, den Blick auf den Hafen, die Skyline, das Lichtermeer. Bis er, wohl unbewusst, ahnte, dass wir Leser bereits den Zustand gereizter Dösigkeit erreicht haben und er, der Schreiber, ganz plötzlich von zwei Hunden gejagt wurde. Welch Glück, denn die Jagd und die Flucht weckten wieder auf, endlich erfuhr man etwas, worauf man nicht gefasst war. Ich finde, Leser und Reisende haben ein Recht auf Überraschungen.

Außer zwei talentlosen Bettlern und einem begabten Stepper, vor dem keiner zum Bewundern stehen bleibt, habe ich kein *streetlife* entdeckt. Kein Marabu wandert die Bürgersteige entlang und verspricht, die Zukunft zu kennen, keiner verteilt die Visitenkarte eines SM-Clubs, kein Wunderheiler, der das Wunder Glück in Aussicht stellt, kein Scharlatan, der behauptet, mit bloßen Fingern zu operieren, kein Feuerschlucker, kein Clown, nur blasse, wohl vom Hungerlohn ausgemergelte Männchen, die Waschzettel verteilen, auf denen gewaltige Steaks abgebildet sind, die man ein Eck weiter aufessen kann. »Eat as much as you can.« Nun, man wird bald gewahr, dass die australischen Männer, Frauen und Kinder sich mehr Steaks einverleiben, als ihren Körpern guttut. Ganz dem Vorbild Amerika verpflichtet, wird XXX-Superlarge zur Norm. »Fat is beautiful«, steht auf einer Abortwand. Der Satz ist gewöhnungsbedürftig.

Am dritten Abend läuft mir in der Pitt Street ein Straßenprediger über den Weg. Immerhin. Auf seiner Brust hängt ein Schild, das uns allen heimleuchten soll: »You are a sinner and you have god's word on it.« Auch das ein alter Hut. Der liebe Gott ist der liebe Gott und wir sind die Sünder. Nachrichten, die offensichtlich niemand mehr redigiert. Bis zum Jüngsten Tag nicht.

Ich wandere zum Kings Cross, jenem Viertel, das während des Vietnamkriegs (an dem australische Soldaten teilnahmen) zum *vice center*, zum Sündenpfuhl des Landes avancierte. An den Häuserwänden lungern noch immer die zum Frevel bereiten Damen. Noch betagter als bei meinem letzten Besuch, noch verbogener die Beine vom vielen Stehen am selben Ort. Und noch immer kein barmherziges Stadtoberhaupt in Sicht, das die Dienstältesten diskret ins Seniorenheim abschiebt.

Ich bin gekommen, weil heute ein Artikel über einen *injecting room* in der Zeitung stand, ein witziger Artikel. Denn in diesen Räumen dürfen sich Junkies offiziell Heroin spritzen, dürfen sich die (saubere) Nadel überall reindrücken, nur nicht in den Nacken. Und jetzt der kleine Wahn, so steht er auf einem Schild: »Rauchen strikt verboten«, noch lustiger, »aus gesundheitlichen Gründen«. Ich trete ein, will zuschauen. Ja, das geht, aber erst morgen Abend. Ich melde mich an.

Sydney holt auf, die Sonne scheint und ich setze mich direkt vor sie. Und der Kaffee kommt. Und jetzt in den Himmel blinzeln, einen Zigarillo anzünden, lesen und mich mittendrin an den Satz aus dem Film *Bonnie & Clyde* erinnern, in dem Faye, die Gangsterbraut, zu Warren, dem Gangster, sagt: »Ain't life great?« Aber ja doch.

Selbst dann noch, als ich Babs kennenlerne, nicht näher, aber nah genug, um zu wünschen, ihr nie begegnet zu sein. Denn die Bedienung straft jeden Kunden, der zahlt, mit dem Satz: »It's a fabulous day, isn't it?«, nicht genug, sie schleudert dem Armen noch ein »have a gorgeous afternoon« hinterher. Dass sie die beiden Sätze vor jedem wiederholt, ist nicht die Strafe, natürlich nicht. Was alle Anwesenden zusammenzucken lässt, ist die quietschende Tonlage, mit der die Wörter durch den Raum fahren. Wie Reifen bei einer Vollbremsung, wie Hamster unter Folter. Die Amerikaner sollten die Unerbittliche für Guantánamo rekrutieren. Nach einer halben Stunde mit Babs im selben Zimmer ist man zu jedem Geständnis bereit.

Ich bin inzwischen ein gewiefter Reisender geworden. Aus Europa habe ich spezielle Lärmschützer mitgebracht. Kein popeliges Ohropax, sondern Silikon, das vom Optiker in die Ohrmuschel gespritzt wird, um eine Art Verschluss herzustellen, der sich genau der individuellen Form anpasst. Die zwei federleichten Plastikteile sitzen wie Korken. Der Preis: neunzig Euro, der Wert: pyramidal. Tonnen von Blabla kommen nicht mehr an, selbst Babs' Peitschenhiebe schrumpfen zu einem fernen Rauschen.

Die Freude nimmt noch zu, als ich im *Sydney Morning Herald* lese, dass vorletzte Nacht Feuer in einem hiesigen Bordell ausbrach und über 100 (hundert!) Kunden von der Feuerwehr evakuiert werden mussten. Eine solche Meldung ehrt die Stadt. Viel mehr als, sagen wir, die Nachricht von hundert Shoppern, die mitten beim Einpacken von Ralph-Lauren-Handtüchern von Rauchwolken überrascht wurden und sich über den Notausgang ins Freie retten konnten.

Neben dem Hyde Park liegen die Hyde Park Barracks, mitten in der Stadt. Wer etwas lernen will über die Geschichte Australiens, der muss hierher, in dieses Museum. Eine wilde, drastische Geschichte, denn das Land begann – für die Weißen – als Zuchthaus. 1788 trafen auf der *Terra australis* die ersten 750 Kriminellen ein. Per Schiff aus London. Weil Englands Zuchthäuser platzten, vor Enge, vor Bitternis. Seuchen und Aufstände wüteten. Im Themse-Delta vegetierten Heerscharen Zwielichtiger in abgewrackten Schiffen, notdürftig umfunktioniert zu schwimmenden Kerkern. Die Hauptstadt galt als »Hauptstadt der Galgen«, zeitweise trugen Henker, Schnellrichter und Gesellen einen tragbaren Balken mit Strick durch die Straßen. Um Frischertappten standrechtlich das Genick zu brechen. So blieb nur Australien, um mit der Raumnot fertig zu werden. Andere Optionen waren inzwischen ausgefallen. Die amerikanische Kolonie hatte sich für unabhängig erklärt und ein Gefangenentransport nach Afrika war gescheitert.

Die Aussichten schienen deprimierend. Es liegen Berichte von Männern und Frauen vor, die sich lieber aufhängen ließen, als in eine Gegend verschleppt zu werden, die so unvorstellbar weit entfernt lag. Acht Monate Überfahrt, Meutereien, Epidemien, die verlauste Enge, plus sieben Jahre Verbannung für das heimliche Mitnehmen von zwei Laib Brot. Einmal Australien und nie mehr zurück für den Diebstahl von mehr als »five shilling«. Es gab Erfreulicheres, als Ende des 18. Jahrhunderts ein (armer) Untertan von George III. zu sein.

Knapp zwanzig Jahre zuvor hatte James Cook das »südliche Land« betreten und für die englische Krone requiriert. Unter dem Vorwand, dass es sich um jene ominöse *Terra nullius* handelte, um ein Gebiet, das keinem gehört. Diese (bewusst) falsche Behauptung sollte für unglaubliches Leid sorgen. Denn die 7 700 000 Quadratkilometer wurden längst von den Aborigines bewohnt, jenen eben, die »ab origine« (lateinisch: seit Ursprung) hier leben. Zumindest seit etwa 50 000 Jahren.

Cook ist ihnen begegnet, er wusste von ihrer Anwesenheit. Die folgende Anekdote erzählt von einer der ersten Begegnungen zwischen den Fremden und »the natives«: Mittels eindeutiger Handbewegungen fragten die Schwarzen nach dem Geschlecht der Engländer, die bartlos waren und folglich nur weiblich sein konnten. Als einer der Engländer die Hose herunterließ, provozierte er ein erstauntes Raunen. Rasiert und doch Mann, welch Überraschung. So wandten die »primitives« den Kopf zur Seite und deuteten auf ihre Frauen, die ebenfalls splitternackt in der Nähe standen. Deuteten, als wollten sie sagen: »Help yourself!«

Was für ein Akt von Großmut. (Auch nicht die feinste Art, aber die Angebotenen schienen ganz einverstanden.) Männer mit Frauen teilen mit Männern ohne Frauen. Aber der weiße Mann kann nicht teilen. So wird er die Frauen vergewaltigen, die Männer töten, das Land rauben. Seit 220 Jahren wollen die einen herrschen und die anderen nicht beherrscht werden. Die monatelange Reise wird zeigen, dass diese Ursünde noch immer wie eine Wunde das Land überzieht.

Natürlich fragt sich ein Außenstehender, ob er je die Zusammenhänge des Dramas begreifen wird. So widersprüchlich, verwirrend scheinen sie. Was er sofort begreift, ist die ironische Interpretation des Zeichens BC, das die angelsächsische Welt mit *Before Christ* übersetzt, die Aborigines aber mit *Before Cook*, sprich, bevor das Unglück seinen Lauf nahm.

Anfang des 19. Jahrhunderts wurden die Hyde Park Barracks errichtet. Um die *convicts* nachts unterzubringen, bis zu 1400 Männer. Später wurde es zu einem Asyl umgebaut, um alleinstehende »Frauenzimmer« zu schützen. Dann als Krankenhaus verwendet, als Irrenhaus, als Bürohaus, zuletzt in ein Museum verwandelt. Das fein restaurierte Gebäude ist Zeuge intensiven Lebens.

Mit der ersten Ladung kamen auch 300 Soldaten. Meist Landsknechte und rohes Gesindel, die Grenzen waren fließend, die Wächter nicht menschlicher als die 750 Bewachten, auf die sie routinemäßig einprügelten. Laut Schiffspapieren befanden sich auch »ideots and lunaticks« (sic!) unter den Passagieren, Idioten und Irre, plus Syphilitiker. Die Expedition war eine passende Gelegenheit, um unliebsame Subjekte auf lebenslänglich zu expedieren.

Das unergründliche Menschenherz. Als die Australier, die weißen Australier, 1988 die zweihundert Jahre ihrer Ankunft feierten, war ich zum ersten Mal in Sydney. Für eine Reportage über den fantasievoll inszenierten Rausch. Während der wochenlangen Geburtstagsparty lief ich dem 80-jährigen Len über den Weg. Er erzählte, dass seine Landsleute immer beleidigt waren, wenn ihnen andere ihre »mörderische Vergangenheit« vorwarfen. Bis sie erkannten, dass das brave Leben ungenießbarer war als das unanständige. Und anfingen, mit Emsigkeit nach einem Bösen im Stammbaum zu suchen, einem Verwegenen. Deshalb gehörte Len zu den vielen Verzweifelten, die seit Monaten Bibliotheken und Geburtsregister der Pfarreien durchstöberten, mit Vergrößerungsgläsern vor Mikrofilmen saßen, lange Briefe an die British Library in London schrieben, ja, einen professionellen Genealogen anheuerten, um endlich – very funny – erleichtert auszurufen: »I've got at least one convict in my family«, immerhin ein Sträfling in der Familie.

Ein solches Geständnis brachte Ansehen. Somit war der Nachweis angetreten, dass man zu den Allerersten gehörte und die Wurzeln bis nach Great (groß!) Britain zurückreichten. Und wäre der Urvater ein Lustmörder, Sodomit oder Taschendieb gewesen. Sie alle, Len und die anderen Hunderttausend, müssen wohl irgendwann den Satz von Billy Wilder gehört haben: »Tugend ist nicht fotogen, das ist eine Grundregel. Bösewichte interessieren jeden, Volksschullehrer-Fräuleins niemanden.« Deshalb auch die herbe Enttäuschung, wenn kein Halunke zum Vorschein kam, nur sechs, sieben Generationen Biedermänner und Biederfrauen.

Ein Gang durch die Barracks kann nur eine Ahnung vermitteln von dem, was die 1050 Männer und (wenigen) Frauen erwartete: Ein unbrauchbares Land, der steinharte Boden, die gigantischen (unfällbaren) Eukalyptusbäume, die gemeine Sommerglut, die Bisse fetter Ameisen, der Mangel an Nahrung, der Mangel an Sex, die trostlose Zukunft. Und von der Stunde Null an der Kampf mit den »Eingeborenen«, die nicht europäisch, nicht englisch zivilisiert werden wollten. Zwei Welten gerieten aneinander. Jene, die Natur erobert und plündert, und jene, die immer nur zeitweiser Gast sein will, die nehmen kann, ohne zu ruinieren. Eine Welt, in deren Sprachen kein Wort für Besitz existierte.

Faszinierender Geschichtsunterricht findet auf den drei Stockwerken statt. Nachrichten aus der Schreckenskammer Australien. Über einen gewissen Thomas Haynes kann man nachlesen, dass er sich weigerte, das verabreichte Gefängnisbrot zu essen. Er ruft zum Brotstreik auf, der Direktor lässt es prüfen, es wird als »good and wholesome«, als gut und gesund, befunden, ergo: fünfzig Peitschenhiebe für den Aufrührer. Die Herren Dignum und Hughes kauften ihren Kollegen die Gefängniskleidung ab. Um sie auf dem Schwarzmarkt zu verschleudern. Das machte acht Tage Einzelhaft, 15 Shilling Bußgeld und 15 Tage Tretmühle. Jene Vorrichtung, die gerade in England erfunden worden war: Mit vier Eisen an Armen und Beinen behängt auf Sprossen steigen und lostreten. Vollkommen nutzlos, vollkommen sinnlos. Wäre nicht der Sinn, dem Mann (oder der Frau) den Stumpfsinn des Daseins einzubläuen. Und am Ende mit gerissenen Achillesfersen und blutigen Händen vom Marterpfahl steigen.

Ein Inhaftierter beschreibt die Szene seiner Auspeitschung. Es gab einen Weg, um die hundert Hiebe abzumildern. Der Peitscher fragt sein Opfer diskret:

– Is there any hangings to it? (Irgendwas für mich drin?)
– Yes.
– All right.

Und dann – nun versichert, dass er später dafür belohnt wird – holt der Hiwi aus. Nur barbarisch, nicht extrem barbarisch.

Wie zu allen Zeiten führte die physische Nähe von Männern (und die Ferne der wenigen Frauen) zu homosexuellen Vermengungen. Damals ein Verbrechen von »abscheulicher Natur«. Am 8. Februar 1812 erwischt es Thomas B. und William B., sie werden zu körperlicher Züchtigung und zu drei Jahren Lager in weit entlegene, noch unwirtlichere Landstriche verurteilt, mit noch mehr Arbeit, noch weniger Frauen. Und zu einer Stunde am Pranger stehen, wobei »die Entrüstung der Bevölkerung derart groß war, dass die Polizei einschreiten musste, um das Werfen von Steinen und anderen harten Gegenständen an die Köpfe der Kriminellen zu unterbinden.« Irgendein Besucher vor mir muss den Zettel hinterlassen haben, der jetzt neben der Vitrine liegt. Ein Akademiker, denn auf lateinisch steht da: »Vox populi, vox bovis«, Volkes Stimme, Rindviehs Stimme. Man verbietet sich sogleich, den Satz klug zu finden. Es gelingt nicht.

Die Strafaktionen gegen Frauen waren eine Spur weniger brachial. Die Autoritäten fanden bald heraus, dass das Abschneiden der Haare, sprich, der Verlust von Schönheit, zu den härtesten Erniedrigungen zählte. Schlimmer als Tabakentzug, Essensentzug, Einzelzelle oder »Steine brechen«.

Erstaunlicherweise wurde die Strafkolonie im Mutterland bald verklärt, zum »land of milk and honey«. Eingedenk dessen, dass England Mitte des 19. Jahrhunderts ein Alptraum gewesen sein muss, klingt die Sehnsucht verständlich. Da das Zahlenverhältnis Mann/Frau in Australien noch immer 6 zu 1 betrug, waren fernwehlustige Damen hochwillkommen. Es gab jedoch Bedingungen: zwischen 18 und 35 Jahre, ein Gesundheitsattest und die Beglaubigung eines »moral character«.

Achtzig Jahre lang, bis 1868, wurden etwa 150 000 Schwerverbrecher und glücklose Pechvögel verschifft. Unter ihnen auch der (einzig nachweisbare) Deutsche, ein gewisser Gustavus Hallenburg, den es in frühester Jugend nach London verschlagen hatte und der als Halbwüchsiger beim Klauen einer Uhr gefasst worden war. O.k., sieben Jahre Deportation. In seinen Unterlagen steht »readis« (sic!), er kann lesen. Er wird wegen einer ganz undeutschen Eigenschaft – »idleness«, Trägheit – am 4. November 1846 ausgepeitscht, 24 Streiche mit dem Lederriemen. Einmal bekommt er zehn Tage lang »bread and water«. Und nach genau sieben Jahren sein »Certificate of Freedom«, die Nummer 44/216 weist ihn als freien Mann aus. Er kehrt zurück nach England, wo sich seine Spur verliert.

Zwei Minuten, nachdem ich das Museum verlassen habe, sehe ich wieder einen Bürger dieser Stadt, wie er mit moderner Gerätschaft das Trottoir fegt. Auf dass keine Baumnadel und kein Grashalm den nackten Asphalt entstelle. Sofort will man ein *convict* gewesen sein. Um nie so zu enden: Mit dem Staubsauger in der Hand auf der Jagd nach Grünzeug. Der Blick auf den vielleicht 30-Jährigen lehrt, dass selbst ein Galgenvogel im Stammbaum kein überschwängliches Leben garantiert.

Beim Abendessen in Chinatown sitzt mir Greg gegenüber, ein Obdachloser. Ich will ihn ködern, er soll eine Geschichte erzählen. Aber er beißt nicht an. Immerhin kommt ein kurzer Satz, als ich meinen Besuch in den Barracks erwähne und ihn frage, wie er als Weißer zu den Aborigines steht. Meist reden Penner wie Populisten, scharf rechts, immer nach Sündenböcken für die eigene Misere Ausschau haltend. Nicht Greg, trocken meint er: »We are staying on their fucking land.«

Heitere Abendlektüre, in der Zeitung zwei erstaunliche Meldungen. Der Bürgermeister von Paris ließ Merkblätter verteilen, um die Einwohner zu mehr Freundlichkeit den Besuchern der Stadt gegenüber zu bewegen. Inzwischen sei nämlich das *Japan-Syndrom* ausgebrochen. Jene Nervenkrise, an der Japaner und Japanerinnen erkranken, die so erschüttert über das flegelhafte Benehmen der Pariser sind, dass sie sich in ärztliche Behandlung begeben, in Härtefällen den Rückflug antreten. In Sydney würde ihnen das nicht passieren. Sogar Greg, der Abgerissene, fragt, als ich auf den Stadtplan blicke: »You need help?«

Die zweite Notiz betrifft eine TV-Journalistin, die sich weigerte, eine Nachricht über Paris Hilton vorzulesen. Sicher Miss Hiltons Nachdenklichkeiten über gelb getupfte Büstenhalter, die sie gestern bei Bloomingdale's gesichtet hat. Es sollte die erste Meldung der *Evening News* sein. »Das war keiner Nachricht wert«, wird die Reporterin hinterher erklären. Die Mutige soll hochleben. Eine, die noch spürt, eine, die noch unterscheiden kann zwischen dringlich und Schwachsinn.

Ich weiß nicht, ob die Erinnerung an P. Hilton mich dazu bewegt hat, noch bei Dymocks vorbeizuschauen, einem der großen Buchläden im Land. Groucho Marx bemerkte einmal: »Ich finde Fernsehen sehr erzieherisch. Wo immer es läuft, gehe ich ins Zimmer nebenan und lese ein Buch.« Könnte es sein, dass die kalifornische Tussi ähnlich pädagogisch wirkt? Durchaus. Wie Hunger zum Essen treibt, so treibt (geistige) Dürre an einen Ort, an dem man Frauen und Männer trifft, die einen mit allem beschenken. Mit allen Gedanken, mit aller Welt, mit allem, was je auf ihr stattfand. Ich sitze am Boden zwischen zwei Bücherregalen und finde einen Absatz von Thomas Nash, einem aufmüpfigen Dichter, immer pleite, immer auf der Flucht vor denen, gegen die er rebellierte. Vor über 400 Jahren schrieb der Engländer ein paar Zeilen übers Unterwegssein, die damals nicht mehr stimmten als heute: »Wenn einer reisen will, so muss er den Buckel eines Esels haben, um alles zu ertragen. Den Schwanz eines Hundes, um jeden damit zu trösten. Die Schnauze eines Schweins, um alles Angebotene zu schlucken. Das Ohr eines Händlers, um allen widerspruchslos zuzuhören.«

Am nächsten Morgen zum Bondi Beach, vielleicht der dritt- oder viertberühmteste Strand im Universum. Auf dem langen Weg komme ich an einem Laden vorbei, über dem steht: »Jews for Jesus.« Ich gehe hinein und frage nach dem Sinn des Satzes. Ich höre, dass hierher Juden kommen, die Jesus Christus als Gottessohn anerkennen. Ich bin jetzt ganz Händler und kommentiere mit keinem Wort. Ein paar hundert Meter weiter kann man seinen vierbeinigen Liebling bei *Cat & Dog Grooming* abgeben. Um ihn hinterher frisch geföhnt und pedikürt wieder spazieren zu führen. An der nächsten Ecke leuchtet auf einer großen, elektronisch beschrifteten Tafel, von überall sichtbar: *Big screen/Big games – Australia versus Onan* (sic!). Wieder einer dieser geheimnisumwobenen Sätze, die so beschwingt zum Nachdenken animieren. Erdkunde-Mangel? Tippfehler, der Onan mit Oman verwechselt? Provokation? Eine Meldung aus dem heftig Verdrängten? Ich liebe diese harmlosen Wahnsinnigkeiten, sie werden mir noch oft in Australien begegnen.

Cooles Viertel, viele Cafés, sogar ein Café mit Wänden voller Bücher lädt ein, die Sonne leuchtet, das Meer, die Gischt, die biegsamen Australierinnen. Seevögel kreischen. Am Strand entlanggehen, alle schwer relaxed, jeder sagt zu jedem: »No worries.« Ob man jemanden versehentlich anrempelt oder vom berühmten Beach-boy-Hautkrebs redet, hier rufen sie tapfer: Kein Problem!

Ein Schild erklärt die Gegend zur *Alcohol-Free-Zone*, bis zum 22.1.2009. Man darf vermuten, dass es sich die Stadtväter dann wieder anders überlegen. (Viele Wochen später werde ich gelernt haben, dass die Bier-Lobby in diesem Land über kurz oder lang jeden kauft.) Ein blau markierter Ausschnitt auf einer Karte zeigt die Straßen, die betroffen sind. Alle hiesigen Zecher sollten den Plan genau studieren, denn der Hastings Boulevard zum Beispiel ist nur die ersten hundert Meter alkoholfrei, einen Schritt weiter darf man wieder zur Flasche greifen.

Vieles ist gesetzlos. Selbstverständlich rauchen (im Freien, im windigen Freien!), zudem Frisbee, Fußball, Weingläser, etc. Ich überfliege die Piktogramme, die ein Dutzend Tätigkeiten untersagen. Ich suche einen offenen Mund mit einem roten Querbalken. Gibt's nicht, wir Glücklichen, atmen ist noch erlaubt. Ich postiere mich vor der kleinen Säule, auf der eingraviert steht, dass von hier aus Königin Elisabeth II. am 6. Februar 1954 aufs Meer blickte. Ich blicke auch hinaus. Allerdings leicht deprimiert, da mir schmerzhaft bewusst ist, dass kein Denkmal die Nachwelt über diesen historischen Augenblick informieren wird.

Ein paar Meter weiter befindet sich der Aussichtsturm des *Surf Life Saving Club*, angeblich der erste Verein dieser Art, weltweit. Andere widersprechen, sie wollen auch die ersten gewesen sein. Wie auch immer, hier wirtschaften Heldinnen und Helden, keiner weiß, wie viele Nichtschwimmer, Herzkranke, Haifischverfolgte und Volltrunkene die Retter – kostenlos – aus den Wellen gezogen haben. Lebendig, rechtzeitig. Seit 1907.

Eine revolutionäre Einrichtung. Denn vor diesem Datum musste niemand gerettet werden, da Schwimmen am helllichten Tag verboten war. Nur frühestmorgens oder spät nach Sonnenuntergang, nur im Dunkeln durften die Australier ins Wasser. Nach Geschlecht getrennt. Und immer – jetzt stimmt das Wort plötzlich – im knielangen Bade-Anzug. Bis ein Sieger auftrat, ein gewisser William Henry Gocher, Brillenträger und Pfeifenraucher, er ging eiskalt zur Mittagszeit baden, wurde glatt verhaftet – und wieder frei gelassen. Ein Damm war gebrochen, ab jetzt durfte jeder zu jeder Tageszeit »swim in the surf« (surf ist in diesem Land nur ein anderes Wort für Meerwasser).

Das nächste Wunder geschah am 23. Dezember 1915, ein gewisser Duke Paoa Kahinu Mokoe Hulikohola Kahanamoku, genannt Duke Kahanamoku, amerikanischer Kraul-Weltmeister und dreifacher Olympiasieger aus Hawaii, segelte auf einem vor Ort gezimmerten Holzbrett über australische Wogen. Und der eleganteste Sport aller Zeiten, das Gleiten, das Surfen entlang schäumender Wellen war geboren. Die Zuschauer fingen Feuer, ein Lauffeuer brach entlang der 36 000 Kilometer langen Küste Australiens aus.

Hundert Jahre nach Gründung der Lebensretter-Vereine gab es ungute Schlagzeilen. Vor einigen Monaten wurden zwei Lifesaver von einer Gruppe libanesischer Einwanderer attackiert. Daraufhin demonstrierten Tausende »weiße« Australier im Stadtviertel der Libanesen. Einige randalierten. Die Polizei schritt ein, es gab Verhaftungen, eine Untersuchung kam zu dem Schluss, dass eine Mischung aus Rassismus und krimineller Energie zur Explosion geführt habe. *Surf Life Saving Australia* hat daraufhin eine Initiative gestartet, um auch nicht-weiße Mitglieder zu gewinnen, sprich Moslems. Integration als Friedensinitiative.

Klingt verständlich, klingt machbar. Bis sich Mecca Laalaa, eine 20-jährige Studentin mit libanesischen Eltern, zum Kurs anmeldete. Das Problem: Vor langer, langer Zeit haben Allah und sein Prophet Mohammed beschlossen, dass das Herzeigen weiblicher Haut ruchlos ist. Wie also ins Wasser hechten und Ohnmächtige an Land ziehen, ohne gegen ewige Wahrheiten zu verstoßen? Kein Problem, nein, ein Riesenproblem. No worries? Von wegen.

Eine clevere Frau tritt auf, Aheda Zanetti, Stylistin, ebenfalls aus Libanon, ebenfalls in Sydney wohnhaft. Sie hat Erbarmen mit jenen »scarecrows« (Vogelscheuchen, so heißen sie im Volksmund), die in voller Montur bei 36 Grad im schattenlosen Sand sitzen und mit voller Montur ins Wasser waten. Sie erfindet – jeder muss grinsen, sobald er das Wort liest – den *Burkini*, eine Mischung aus Burka und Bikini, ein Kleidungsstück, das »allah-gefällig« alles bis auf Gesicht, Hände und Füße versteckt, zugleich aber eng genug anliegt, um sich damit (relativ) frei bewegen zu können. Auch im Pazifik. Scheich Taj Aldin al-Hilali, Australiens oberster Mufti, hat seinen Segen gegeben.

Andere wollen davon nichts wissen, sie nennen den Auftritt »shameful« und drohen ab und zu der Erfinderin und der Trägerin mit dem Tod. Die Jugend sieht es locker, die hübsche Mecca wurde inzwischen zum »Burkini babe« ausgerufen. Mir fällt auf, dass DHL die Brust von Miss Mecca Laalaa – wie alle Lebensretter-Brüste – beschlagnahmt hat. Als Werbefläche. Das Transportunternehmen als Sponsor. Man kann nur hoffen, dass die Gesponserten schneller reagieren als ihre berüchtigt unzuverlässigen Geldgeber. Sonst ist die halbe Bevölkerung bis Ende des Jahres ertrunken.

Die Burkini-Story ist eine gute Story. Sie erzählt uns wieder vom kleinen Wahn, bisweilen nicht ganz so harmlos, mit dem wir unser bisschen Zeit auf Erden verpesten. Man will schmunzeln, und dann will man schreien. Über die Dummheit, die umgeht in diesen hochmodernen Zeiten.

Im nahen Speedo's Café – eine Endlosschleife übers Surfen läuft im Fernseher – bin ich mit einer Journalistin verabredet. Ich habe ihr flottes Buch über Australien gelesen, zuletzt war man froh, als sie von einem (weißen) Eingeborenen erzählte, mit dem sie sich anmutig und lange unterhalten konnte. Nicht über Kricketstars, nicht über *Footy*, auch nicht umzingelt von fünf Kasten Bier und fünf ausdauernd gröhlenden Buddies. 188 Seiten lang hat man die Mühe der Autorin gespürt, sich den Frust nicht anmerken zu lassen. Zuletzt kam er zum Vorschein: als Lobrede auf einen, der mit seinem Kopf Gedanken produzierte und ihr Freund werden sollte.

Julica Jungehülsing ist sympathisch, eine Spur scheu. Vor sechs Jahren zog sie von Hamburg nach Bondi. Sie wollte in ein Land mit mehr Wärme und mehr Wellen. Sie surft und rettet, hat den mühseligen Menschenretter-Kurs hinter sich, auch das Krafttraining, die entscheidenden Handgriffe, das Üben der Mund-zu-Mund-Beatmung an der gliederlosen Plastikpuppe *Miss Annie*. Sie hält sich über Wasser, indem sie für deutschsprachige Magazine schreibt. Geschichten voll blauem Himmel und superviel Spaß. Anders, sagt sie, will man Australien in Europa nicht wahrnehmen. Sie hat eine Reihe von Reportagen in petto, die von einem weniger spaßigen Kontinent berichten. Die wird sie nicht los. Geistige Schonkost ist kein australisches Phänomen, sie wird weltweit verabreicht.

Zurück in die Stadt, heute findet die Tour durch den *injecting room* statt. Finanziert wird das Unternehmen von der Stadt. Raucher und Trunkenbolde müssen draußen bleiben, Junkies jedoch sind willkommen. Wir werden von Colette, einer Mitarbeiterin, herumgeführt, eine kleine Gruppe, darunter ein paar Medizinstudenten aus den USA. Das Zentrum ist während des Rundgangs (einmal pro Monat) leer, ohne Patienten. Aus verständlichen Gründen. Wer will sich schon bei seiner Sucht zuschauen lassen. Etwa 230 Süchtige kommen pro Tag.

Acht Kabinen für je zwei Leute gibt es. Das Personal verteilt Spritzen, einen Löffel, eine Salzwasserlösung, die Abschnürbinde. Das Heroin muss jeder selbst mitbringen. Und es selbst injizieren, dabei darf niemand helfen. Aber beim Suchen der passenden Vene, da darf Hilfe gewährt werden. Der eher trostlose Ort soll lediglich garantieren, dass sich keiner mit einer dreckigen Nadel infiziert. Und für Erste Hilfe sorgen, wenn etwas schief läuft. Im *After-Care*-Raum kann der Gedopte auschillen und/oder sich in ein Entziehungsprogramm überweisen lassen. Was wenige in Anspruch nehmen. Kaum ein Prozent der Abhängigen will geheilt werden. Und nicht einmal zehn Prozent aller *Injecting-Episodes* finden hier statt. Noch etwas Seltsames: Hier passieren mehr Fälle von gewollter oder ungewollter Überdosierung als »draußen«. Eine mögliche Erklärung ist, dass die Fixer darauf vertrauen, im Notfall gerettet zu werden. Noch ist hier keiner zugrunde gegangen. Sicher, das Problem der Beschaffungskriminalität bleibt, nicht ein Gramm Rauschgift bekommen sie von offzieller Stelle zugesteckt. Nur Selbstversorger dürfen rein.

Eine Stunde später wieder auf der Darlinghurst Road. Nach ein paar Metern werde ich von einem Zittrigen angesprochen, der sich den schmucken Namen »Daddy Longleg« zugelegt hat. Stimmig, denn der Kaputte ist lang und dünn. Wie alle Abhängigen sichtet er fehlerlos die Unabhängigen. Ja, sagt Daddy, er kenne den *injecting room*, bisweilen drücke er dort auch. Im Augenblick, meint er (man darf vermuten, dass er schon viele solche Augenblicke hinter sich hat), sei er pleite. Um Eindruck zu schinden, zeigt er mir eine (leere) Dose mit der Aufschrift *Xanax-Tablets*. Ich kenne das Mittel, ein schnell wirkendes Medikament, um Panikanfälle in den Griff zu bekommen. Damit nicht genug, aus der anderen Jackentasche zieht der Magere ein neutrales Schächtelchen mit (noch) drei Pillen, die aussehen wie Aspirin-Tabletten, sagt beiläufig, als stünde ihm ein Apotheker gegenüber: »Oxycodone.« Soweit ich Daddy Longleg, den ziemlich Zahnlosen, verstehe, handelt es sich um ein Opium-Derivat, auch das hilfreich, um angstfreier und heiterer in die Welt zu blicken. (Später werde ich wissen, dass es 1916 zum ersten Mal von Bayer hergestellt wurde. Als Ersatzdroge für Heroinopfer.)

Ich hole einen Schein heraus. Obwohl ich weiß, dass der 31-Jährige damit nicht, wie ich ihn auffordere, australische Kuhmilch kaufen wird. Wir beide wissen es. Aber ich habe über die Jahre ein immer innigeres Verhältnis zu jenen entwickelt, die sich von den Zuständen der Welt überwältigen lassen. Die sich mittels Nervenzusammenbrüchen oder anderen Fluchtversuchen – Rausch, Rauschgift, Verweigerung – aus dem Staub machen. Hätte ich nicht das Schreiben, das Aufschreiben, um die Irrungen und Niederlagen auszuhalten, ich würde jetzt wie der ehemalige Zoowärter mitten im Großstadverkehr mein Unglück herauslallen und mit dreckig-schorfigen Händen nach den Dollars eines Fremden greifen. Genau so oder so ähnlich. Auf jeden Fall lallen.

Nicht weit von meinem Hotel gibt es den Spanish Club. Hier hat die Musik noch eine Lautstärke, die man bei robuster Konstitution ohne gesundheitliche Beschädigungen übersteht. Ich gehe ins Hinterzimmer, den Raum voller *Pokies*, den Spielmaschinen. Hier ist es am ruhigsten, ich will lesen. Wunderbar absurdes Bild: Ein Leser umgeben von sieben Männern, die links das Bier halten und rechts die Knöpfe am Automaten drücken. Fast still ist es jetzt, nur Geld sprudelt ab und zu. Was uns verbindet, ist unser Alleinsein. Sacht gehen wir damit um, nicken uns stumm zu, keiner will es dem andern nehmen. In den Zeitungen stand heute ein Bericht über einen Mann, der mit einem Panzerwagen der Armee durch einen Stadtteil Sydneys brauste und dabei »verzweifelt« sieben Telefonmasten umriss. Wie verschieden wir doch mit Einsamkeit umgehen.

Am nächsten Morgen Richtung Süden. Habe gestern erfahren, dass der englische Romancier und »Skandalautor« D. H. Lawrence kurze Zeit in Thirroul gelebt hat, einer Kleinstadt, eine gute Stunde von Sydney entfernt. Ich merke wieder, dass ich einem begegnen muss, der mich impft. Gegen das brave Leben, die Einluller, merke, dass ich mit zunehmendem Alter wieder Kind werde, das nach Bildern, nach Vorbildern sucht, die es anspornen. Als der Bus kilometerlang durch die gesichtslosen Vorstädte rollt, verstärkt sich dieses Gefühl. Herr im Himmel, wer will hierher ziehen, aus freien Stücken? In diese Öde, in diese Häuser, in denen man nur als Selbstmörder oder Selbstmordattentäter hausen kann. So habe ich mir immer Orte vorgestellt, über die in der Presse irgendwann steht, dass ein gewisser Mister Sullivan seine Familie mit dem Küchenmesser zerstückelt hat und die Nachbarn anschließend bestürzt ausriefen: »Mister Sullivan konnte keiner Fliege etwas zuleide tun. Ich kann es gar nicht glauben, nie hätte ich ihm das zugetraut.«

Ich glaube es immer, traue jeder dieser Geschichten. In Lichtgeschwindigkeit kann ich mich in einen Totschläger hineinversetzen, kann im Zeitraffer Mister Sullivan nachempfinden. Wie er die Jahre, die Jahrzehnte über alles einsteckte, jeden Tag zuschauen musste, wie seine Träume nicht abhoben und Wirklichkeit wurden. Und wie er sich eines Tages nicht mehr zu helfen wusste und zu zerstückeln anfing. Armer Sullivan, hätte er ein Buch von Lawrence gelesen, es hätte ihn vielleicht dazu verführt, anderen Sehnsüchten hinterherzurennen. Weniger viereckigen, weniger grauen, weniger grau machenden.

Ein Gespräch lenkt ab. Über mein Weltempfänger-Radio höre ich auf ABC (Australian Broadcasting Corporation) ein Interview mit einem Schriftsteller, mit Jacob G. Rosenberg. Der 85-Jährige stellt sein neues Buch vor, *Sunrise West*. Die Geschichte (seine Geschichte) eines Polen, der im Getto von Lodz aufwuchs, nach Auschwitz kam und schon am ersten Tag seine Familie verlor. Von der Rampe weg vergast.

Der Alte gefällt mir. Lässig erzählt er, mit Ironie, mit Weisheit. Einer, der alles gesehen hat und alles überlebt. Und er erwähnt seine Dankbarkeit Australien gegenüber, wohin er 1948 emigrierte (kein Land hat mehr Holocaust-Flüchtlinge aufgenommen). Ich beneide ihn. Das klingt absurder, als es ist. Neid, weil er ein Schicksal hatte. Und ihm standhielt. (Ich werde das Buch in den nächsten Tagen lesen und einen brillanten Stilisten entdecken, der ohne Greinen festhält, ohne Rachegelüste, nur fassungslos, das schon.) Man erfährt in dem Interview noch, dass er in Melbourne wohnt. Wenn ich dort ankomme, will ich ihn treffen, ihn aushorchen. Ich renne jedem hinterher, der von inneren Landschaften weiß, an die ich selbst nie rankomme.

Mitten in einer von Mister Sullivans »suburbs« (wörtlich: Unterstädte) fährt der Bus an einer Plakatwand vorbei. Man sieht darauf eine riesige Küchenschabe, neben ihr eine Spraydose, das tödliche Mittel, um mit der Plage aufzuräumen, Text: »Endangered species«, vom Aussterben bedrohte Art. Ich habe gerade das Gespräch mit Rosenberg gehört, da wirkt die Werbung seltsam befremdlich.

Kurz vor Mittag in Thirroul, nicht weit vom Bahnhof liegt die Craig Street. Ich frage nach dem Weg und jeder weiß Bescheid. Irgendwie scheinen sie stolz auf den berühmtesten Mann, der es je hierher geschafft hat. Dennoch, man versteht nicht recht, warum der ewig Getriebene sich dieses Nest als (zeitweiliges) Refugium ausgesucht hat. Erst als ich an *Wyewurk* vorbei (so nannte er den Bungalow) bis vor zum Wasser gehe, kommt die Antwort. Dramatisch schlägt das Meer an die Steilküste, von links die finster dräuenden Wolken, von rechts ein Regenbogen, von allen Seiten her brausender Wind, der den Regen an Land peitscht. Und genau hier, mittendrin, muss man sich D. H. Lawrence vorstellen. Wie er am äußersten Rand des Gartens steht, den Blick zum stürmischen Himmel und stürmischen Ozean gerichtet, dabei immer von dem triumphierenden Gefühl begleitet, einen Ort gefunden zu haben, der es mit seiner aufgewühlten, rebellischen Seele aufnimmt. Um schließlich – einmal mehr gestählt vom heldischen Gefühl, noch immer dem Toben und Schreien der Welt trotzen zu können – zurück an den Schreibtisch zu kehren.

Natürlich war lange Zeit auch in Australien (wie in Europa und in den USA) eine Reihe seiner Bücher verboten, »too pornographic«, »too dirty«, so die offizielle Begründung. Darunter *Söhne und Liebhaber*, *Liebende Frauen*, *Lady Chatterleys Liebhaber*. Dazu kamen sein »skandalöses« Leben, seine homosexuellen Affären, seine Liaison mit einer sechs Jahre älteren, verheirateten Frau und Mutter von drei Kindern, Frida Weekley, geborene von Richthofen, Deutsche, Schriftstellerin, Übersetzerin und nicht weniger untauglich für die bürgerliche Existenz als der Mann, den sie bis ans Ende seines kurzen Lebens – er starb mit 45 – begleiten sollte.

Ich klingle am Gartentor. Von einer Nachbarin habe ich gehört, dass die jetzigen Besitzer das Haus aufstocken lassen wollten. Für den zu erwartenden Kinderreichtum. Aber der *town council* von Thirroul hat den Familienwerten, nach hartem Kampf, nicht stattgegeben. Es siegte ein anderer Wert: dass es für die Welt wichtiger ist zu wissen, wie einer der bedeutendsten Schriftsteller des 20. Jahrhunderts gelebt hat. Das ist eine bravouröse, ganz und gar dem Zeitgeist widersprechende Überlegung. Doch die abwesenden Eigentümer – ich läute lang und rufe laut – gehen entspannt mit dem Platz um. Kein mit der Nagelfeile manikürter Rasen, keine Geranien neben der Treppe, die zum Eingang führt, kein Fremde hassender Köter, der an der Kette reißt, keine gehäkelten Vorhänge, nein, eher elegant verwildert, fettes, wucherndes Gras, schiefe Kaktusstengel vor den Fenstern, überall liegt Spielzeug herum, unaufgeräumt, einladend. Die Nachlässigkeit erinnert an die Besitzer, an David Herbert und Frida Lawrence, die hier den Winter 1922 verbrachten.

Strömender Regen, ich harre aus, ein Tagtraum lässt mich minutenlang den durchnässten Rucksack vergessen. Ich träume, dass die beiden Bürgerschrecke die Tür aufmachen und heiter rufen: »Come on in, Andrew, tea's ready.« Bis ich aufwache, weil jetzt doch ein Hundsvieh zwei Häuser weiter bellt und mir wieder einfällt, dass ich 85 Jahre zu spät bin. Ich würde für alles bezahlen, für den Tee, das Flegeln auf der Couch, für jedes Wort, das sie aussprechen.

Aber niemand spricht zu mir. Durch den jetzt taifunartigen Regen mit wild ächzenden Bäumen zurück zum Bahnhof. Irgendwann überquere ich die *Street of the year,* das ist die Harbord Street, die 1996 zur *Straße des Jahres* in Thirroul gewählt wurde. Hier haben sie die Grashalme mit dem Mikrometer aufeinander abgestimmt. Vieles glaubt man erst, wenn man davor steht. Ich stehe davor, nass von oben bis unten, grinsend.

Kurze Fahrt nach Wollongong, knapp 250 000 Einwohner, drittgrößte Stadt von New South Wales. Ich checke im Dicey Riley's ein, in Australien fungieren Pubs oft auch als Hotel. Ich bekomme die Nummer 19. Alles normal, nur befindet sich der Fernseher eigenartigerweise oben auf dem Schrank, das Kabel eindeutig zu kurz, um die Steckdose zu erreichen. Und der Apparat eindeutig zu schwer, um ihn von seinem Hochstand zu balancieren. Fungiert hier ein Hotelmanager als Pädagoge? Auch sonst ein strenges Haus, am Eingang steht: »Muss geschlossen werden«, andernfalls droht »instant eviction«, sofortige Ausweisung. An der Küchentür der klare Hinweis: »Kein Service, da Lebensmittel gestohlen wurden.«

Wollongong und ich haben Pech, noch immer pfeift der Regen. Die Crown Street, die Hauptstraße, die Straße der Krone, wurde so angelegt, dass man sich am Ende von ihr an nichts mehr erinnert. Sie sieht aus wie tausend andere Hauptstraßen. Immerhin komme ich an *KMA* vorbei, einer Kampfsport-Schule. Hier kann man – so jedenfalls steht es auf dem Schild – ganz altmodische Werte trainieren: *Courage & Ehre*, *Respekt für sich* und *Respekt für andere*.

In der »lebenswertesten Provinzstadt des Staates« (so trompetet der Bürgermeister in Anzeigen) fliehe ich in ein Café. Das ist leicht gesagt in Australien. Denn hier haben sie die unmenschliche Angewohnheit, diese Orte der Eintracht und Hingabe ab 15 Uhr zu schließen. (Das würde in Österreich, Arabien und Frankreich einen Bürgerkrieg auslösen.) Zuletzt finde ich in der *Mall*, dem Shopping Center, einen revolutionären Kaffeehausbesitzer, der eine Stunde später schließt. Allerdings benutzt er diese sechzig Minuten, um zwischen den Beinen der Gäste die Kuchenkrümel wegzusaugen. Lärmig, ungeniert.

Direkt neben dem Kaffeehaus steht eine Box aus niedrigen Pappwänden, hinter denen ein (seriöser) Massage-Salon seine Dienste anbietet. Jeder, der vorbeigeht, kann hinschauen und Halbnackten bei der Behandlung zusehen. Ich warte darauf, dass wir per Gesetz aufgefordert werden, unsere Toilettentüren herauszureißen. Damit nichts mehr in unserem Leben unbeobachtet bleibt. Denn die Öffentlichkeit, so die Marktschreier des unbremsbaren Exhibitionismus, hat ein Recht auf Information.

Wie ein Heimatvertriebener irre ich durch einen Ort, den man in Stunden zum Friedhof umgraben könnte. Irgendwann sehe ich – es ist längst dunkel – einen grellroten Frauenmund blinken, bei jedem Aufleuchten blinkt das Wort »Open«. Für Augenblicke halluziniere ich, denke, dass eine Schöne mir einen Kussmund zuwirft. Bis ich wieder aufwache und kapiere, dass hier ein letztes Restaurant noch offen hat. So werden die hier Gestrandeten darüber informiert, dass sie dort drüben noch leben, noch immer nicht gestorben sind.

Am vitalsten klingt das Schnarren der Ampeln, wenn das Fußgänger-Grün erscheint. Das Geräusch soll die Blinden einladen, jetzt den Zebrastreifen zu überqueren. Aber auch Blinde sind hier um diese Zeit nicht zu finden. Fast poetisch klingt das, mitten in der Nacht um sieben Uhr abends, mitten in einer leeren Stadt, unter einem leeren Himmel.

Ich finde zwei Armenier, zwei Kebab-Männer. Ich esse ein Sandwich unterm kalten Licht ihres Ladens. Hinterher die Neon-Bude verlassen, zum Rauchen. Wie ein Obdachloser suche ich einen Hauseingang, um eine Zeitung unter den Hintern zu legen, einen Zigarillo anzuzünden und das Radio einzuschalten. Ein Autor wird zu seinem neuen Buch befragt, er schreibt über die 50er Jahre in Australien. Damals wurden die (seltenen) Touristen bei Ankunft über die Beweggründe ihrer Reise interviewt. Nicht wie heute aus Sicherheitsgründen, nein, die Australier waren damals so scheu und bescheiden, dass sie nicht glauben konnten, jemand würde freiwillig, aus Neugier eine so lange Reise antreten. So mussten sie jeden fragen, um ganz sicher zu sein.

Ich bin nicht lange allein. Die anderen Herumtreiber haben mich geortet. Sicher riechen sie meine Kebabfinger, sie sind auch hungrig. Aber ihre Litaneien sind fad, einer erfindet ein Asthma, der andere jammert von seiner davongelaufenen Frau. Ich spende grundsätzlich nur, wenn mir der Schnorrer ein fantasievoll erstunkenes Gräuelmärchen erzählt. Als Gegenleistung für meine Dollar. Aber heute bin ich schwach, prinzipienmüde. Als ein Dritter vorbeikommt, erkläre ich, dass seine beiden Vorgänger mich gerade gerupft haben. Darauf die souveräne Antwort: »O.k., no problem.«

Ich gehe zurück ins Hotel. Habe ich einen Schutzengel, dann jetzt, denn er schützt mich vor Wollongong und führt mich direkt auf ein Sofa, direkt neben eine blonde Frau. Weil ich mich ins (warme) Fernsehzimmer verirre. Elton John beantwortet gerade Fragen auf MTV. Ich verehre den Künstler, aber vergesse ihn augenblicklich, als die Blonde und ich zu reden beginnen. Sagen wir, ich erkundige mich und sitze anschließend mit offenem Mund da. Erin sieht aus wie eine Amazone, über 1,80 Meter stattlich, lange glatte Haare, ein rundes Sommersprossen-Gesicht, mit blauen, mutigen Augen, die vor nichts ausweichen. Sie ist wie ein (offener) Tresor, ich brauche nur die Hand auszustrecken und die Schätze einzusacken.

Und die Wilde packt aus. Als Erin zehn ist, stirbt ihre geliebte Mutter bei einem Verkehrsunfall. Auf der Beerdigung erfährt das Kind von der Großmutter, dass weder Mutter noch Großmutter ihre leiblichen Verwandten sind. Genauso wenig wie der (gehasste) Vater. Der »was just an asshole«, kein Schläger, aber ein fieser Rechthaber, oft abwesend, oft beim Saufen. Die heute 18-Jährige wurde als Baby adoptiert, sie hat keine Ahnung (und kein Interesse daran, es zu erfahren), wer ihre tatsächlichen Eltern sind. Die Freigabe zur Adoption empfand sie als Verrat, und mit Verrätern, erklärt sie, will sie nichts zu tun haben.

Vier Monate nach dem Begräbnis (sie selbst hat den Unfall schwerverletzt überstanden) haut sie ab, zwei Tage nach ihrem elften Geburtstag. Fünf Jahre Grundschule liegen hinter ihr, sie kann lesen und schreiben. Und Motorrad fahren. Mit einer alten Norton braust sie an einem frühen Sonntagmorgen von der Farm, ohne einen letzten Blick zurückzuwerfen. Sehr früh, meint sie, habe sie gelernt, von Zuständen zu lassen, die sie »fesseln«. Mit den dreihundert von der Mutter geerbten Dollar beginnt sie ein anderes Leben.

Sie weiß instinktiv, wie mit den neuen Verhältnissen umzugehen. Sie fährt in die nächste Stadt und kauft die Zeitung, überfliegt die Kleinanzeigen, bekommt Stunden später ihren ersten Job: *dogwalker*, führt die Hunde der Reichen aus. Bei einem der Spaziergänge kommt sie an einem *car yard* vorbei, bei einem Autohändler mit gebrauchten Modellen. Dieser Moment war, so sagt sie im Rückblick, ihre »illumination«, die Erleuchtung: Verkaufen! Sie geht ins Büro und stellt sich vor, will auch Blechkisten unters Volk bringen. Als der Boss sie nach Referenzen fragt, fordert sie ihn auf: »Teach me!«, bring es mir bei. Er macht es zwei Mal vor, dann kann sie es besser als alle anderen. Bauernschlau erkennt sie die Schwachpunkte des Kunden, seine geheimen Wünsche, seine Sehnsüchte, bearbeitet skrupellos sein *subconscious*, sein Unterbewusstsein. Damals hatte sie das Wort noch nie gehört, heute weiß sie davon.

Ihr Alter ist ein Problem. Oft fragt keiner danach, da sie auch in körperlicher Beziehung schneller ist als Gleichaltrige. Fragt einer doch, dann zieht sie sich zurück. Bekommt sie kein Zimmer in einem Motel, dann versucht sie es bei einem anderen. Wird sie auch dort abserviert, dann schläft sie im Freien, auf Bahnhofsbänken, in einer Scheune. Ihr Verlangen nach Selbstbestimmung ist nicht verhandelbar. So redet sie.

Sie beginnt *door knocking*, zieht von Tür zu Tür, um Leuten »was anzudrehen, was sie nicht brauchen«. Da sie noch keine Verträge unterschreiben darf, begleitet sie ein »Ass«, einen, der in der Branche als einer der Besten gilt. Erin kapiert rasant, speichert die Bewegungen, den Tonfall, die Pausen, schaut alles ab, will auch Ass werden. Mit 16 trifft sie einen Iren, der inzwischen Australier geworden ist, sprich, unterschreiben darf. Sie lernt ihn an, die beiden reisen von Ort zu Ort, sie wird »his friend, but not his girlfriend«. Obwohl sie frühreif ist, hält sie sich sexuell zurück. Und Laughlin, der Ire, respektiert das. Sie tragen sogar Verlobungsringe und leben wie Bruder und Schwester. Zwei Jahre lang, dann will der Verlobte in die USA, sie trennen sich.

Jetzt ist Erin volljährig, jetzt bremst sie keiner mehr. Sie übernimmt Kommissionen von verschiedenen Firmen, Mobiltelefone, Waschmaschinen, Stromversorger, Autos, Bausparverträge, Lebensversicherungen, Rasenmäher, Motorräder, Immobilien etc., das Verkaufsgenie zieht von Haus zu Haus, klingelt und schlägt zu. Wie überall sind sie auch in Australien misstrauisch gegenüber Leuten, die dastehen und hausieren. »I must pitch the client«, Erin weiß es, sie muss den Kunden überrumpeln. Wichtig, dass die Tür aufgeht und sie reinkommt. So fragt sie scheinheilig nach einem Glas Wasser oder – will sie einen neuen Stromversorger verkaufen – fordert den Wohnungsbesitzer auf, den alten Vertrag zu holen. So lässt er die Tür los und sie übertritt, »wie aus Versehen«, die Schwelle. Die Amazone erfährt jeden Tag, dass sie etwas loswerden will, was der andere nicht oder nicht unbedingt benötigt. Siehe den Fall eines neuen Telefonanbieters. Der Klient will nicht wechseln, er hat sich an die bisherige Firma gewöhnt, warum also ein neuer Deal?

Vordringlich ist, und Erin hat es sich tausendmal eingebläut: das Unterbewusste des Opfers zu erreichen. Dafür hat sie sich ein Set von *hook lines* zurecht gelegt, Zeilen, die wie Widerhaken reinfahren. Einfache Zeilen, einfache Worte, penetrant wiederholt: »Schauen Sie, das ist billiger!«, »Das macht Ihr Leben einfacher!«, »Hier sparen Sie das Doppelte!«, »Denken Sie an Ihre Zukunft!«, »Denken Sie an Ihre Kinder!« Und zuletzt, sollte alles nicht greifen, spricht sie die absolute *killer phrase* aus: »Der Nachbar hat es auch, wollen Sie etwa nachstehen?« Das ist so aberwitzig blöd und klischeehaft, dass ich Erin mehrmals auffordere, die Wahrheit zu sagen. Und sie grinst nur und bestätigt unaufgeregt: Der Satz gibt den meisten den Rest, jetzt knicken sie ein und die Verführerin darf sich an den Küchentisch setzen. Und wenn sie sitzt, fragt sie – wieder scheinheilig – nach dem Führerschein (»klingt weniger bedrohlich als der Personalausweis«) und trägt, ganz nebenbei, ganz neben dem Gespräch, Vornamen, Namen und Adresse des potenziellen Käufers ein. Nun ist die Beute k. o., verfügt über keine Kraft mehr, um Nein zu sagen, tut nur noch, was man ihr aufträgt. Bis zu vierzig Leute schafft die Verführerin die Woche, knapp sechs pro Tag, jeder Zweite unterschreibt.

Ich schenke der Gerissenen einen Satz von Aristoteles, der eines Morgens den Markt von Athen betrat und erleichtert ausrief: »Noch nie sah ich so viele Dinge, die ich nicht brauche.« Der muss ihr gefallen, er gefällt ihr, sie schließt die Augen und genießt ihn. Wenn eine weiß, was der Grieche vor 2400 Jahren sagen wollte, dann sie.

Nur zweimal geriet sie in mulmige Situationen. Da sie längst begriffen hat, wie sie auf Männer wirkt, kennt sie auch dafür die nötigen Tricks und Handgriffe. Einmal sitzt sie im Wohnzimmer und schmeckt in der gereichten Cola ein Schlafmittel. Da sie mit dem Limonadenspender allein im Haus ist, trinkt sie tapfer das Glas und entschuldigt sich dann, schiebt vor, draußen im Wagen noch weitere Unterlagen zu holen. Und steigt ein, gibt Gas. Ihr Verdacht war richtig, ein paar Kilometer später muss sie anhalten und ausschlafen.

Beim zweiten Mal geht ein Lüstling umstandsloser ans Werk, packt sie von hinten, will sich am Küchentisch – das Möbel scheint unvermeidlich – an ihr vergreifen. Das ist eindeutig der falsche Ort, denn Erin erwischt noch die halbvolle Bierflasche und schmettert sie auf den Schädel des schwer Atmenden. Mit Erfolg, der Täter sackt zusammen, das Mädchen rennt im Sturmschritt ins Freie. Da sie auch ein Herz für Barbaren hat, informiert sie en passant den Nachbarn, damit ein Krankenwagen eintrifft und der Unhold nicht verblutet. Dann wieder – Erin liebt das Gefühl – mit Bleifuß davon.

Das Klinkenputzen ist vorbei, sie hat inzwischen ihre eigene Website, mit Links zu den Immobilien-Haien, den Mobile-Phone-Haien, den Internet-Haien, den TV-Haien, sie alle vertrauen ihr, gewähren ihr Sonderrabatte. Hat sie einen Knüller im Angebot, schaltet sie Anzeigen in der Presse. Die meisten Aufträge akquiriert sie per Telefon. Wie wahr, sie hat drei Stück dabei und elf Mal im Laufe unseres Gesprächs geht eine Rakete los (!), ihr Klingelzeichen. Sie ist heute das Ass, viele wissen inzwischen, dass sie billiger (und schneller) verkauft als die Konkurrenten. Am Ende der kurzen Unterhaltung wird ein Termin vereinbart. Am besten für morgen früh, um vorbeizukommen und die Papiere zu unterschreiben, »to knock him down«.

Erin ist nicht einsam, sie kennt das Gefühl nicht, ist immer on the road, immer im Hotel. Irgendwo besitzt sie ein Haus, aber das sieht sie nur dreimal im Jahr. Freiheit heißt für sie auch Freiheit vom banalen Leben, vom Gurken-Einkaufen, Kochtöpfe-Scheuern, Bügeln, Stromrechnung-Begleichen. Sie bezahlt lieber andere dafür, kauft Zeit, kauft, so nennt sie es, »quality time«. Und sie winselt nicht, heult keinem die missratene Kindheit vor, empfindet nichts als Verachtung – nonchalant spricht sie das Wort »spite« aus – für die *Girlies* ihres Alters. Sie pflegt keinen Kontakt zu ihnen, findet sie verwöhnt und ignorant.

Erin kann man vieles fragen. Sie wiederholt sogar meist die Frage, um sicher zu sein, korrekt verstanden zu haben. Nein, Jungfrau ist sie keine mehr, es gab einen Mann, er war wie sie ein *con artist*, ein Schwindler, einer, der anderen das Blaue vom Himmel lügt. Um sie zur Herausgabe von Geld zu überreden. Der Sex war o.k., die dabei konsumierten Drogen auch. Aber sie hat begriffen, dass die sinnliche Preisgabe sie »schwach« macht, sie »ausliefert«. Das darf nicht sein. Dennoch geht sie weiterhin in Pubs, in Clubs, »but just to make out with boys«, aber nur um zu fummeln. Mehr gibt sie nicht her. Denn das hieße ja, ihre Macht zu verlieren. Und die will sie behalten. Wenn der Mann nach ihr hungert, sie aber nicht, dann ist der perfekte Zustand erreicht. Eben das Gefühl der Überlegenheit, das Wissen, dass niemand sie beherrscht und kein Gramm Freiheit verloren geht.

Ob sie glücklich ist, will ich noch wissen. Und das Mädchen, die blutjunge Frau, lacht, sagt lachend: »Natürlich, was sonst?« Und was macht sie glücklich? Und jetzt steht Erin auf, lacht wunderbar frech und unbesiegbar: »Me!«

Am nächsten Tag scheint die Sonne, ich nehme den Bus, ein paar Kilometer außerhalb von Wollongong liegt der *Nan Tien Temple*. Vor zehn Jahren wurde die Anlage vom *Fo Guan Shan*, einem buddhistischen Orden, eröffnet. Ich kenne ein paar Daten der Organisation, die aus Taiwan kommt. Sie lehrt einen modernen Buddhismus, immer bemüht, die damaligen Weisheiten mit den Ansprüchen jetziger Zeitläufte zu versöhnen. Da will ich hin, auch um mich zu rüsten für eine lange Reise. Will in die Nähe einer Weltanschauung, die in mir nur Wohlwollen auslöst, Gleichmut, ein Gefühl von Wärme.

Vor ein paar Tagen stand in der Zeitung unter der Überschrift »The Rise of the Godless«, dass in Australien die Zahl der Gottlosen zunimmt, sich immer mehr Menschen von ihrem herrischen Monotheismus abwenden und auf etwas zugehen, das nicht herrisch sein will, das sich nicht als allein selig machend aufspielt, das nie einen Kreuzzug angezettelt hat und nie moralinsauer missionarisch um den Erdball zieht. Das immer wiederkehrende Argument jener, die befragt wurden, warum sie ihren christlichen Glauben aufgegeben haben, war die Erkenntnis, wie absurd der Katholizismus auf die Herausforderungen des 21. Jahrhunderts reagiert. Bevölkerungsexplosion, Familienplanung, Stellung der Frau in der Gesellschaft, homosexuelle Liebe, Zölibat – nur ein paar Stichworte.

Doch sei jeder Neo-Gottlose gewarnt. Wer aus der Kirche »austritt«, auch in jungen Jahren, wird das Gift nicht mehr los, nicht schnell zumindest, das ihm die Religion eingeflößt hat. Zu oft und zu tief hat er jenen Giftbecher geleert, der ihn mit dem diffusen Gefühl von Schuld und Versagen verseuchte.

Dennoch, die Gottlosigkeit scheint eine gute Entwicklung. Was haben die Inhaber ewiger Gewissheiten – der real existierende Islam ist um kein Jota aufgeklärter – zum Weltunfrieden beigetragen. Der Bestseller-Status der kürzlich veröffentlichten Bücher von Richard Dawkins (*Der Gotteswahn*) und Christopher Hitchens (*Der Herr ist kein Hirte*) belegen die Tendenz. Je schneller der Mensch die Vernunft wiederentdeckt, desto eher hat er die Chance zu überleben. Das Erfreulichste am Buddhismus ist die Tatsache, dass es sich um keine Religion handelt. Es gibt keine Himmelreiche und keinen »lieben Buddha« (auch keinen strafenden), es gibt nur Vorschläge. Und das Individuum, das sie annimmt oder ablehnt. Offensichtlich geht es vielen nicht anders als mir: Ich will nicht glauben, ich will wissen oder aushalten, dass ich nicht weiß.

Der Tempel Nan Tien liegt an einem Hang, mit Blick auf das Land. Niemand kontrolliert den Eingang, keine Gepäckuntersuchung. Es gibt kein Ausfragen, kein Abchecken, kein verstecktes Lauern und Misstrauen. Man ist willkommen, bekommt einen Lageplan und eine Broschüre, darf sich frei bewegen. Das Angebot umfasst Meditation, Tai Chi, buddhistische Studien, vegetarisches Kochen und ein *awarness weekend retreat.* Während eines Wochenendes kann man Achtsamkeit üben, die immer wieder monumentale Aufgabe, sich *einer* Tätigkeit ganz und ausschließlich hinzugeben.

Ich gehe runter zum Lotus Pond, ein stiller Teich, umgeben von kleinen übermoosten Statuen und Bäumen, Laub liegt auf der Wiese. Sich setzen und nach dem *peace of mind* Ausschau halten. Hier stehen die Chancen gut, dass der innere Frieden vorbeikommt. Vögel zwitschern, die Sonne wärmt, bisweilen das Geräusch eines nach Luft schnappenden Fischleins.

Der heute 81-jährige Mönch Hsing Yun hat den Orden vor vierzig Jahren gegründet, in über 170 Ländern ist er augenblicklich vertreten. Das Hauptgewicht liegt auf Erziehung, Universitäten werden eingerichtet, Colleges, Bibliotheken, Kunstgalerien. Oft wird auch medizinische Versorgung angeboten. Vor Jahren habe ich ein Buch des Humanisten gelesen, der pomphafte Titel – *Between Ignorance and Enlightenment* – mag abschrecken, denn an »Erleuchtete« will ich auch nicht glauben, aber der Inhalt ist gebrauchsfähig, nimmt Bezug auf heutige Zeiten, redet komplex über komplexe Zustände. Kein abgehobenes Gesums – »Du bist Buddha, ich bin Buddha, wir alle sind Buddha« –, nein, durchaus weltnah, wirklichkeitsnah. Ich habe mir damals mehrere Sätze herausgeschrieben, auch diesen: »Das bestimmende Gut des Menschen ist seine Würde.« Ein anstrengender Satz, er soll wohl wie ein Mantra helfen, wenn man sich bei dem Gedanken ertappt, dass das Gegenteil auch wahr sein könnte. So wahr wie die eigene Würdelosigkeit.

Die Nan-Tien-Anlage umfasst Unterrichtsräume, Büros, Meditationshallen, Unterkünfte für Gäste und Novizen, viel Grün, viel Natur, eine Kantine. Vor dem Betreten der *Great Mercy Hall* wird darum gebeten, den Kaugummi aus dem Mund zu nehmen und – was für ein charmanter Ausdruck – ein *noble silence* zu respektieren. Morgen werde ich in der Zeitung eine Studie von Wissenschaftlern der Universität Adelaide lesen, in der (einmal mehr) nachgewiesen wird, dass stetig praktizierte Meditation smarter macht, bewusster, mehr Swing in den Alltag bringt.

Nach der noblen Stille gehe ich ins Tea-House. Da kein Tisch mehr frei ist, setze ich mich neben eine Asiatin, die sanft lächelt, als ich frage, ob noch Platz sei. Ein Lächeln, das bedingungslos zustimmt. Wir werden über vier Stunden nebeneinander verbringen, weil sie – o.k., ich muss sacht drängen – von ihrem Leben in Vietnam erzählen wird. Mein Hinweis, dass ich vor Kurzem durch ihr Land reiste, schafft Vertrauen, verkürzt die Scheu.

Ich habe überlegt, ob ich die Story hier veröffentliche, in einem Buch über Australien. Mich letztlich dafür entschieden. Weil die Geschichten der Männer und Frauen, die sich auf diesen Erdteil retteten, zum Besten gehören, was er zu bieten hat. Zudem verschlägt Thåos Erzählung jedem Zuhörer den Atem. Denn sie ist ein Tatsachenbericht aus einer modernen Welt, mit Liebe und dem Verrat der Liebe, mit Vertrauen und dessen Verlust, mit dem schieren Willen zu leben, trotz allem, trotz alledem.

Seit einem Jahr lebt die 55-Jährige hier, nicht weit von Wollongong. Sie ist bereits als politischer Flüchtling anerkannt und muss nicht mehr fürchten, zurück in ihre Heimat deportiert zu werden. Sie arbeitet als Verkäuferin, sie ist zufrieden, kommt über die Runden. Ihr Mann lebt auch hier, aber woanders. Sie haben keinen Kontakt mehr. Der Reihe nach.

Mit 21 heiratet sie, als Jungfrau. Nicht ein Wort fiel im elterlichen Haus über Sex. Als die unbedarfte (und analphabetische) Braut nach der Hochzeitsfeier wieder in ihr Kinderzimmer zurückkehren will, klärt sie der Vater darüber auf, dass sie in Zukunft im Bett ihres Mannes schlafen muss. Für die ersten sechs Nächte nach der Trauung bekommt Trung frei, ansonsten ist er Soldat der südvietnamesischen Armee. Des Öfteren verwechselt er die Ehe mit dem Krieg gegen die Kommunisten, Eifersucht lässt ihn mehrmals zur .45er greifen und abfeuern. Einmal geht einer seiner »Warnschüsse«, so nennt er das, am Kopf seiner Frau vorbei. Seitdem ist sie auf dem rechten Ohr schwerhörig. Als der Vietcong im April 1975 Saigon einnimmt, sind ihr Vater und ihr Bruder bereits gefallen, Scharfschütze Trung jedoch kam davon, flieht per Boot nach Australien, ein Höllenfahrtskommando. Thảo bleibt zurück, die Überfahrt wäre zu riskant für das vier Monate alte Baby.

Das Überleben beginnt. Thảo jobbt als Marktfrau. Ihr Hass auf den Kommunismus wächst, die Rache der Sieger nährt ihn täglich. Drei Jahre nach ihrem Mann bereitet sie die eigene Flucht vor, nach Hongkong. Das ist näher und kostet weniger. Sie fährt zum Mekongdelta, hört sich um, kommt mit Fischern ins Gespräch. Es dauert, bis sie ihr vertrauen, sie könnte ja ein Spitzel sein. Irgendwann steht der Plan. Sie soll nach Vũng Tàu gehen, ein rotes Hemd tragen und in einem bestimmten Café warten, bis ein Mann, ebenfalls mit einem roten Hemd bekleidet, sich ihr nähert. Von ihm wird sie die nächsten Schritte erfahren.

Vier Wochen später findet das Treffen statt. Der Fremde ist einverstanden, ihr einen Platz auf einem Boot zu verschaffen, in zehn Tagen soll sie die erste Hälfte des Fluchtgeldes mitbringen, der Rest ist bei Ankunft fällig. Gezahlt wird ausschließlich mit Gold, mit Goldringen, da die inflationären Dong nichts wert sind.

Aber am vereinbarten Tag taucht der Fluchthelfer nicht auf. Wie sich herausstellt, wurde Thảo von den Schleppern heimlich beobachtet. Um sicherzustellen, dass sie nicht mit den Behörden kollaboriert. Sie besteht den Test, bei der dritten Verabredung wird sie von einer Frau durch die Gassen der Stadt geführt, sie betreten mehrere Häuser, die sie durch den Hinterausgang wieder verlassen. Einziger Sinn des Verwirrspiels: mögliche Polizeiinformanten abzuhängen. Jetzt übergibt Thảo die erste Rate, erfährt den Zeitpunkt, den Startpunkt.

Die fragliche Nacht kommt, plötzlich tauchen am Strand zwei Dutzend Leute auf, ohne alles, Gepäck ist nicht erlaubt, im Fahrpreis inbegriffen ist die Verpflegung. Rein ins Ruderboot, zwei der Fünf-Mann-Crew legen sich in die Riemen, nach einer Stunde erreichen sie »the big boat«, mit Vollgas geht es hinaus auf die internationalen Gewässer. Schon am nächsten Morgen sichten sie einen Tanker, sie schreien vor Freude, holen die großen weißen Fahnen heraus und winken. Als es zu spät ist, erkennen sie, dass sie in eine Falle getappt sind: Russen! Kommunisten! Das Ende! 24 Stunden später sind sie wieder auf vietnamesischem Festland, der Geheimdienst wartet schon, die Handschellen schnappen, Thảo kommt in ein Gefängnis, in einem Vorort von Saigon.

Verhöre. Warum das schöne sozialistische Vietnam verlassen? Ganz simpel, sie wollte ihrem Mann folgen (kein Wort, dass er sich in Australien befindet), schließlich ist sie verheiratet. Folglich keine politischen Gründe, nur private. Das ist nicht weniger staatsfeindlich, sie bleibt in Haft. Eine Freundin kommt, sie wird sich um den Sohn kümmern, er muss nicht sitzen. Überraschenderweise wurden die Gefangenen bei der Einlieferung nicht durchsucht, somit hat Thảo noch immer das Gold, mit dem sie in Hongkong ihre Restschuld begleichen wollte. Als sie ihr Kind übergibt, befindet sich das kleine Vermögen in der Tasche des Jungen, den Kleinen wird keiner checken. Leider ist die Freundin schwachsinnig. Statt wie besprochen diskret die Freilassung von Thảo zu erkaufen, versucht sie mit wenig diskreter Lautstärke zwei Wachposten zu bestechen. Die nichts annehmen können, weil andere mitgehört haben. Das Gold wird konfisziert, die jetzt 26-Jährige auf eine Insel mit einem stacheldrahtverzäunten Bunker und viel Wald verlegt.

Holzhacken als Strafe für Republikflucht, verpflegt mit mageren Reisportionen und welkem Gemüse. Um vier Uhr aufstehen, Körperertüchtigung, um sechs los, immer im Pulk von 15 Männern und Frauen, angetrieben und beaufsichtigt von zwei Mann Personal, die Kalaschnikow im Anschlag. Nachts hört die Drangsal nicht auf, Thảo ist eine hübsche Zuchthäuslerin, das bewaffnete Gesindel begehrt Einlass. Die Bedrängte bastelt eine Vorrichtung, um die Fensterläden auch von innen schließen zu können.

Einen ihrer Ringe hatte Thảo schon in Saigon verschluckt, als eiserne Reserve. In der Barracke befreundet sie sich mit einer gewöhnlichen Kriminellen, sie planen gemeinsam den Ausbruch. Mit dem Schmuck soll ein Boot besorgt werden. Und ein Aufseher, damit er bei Gelegenheit in die andere Richtung schaut. Die Kriminelle findet die Idee toll und verspricht, ihre Kontakte zu aktivieren. Und geht zum Gefängnisdirektor, um Thảo zu denunzieren. Anschließend verprügelt die Polizei die Ringbesitzerin, sie wollen mehr Ringe, wollen sie aus ihr herausprügeln. Irgendwann sagt Thảo zum Chef-Schläger, dass er ihr eine Kugel in den Kopf jagen soll, sie wisse keinen Sinn mehr im Leben. Sie darf gehen, geht zurück zur Barracke, verprügelt die Denunziantin, die anderen prügeln gleich mit. Sich gegenseitig verraten gilt als Frevel.

Wochen, Monate vergehen, eines Tages stiehlt Thảo das für die Angestellten bestimmte Wasser. Aus purer Angst zu verdursten. Sie entwendet den ganzen Kanister, teilt ihn mit den anderen, sagt ihnen, dass sie alle Schuld auf sich nehmen wird, sollte der Diebstahl entdeckt werden. Natürlich kommt es heraus, die Diebin hält ihr Versprechen, meldet sich als Einzeltäterin. Man glaubt ihr kein Wort, kein Mensch könne so viel trinken. Ja richtig, mit den übrigen Litern habe sie sich geduscht. Wieder Prügel, hinterher hängen sie ihr ein Schild um den Hals: »Thảo ist ein Schwein, sie hat Wasser gestohlen«. Tagelang hängt es, muss es hängen.

Es kommt der Morgen, nach vielen Morgen, an dem sie – die Frau ohne Mittel, ohne Liebe, ohne Mann, ohne Kind, ohne Zukunft – beschließt, ein letztes Mal die Flucht zu ergreifen. Auch den eigenen Tod einkalkuliert. Sie hat nichts mehr zu verlieren. Nur noch das Leben, und das scheint nichts wert.

Kurz vor der Mittagspause legt sie die Axt zur Seite und schleicht zu einem etwa eineinhalb Meter hohen Baumstumpf, in dem sich ein breiter Riss befindet, groß genug für ihren (schmalen) Körper. Vor Tagen hat sie das Versteck entdeckt. Der Haken: Es wimmelt von Ameisen. Deshalb nahm sie heimlich an jenem Morgen die Plastikfolie mit, die sie sonst nur bei starkem Regen benutzt. Sie klettert in das Ameisenloch, getrieben von dem unbedingten Willen, die Insel zu verlassen. Kurz darauf hört sie den stündlichen Appell. Normalerweise ruft einer der beiden Wachhabenden die fünfzehn Nummern auf und die betreffende Nummer (das wäre ein Mensch) meldet sich. Aber heute kommt kein »Nummer fünf anwesend«. Panik, sofort frenetische Suche, sie hetzen an dem Stumpf vorbei – und blicken nicht hinein. Zu abstrus scheint die Möglichkeit, sich dort zu verbergen.

Der Suchtrupp kehrt unverrichteter Dinge ins Gefängnis zurück, Thảo kriecht hinaus, rennt runter zum Meer, wäscht sich wie von Sinnen die Qual von der Haut, streckt den ramponierten Leib auf dem Sand aus, blickt aufs Wasser, blickt auf ihre Retter. Zwei Männer rudern ein Fischerboot, sie rudern heimlich, sie wollen Holz sägen und es nachts zurück zum Festland schmuggeln. Anständige Männer, die Erschöpfte bekommt etwas zu trinken, die beiden teilen ihr Trockenfleisch mit ihr. Sobald es dunkel ist, brechen sie auf, vollgepackt mit Holz und dem Flüchtling.

Eine Glückssträhne beginnt. In Saigon findet sie einen Arzt, der ebenfalls die Kommunisten verachtet. Er bringt die Patientin kostenlos einige Tage in einem Krankenhaus unter und betreut sie. Und verpasst ihr Beruhigungsspritzen, denn bisweilen, sagt sie, sorgte sie sich um ihren Verstand. Der nächste Glücksfall: Da sie von den Russen ohne Papiere aufgegriffen wurde, gab sie im Gefängnis einen falschen Namen und eine falsche Adresse an. Sie kann somit offiziell nicht gesucht, nur physisch wiedererkannt werden. Und so geschieht es.

Vier Monate später, Thảo hat ihren Sohn und die Marktbude wieder, kehrt sie von der Arbeit heim und hört – sie denkt, sie verliert in diesem Augenblick tatsächlich den Verstand – die Stimme des Kapos, der sie wegen des Wasserdiebstahls züchtigte und am Tag ihrer Flucht für die 15 Häftlinge verantwortlich war. Thảo begreift, dass jetzt das Glück ein Ende hat. Vollkommen harmlos sitzt der Typ in einem Straßenimbiss und vollkommen ahnungslos geht sie auf ihn zu. Als sie ihren Namen rufen hört – »Lan«, so nannte sie sich damals – kommen ihr die Tränen. Wie kann ein Mensch so viel Pech haben.

Der Schläger macht ihr Zeichen, sich zu nähern, Subtext: Hab keine Angst! Sie nähert sich, mit Angst. Aber abhauen wäre zwecklos, der Athlet würde hinter ihr herrennen. Sie braucht tatsächlich nichts zu fürchten, denn der Mensch unterbreitet ihr einen erstaunlichen Vorschlag. Sie verrät ihm, wie sie die Insel verließ (bis dahin war das niemandem gelungen), und er lässt sie laufen. Sein Ansinnen klingt umso absurder, als er nach ihrer Flucht degradiert wurde. Wegen mangelnder Aufsichtspflicht. Aber er scheint so versessen auf eine Lösung des Rätsels, dass er zu jedem Kompromiss bereit ist. Und Thảo erzählt von dem Ameisenbaum und Phong erinnert sich selbstverständlich an ihn, auch daran, dass er ohne stehen zu bleiben woanders weitersuchte. Und sie erzählt von den Fischern und der nächtlichen Flucht an Land.

Noch eine Drehung. Phong hat jetzt Mitleid, er nimmt Thảo mit zu seiner Mutter, die ihr anbietet, ein paar Tage mit ihrem Kind bei ihnen zu wohnen. Aber sie traut den Kommunisten nicht, bei der nächsten Gelegenheit huscht sie davon.

Der Fluchtgedanke lässt sie nicht los, Flucht aus Vietnam. Sie spart wieder, am Essen, am Trinken, am Leben. Trifft wieder im Mekongdelta auf Fischer, aber diesmal auf Gangster, der Mittelsmann verschwindet mit den angezahlten Ringen. So schlägt sie sich, das Kind auf dem Buckel, bis zur laotischen Grenze durch (um nach Thailand zu gelangen), die angeblich grün sein soll, in Wirklichkeit aber 24 Stunden pro Tag vom Militär kontrolliert wird. Nach Tagen und Nächten im Dschungel kehrt sie um, dünn und am äußersten Saum ihrer Leidensfähigkeit. Sie weiß jetzt, dass sie verloren hat. Und sie weiß, dass sie die nötigen Bestechungsmittel nicht mehr auftreiben wird. Denn inzwischen hat die Planwirtschaft die Wirtschaft planmäßig in den Abgrund gefahren.

Thảo, die Katze mit dem Herz einer Löwin. Sie muss, sie will leben. Wieder von unten, ganz unten anfangen. Sie geht aufs Land, kauft bei Bauern ein, verkauft in der Stadt. Aber die Miete für den Kiosk steigt rasant, sie wird vertrieben, sie arbeitet für andere, lässt sich schröpfen, zimmert irgendwann neben dem Tor einer Papierfabrik eine Nudelsuppen-Küche. Und der Laden boomt, die Arbeiter kommen und essen. Bis das Unternehmen pleite macht und die Direktion und Thảo den Betrieb wieder einstellen.

Das Glück kehrt zurück, sie trifft einen Wohlhabenden, der nicht ausbeutet, und ihr zu einem fairen Betrag eine kleine Bar verpachtet. Ausländer kommen, Amerikaner. Auf der Insel lernte sie lesen und schreiben, jetzt lernt sie Englisch, spielt nebenbei den Tourguide, fährt die Daddys zu den einschlägigen Adressen mit den verfügbaren Ladys. Nie verliebt sie sich in einen, nie geht sie mit einem ins Bett. Ein Deutscher will sie für eine Nacht einkaufen und lockt mit einem Bündel. Thảo kann nicht, redet sich davon, redet von ihrer vielen Arbeit. Wie wahr, denn inzwischen – neben der Bar, neben dem Taxiservice, neben dem Sohn, neben dem Vokabellernen und neben den vielen Gedanken zur Geldbeschaffung (»Sometimes, I thought I go crazy«) – neben all dem hat sie sich einen neuen Wahnsinn ausgedacht: Sie geht durch die Straßen von Saigon und sammelt ausgesetzte Kinder ein. Und nimmt sie mit nach Hause. Und behält sie. Damit sie was zu essen bekommen und ein Dach über dem Kopf. Sie weiß von keinem ihrer sieben Waisen das Geburtsdatum, nie kamen Eltern, um ihre Töchter und Söhne zurückzufordern. Und nie geht Thảo betteln, immer steht sie auf und sagt, sagt sich: »I've got to do something.« So vergingen ihre letzten zwanzig Jahre, Giang, ihr eigener Sohn, ist inzwischen 32, ihr ältestes Ziehkind 24.

Vor 13 Monaten kam sie in Sydney an. Mit Hilfe von Freunden und einer NGO. Die Details ihres Abgangs vertraut sie mir unter der Bedingung an, sie mit Diskretion zu behandeln. Damit andere nicht gefährdet werden, die Helfer nicht und jene nicht, die noch davonwollen. Ihr vietnamesisches Leben ist vorbei, die acht Kinder sind erwachsen, jedes mit einer bescheidenen Schulausbildung und einem Job. Ihre Heimat boomt, der Beton um die Köpfe der Parteibonzen bröckelt, es gibt sogar mehr Freiheit und (ein wenig) mehr Gedankenfreiheit. Zu Trung, ihrem Mann, dem Ex-Revolverhelden und heutigen Bauarbeiter in Perth, hat sie keinen Kontakt. Irgendwann schickte er 200 Australian Dollar (etwa 120 Euro), als Nachzahlung für drei Jahrzehnte Alimente.

Bis zuletzt spricht Thảo leise, dreht manchmal den Kopf vorsichtig zur Seite. Alte Reflexe, sagt sie lachend, als ich sie darauf hinweise. Wir befinden uns mitten in einem demokratischen Land und sie verfolgt noch immer der Verdacht, dass sie bespitzelt wird. Natürlich hat Thảo Pläne, schon spart sie wieder, träumt von einem eigenen Restaurant. Um weiter zu sparen und den Rest der Großfamilie zu holen. So ist sie, sie kann nicht anders.

Wir gehen runter zum Lotus-Weiher. Wenn sie Zeit hat, sagt sie, kommt sie hierher, alle paar Wochen. Das stille Wasser als Kraftquelle. Wir hocken im Gras und umarmen uns, wie Kinder zum Abschied. Eine Wildfremde erzählt einem Wildfremden eine Geschichte, und hinterher ist vieles anders. Als ich im Bus zurück nach Wollongong sitze, frage ich einen Vietnamesen ein paar Reihen vor mir, was Thảo bedeutet. Da er meine Aussprache nicht versteht, zeige ich ihm den Namen, so wie sie ihn mir aufgeschrieben hat. Und der alte Mann überlegt, sagt dann langsam: »generosity«. Mehrmals unverständlich, wohl so unverständlich wie mein Vietnamesisch. Sagt es, bis ich das Wort begriffen habe: Großzügigkeit.

Ist das nicht ein fulminantes Beispiel dafür, wie Immigration bereichern kann? Wie ein Mensch wie Thảo einen Erdteil, im konkreten Fall Australien, durch ihre Anwesenheit reicher macht, menschlicher. Wie beide geben – das Fluchtland und der Flüchtling – und beide dabei gewinnen.

Abends im Pub-Hotel sitzen, voller Seligkeit die Story notieren. Heute bin ich verliebt in Australien, heute verteilte es nur Geschenke. Sogar der Abend wird gut, ein paar Tische weiter spielen Männer Billard. Und keiner grölt, keinen animiert das viele Bier zum Lärmen. Billard ist eben ein eleganter Sport, da passen nur leise, elegante Töne.

Richtung Nordwesten. Ich habe mir bei Greyhound einen *Aussie-Pass* für 20 000 Kilometer gekauft, sechs Monate gültig. Das Busunternehmen verfügt über das größte Streckennetz im Land, wurde vor über hundert Jahren gegründet, ähnelt stark seinem amerikanischen Vorbild und verpflichtet jeden Reisenden zu leicht bizarren *Terms & Conditions.* Erfreulich jedoch, dass jeder Passagier die *dress standards* respektieren muss, er wird ausdrücklich aufgefordert, ein Hemd, eine Hose (bzw. einen Rock) und ein Paar Schuhe zu tragen. Er sollte auch »genügend gewaschen« sein. Jeder, der einen »anstößigen Geruch« verbreitet, wird vor dem Betreten des Fahrzeugs aufgefordert zu »baden« (wo man schnell baden kann, steht nicht da). Behinderten wird von den Fahrern »ein wenig« (*minor assistance*) geholfen, solange sie nicht das »Hauptgewicht« des Kranken heben müssen. Wer raucht, trinkt oder kifft, fliegt raus. Geht Gepäck verloren oder kaputt, so hat der Eigentümer Schuld. Auch dann, wenn das Unternehmen dafür verantwortlich ist. Auch dann noch, wenn auf »rücksichtslose, nachlässige und vorsätzliche Weise verantwortlich«. So kann man es schwarz auf weiß und ungetröstet zur Kenntnis nehmen. (Man liest es zweimal, bevor man es glaubt.) Raue Zustände, wohl noch die Reste einer vergangen geglaubten Wild-West-Mentalität. Bald werde ich wissen, dass die Statuten auf die *coach captains*, die Fahrer, abgestimmt wurden. Denn viele von ihnen sind einer Herde Büffel entsprungen, Outback-Rednecks, ausgesucht unfreundlich. Very unaustralian.

Nach Mittag Start, pünktlich, insgesamt fünf Passagiere. Während draußen eine hübsche, grün leuchtende Landschaft vorbeizieht, wird über Lautsprecher ein Ritual zelebriert, das an mustergültige Infantilisierung grenzt. Über eine Viertelstunde lang wird der Bus-Käpt'n – »my name is Tim« – die Anstandsregeln herunterleiern. Hielt ich bisher Deutschland für einen Hochsicherheitstrakt, wo jemand mit dem Lesen bürokratischer Zurechtweisungen sein Leben hinter sich bringen kann, so fällt es ab heute weit hinter Australien zurück. Wir werden sogar aufgefordert – nachdem wir erfahren haben, dass wir auf der Bordtoilette nur Pipi machen dürfen –, die Klotür hinter uns zu schließen. Es hagelt Gebote und Verbote (»nicht aufstehen, wenn Fahrzeug in Bewegung« – »jeder muss auf seinem reservierten Platz sitzen« – »nicht die Beine auf den Gang ausstrecken«), bis man k. o. und dankbar Tims Schweigen registriert. Stille, minutenlang, dann kommt sein schönster Satz: »Sorry, no TV today, the telly's broken«, die Glotze ist kaputt. Tim sei alles vergeben.

Lesen, schauen, das Schaukeln durch die Welt genießen. An einem Fast-Food-Stop komme ich mit zwei rüstigen Damen ins Gespräch, sie sitzen weit vorne im Bus. Mit Seidenkissen haben sie ihre Plätze ausgelegt, sie wollen es gemütlich. Lucy, eine der beiden Kettenraucherinnen, gesteht, dass sie wieder auf Diät ist, »die 120 sind zuviel.« 120 Kilo. Jetzt versteht man, warum die Fahrer sich weigern, die Hauptlast ihrer Passagiere zu tragen. Aus heiterem Himmel – oder habe ich eine Visage, die zu solchen Meldungen inspiriert? – erzählt die Enorme von Martin Bryant, dem erfolgreichsten Amokläufer des Landes, der im April 1996 drei Dutzend Frauen, Männer und Kinder mit einer »AR15 semiautomatic rifle« (Lucy kennt sich aus) niedermähte. Und noch mal so viele zum Teil schwer Verwundete am Tatort zurückließ. Nun, das ist die Ausnahme, hier unterscheiden sich die beiden Völker, die Aussies von den Amis. Australien ist friedlich, die

Waffengesetze gelten als rigoros, die Lust aufs Knallen und Abknallen scheint hier eher zurückhaltend.

Nachts höre ich über mein Radio auf ABC ein Interview mit »Carmen«, das ist der Künstlername eines (schwulen) Neuseeländers, der Anfang der 60er Jahre nach Sydney kam, um dem Militärdienst zu entgehen. Seine Story ist herzerfrischend, denn sie zeigt, dass es noch andere Lebensentwürfe gibt als die Sehnsucht nach Maßregelung und Unterordnung. Carmen stand »on the wall« in Kings Cross, als hurender (halber) Transsexueller, der oft Kunden mit dem Hinweis auf ihre »period« hereinlegte. Um jeder Penetration zu entgehen, denn »unten« war sie noch nicht operiert. Nachdem sie genug gespart hatte, flog sie zurück nach Wellington, der Hauptstadt, eröffnete einen Nachtklub und stellte sich als Kandidat für die nächste Bürgermeisterwahl auf. Sinniger Slogan der Kampagne: »Go on behind«, geh's von hinten an. Carmen kam auf Platz drei. Nach der Niederlage lehnte sie sich wieder als Nutte an die Häusermauern, wieder in Sydney. Ja, meint sie, die Zeiten haben sich geändert, heute gebe es definitiv mehr Toleranz. Früher wurden die »Perversen« mit Blaulicht und Schlagstock verfolgt, jetzt werden sie übersehen. Was auffällt bei Carmen: Der Zwitter erzählt ohne Bitterkeit, voller Verve heckt die 60-Jährige neue Pläne aus, sagt lebensweise: »Then was then and now is now.«

Nach 22 Uhr in Tamworth, die kleine Stadt ist berühmt, im Januar findet hier immer das weltgrößte *Country Music Festival* statt. Behaupten die Veranstalter. Mit Tausenden, so heißt es, tagelang ohnmächtigen Alkoholikern. Tröstlich, dass das fragliche Datum weit weg liegt, denn Countrymusik erinnert immer an die Anmut hellbrauner Breitcord-Hosen, an Barden mit Bärten und der Klampfe über dem Holzfällerhemd, Bauernblues jodelnd. Zum

Fürchten. Jetzt ist es leer hier und alkoholleichenfrei, ein warmes Bett ist bald gefunden.

Am nächsten Morgen durch das umtriebige Städtchen, ein Transportmittel suchen, um nach Bingara zu kommen. Kein Greyhound-Bus fährt dorthin. Im Zentrum herrscht eine außer Rand und Band geratene Architektur, kleines Haus, großes Haus, brandneue dorische Säulen, daneben Bruchbuden mit Blechverschalung, Art Deco, Sichtbeton, einmal schick, einmal medioker, einmal das Grauen, einziges Prinzip: eine Straße muss dazwischen Platz finden. Irgendwie hat das Charme. Wer länger hinschaut, dem fällt auf, dass die Einwohner, die an den Häusern vorbeigehen, auf witzige Weise hierher passen. Kleine Menschen, große Menschen, dicke, dünne, ganz dicke, ganz dünne, feine und abgerissene, hinkende, fröhliche, hässliche, manche bildschön.

Am späten Nachmittag mit einem Provinzbus weiter Richtung Norden. Leise Musik swingt, die Sonne geht langsam unter, letzte Strahlen fallen durch dunkle Wolken, die Bäume werfen warme Schatten, ein Licht jetzt wie in Afrika. Man schaut hin und begreift wieder einmal, dass der Mensch ein schönheitsdurstiges Tier ist. Ist dieser Durst gelöscht, scheint so vieles erträglicher. Zwei Stunden später Ankunft in Bingara, die 1400 Bewohner sind längst von den Straßen verschwunden. Ich wandere ins *Imperial Hotel*, das Wirtshaus mit Fremdenbetten.

Was beim Lesen von Büchern über Australien auffällt: Sobald der Reiseschriftsteller ankommt, geht er schnurstracks in ein Pub, stellt sich an der Bar neben einem Australier auf, sagt »How's going, mate?« und lädt ihn zu einem Guinness ein. Und der *mate*, der Kumpel, kann sein Glück nicht fassen und fängt wie auf Kommando die tollsten Geschichten zu erzählen an. Ich mache es heute auch so, will das auch können, lege den Rucksack aufs Bett und stehe drei Minuten später am Tresen.

Bombenstimmung, mit dem Bier in der Linken spielen sie Darts, verschlingen Wurst-Sandwiches und lassen Alfie hochleben, der nach 41 Jahren »treuer Dienste« bei der Stadt in Rente geht. Als sie mich (das fremde Gesicht) sehen, kommt ein *mate* auf mich zu und fragt, ob ich gern ein Bier hätte und ob es stimmt, dass ich mein Geld in Liechtenstein verstecke. Wie alle Europäer. Vor Kurzem habe er davon gelesen. Und ob die Deutschen jeden Tag drei Liter Milch trinken, auch das will Dylan wissen. Diese Nachricht habe er im Fernsehen gehört. Das Peinliche: Ich will ein »glass of milk« bestellen, obwohl solche Männer – das Grinsen anderer in nächster Nähe hat das mehrmals bestätigt – hierzulande als Milchknaben gelten.

Wie dem auch sei, ich muss Dylan intensiv bearbeiten, bis *er* erzählt, von Bingara. Und er erzählt. Doch von den Schandtaten, die einst in der Nähe passierten, redet er nicht. Ansonsten gibt es nicht viel zu vermelden. Vor 170 Jahren fand in der Gegend der letzte Mord statt. Doch, ab und zu wird gerauft und ein bisschen verleumdet. Jeder kennt jeden, »just a nice little town«. Mit der Begabung zur Ironie. Über den Köpfen von mindestens zwanzig Blaubirnen hängt der Hinweis: »Wenn du betrunken bist, werden wir dich auffordern, das Grundstück zu verlassen.« Mit 550 Dollar Strafe, sofort zahlbar, und 5500 Dollar vor Gericht, wenn nicht sofort gezahlt wird.

Als ich schon abdrehe, kommt Dylan nochmals gelaufen, »something very important« habe er vergessen. Von wegen Kriminalitätsstatistik. Vor Monaten haben Kinder unter einer Brücke Graffiti gesprayt. Was für eine Aufregung, meint er. Manche sahen schon eine Woge von Gräueltaten über Bingara schwappen. Sie kam nicht. Jetzt müssen sie sicher wieder zehn Jahre warten, bis neue Gesetzesbrecher auftauchen.

Von Eric, dem Wirt, bekomme ich noch was zu lesen, die *Beef Week*. Das dicke Blatt gibt Auskunft, wann und wo in New South Wales der Rinderzirkus mit der »Leistungsschau« Station macht. Alle Farmer sind eingeladen, die strotzenden Bullen zu bewundern. Und zu kaufen. Starke Worte stehen da, um auf die Topqualität zu verweisen. Wer nicht strotzt, wird »skrupellos ausgesondert«, während die Strotzenden Zertifikate ihrer »Rekord-Vorstellungen« (als Zuchtstier) vorweisen. Dazu jedes Zubehör für ein Bullenleben: Bullenrampen, Bullentransporter, Bullenfutter, Bullenzwinger (um ungefährdet die Hörner absägen zu können). Und überall dazwischen die Portraits der Bullenbesitzer. Man sagt, dass Hund und Herr sich im Laufe der Jahre immer stärker ähneln. Hier ist es nicht anders. Ausnahmslos vitaminglühende, testosterongepufferte Gesichter neben dem glücklichen Rindvieh. Australien birst vor Kraft, ehrfürchtig nimmt man es zur Kenntnis. Auf der letzten Seite wird noch das neue Handy vorgestellt, jenes, das es endlich mit den »Busch-Konditionen« aufnimmt. Träume werden Wirklichkeit.

Wer sich nicht in Bingara verknallt, dem ist nicht zu helfen. Ein makelloser Morgenhimmel leuchtet auf die Maitland Street, an deren Ende ein Ortsschild mit dem Hinweis steht: »Gem of New England«. Wie großspurig und wahr, ein Edelstein in einer Gegend, die an New England in Amerika erinnert. Und auf der Rückseite können jene lesen, die Bingara verlassen: »Tell your friends!«, aber ja, den Freunden erzählen vom Glück, hier gewesen zu sein.

Ich will frühstücken und frage nach einem Coffeeshop, vergeblich. Bis jemand eine Idee hat und wissen will, ob ich ein »Cafei« (sic!, mit Betonung auf dem *ei*) suche. Auch das sollte ein Fremder lernen: Australian English. So muss Shakespeare geklungen haben, *nachdem* er von einem Traktor überrollt wurde.

Eine Stadt wie aus Wildwest, flache Häuser, flache Vordächer über dem Trottoir. *The Roxy* haben sie hier, ein Kino, das alle drei Wochen aufmacht, einen Plakat-Cowboy, der mit seinen coolen Männeraugen den Horizont absucht, und Bob haben sie auch. Mit seinem riesigen Plunderladen voller Krimskrams aus den letzten drei Jahrhunderten. Ganz oben auf seinem Bücherhaufen – hartnäckig unberührt – liegt David Reubens Bestseller *Every woman can! – Love and sexual fulfillment for the single, widow, divorced – and married.* Wie erfreulich, dass sogar verheiratete Frauen – wenn sie auch am Ende der Liste stehen – eine Chance haben, erotische Erfüllung zu finden.

Neben Bob lässt das Beerdigungsinstitut *Southern Cross* wissen, dass es »Australian owned« ist, fest in australischen Händen. Damit sich der Kunde auch als Toter keine Sorgen zu machen braucht. Drei Schaufenster weiter liegen Strickjacken und Pantoffeln in verknittertem Plastik verschnürt, so unansehbar, dass man nur unter Androhung einer zehnjährigen Gehaltskürzung bereit wäre, sie auszupacken. Zuletzt vor dem *Bingara Radiance* (Glanz!) *Club* landen, der neben der Tür die Information angeschlagen hat, dass das ursprüngliche Ziel des Vereins war, »Socken zu stricken und Früchtekuchen zu backen«. Um sie den Männern an der Front zu schicken. (Australische Soldaten kämpften mit den Amerikanern gegen die Japaner.) Will hier jemand einen Film über die 50er Jahre drehen, er könnte sofort anfangen, sogar die Frisuren stimmen.

Hinter Glas kann man kann man das Neueste lesen, *The Bingara Advocat* informiert, wöchentlich. Das Allerneueste ist der Bürgermeister, der den Herren Dennis, Grant und Andrew die »Verdienst-Urkunde für zehn bzw. zwanzig Jahre Dienste im Rathaus« überreicht. Die drei sind rund, von Kopf bis Fuß. Und ihr Boss sagt glatt, dass die vielen Jahre nur bedeuten können, dass hier alle glücklich sind. Ist das nicht zum Weinen schön?

Nicht ein Hauch Zynismus, nicht ein spöttisches Lächeln, nicht ein Wort, dass die Dicken hier vielleicht ein ruhiges Auskommen gefunden haben, um noch dicker und träger zu werden. Nein, nur die Sonne soll scheinen. So sind sie in Bingara.

Aboriginesfrei ist das Juwel auch. Zumindest sehe ich keinen, auch nicht auf dem großen Poster über einer Hauswand. *Australia remembers*, so der Titel, und darunter viele (verschieden farbige) Gesichter, sie sollen daran erinnern, wer den Kontinent aufgebaut hat. Ein dunkles Gesicht ist nicht dabei. Ganz offensichtlich, für Schwarze gibt es in Bingara keine Auszeichnungen.

Ich wandere aus der Stadt, versuche einen Wagen zu stoppen. Nach wenigen Minuten hält ein junger Mann, der sich als Kevin vorstellt, ein Lehrer. Freundlicher Small Talk, für mehr ist keine Zeit. Nach 15 Kilometern verweist ein Schild auf das *Myall Creek Memorial*, ich steige aus, gehe ein paar Schritte landeinwärts und bin da. Die Gedenkstätte für Myall Creek ist der Grund, warum ich nach Bingara gekommen bin. Hier kann man was lernen, etwas zur Kenntnis nehmen. Oder nur dasitzen und den Mund halten. Am 10. Juni 1838 wurden nahe dieser Stelle 28 Frauen, Kinder und alte Männer getötet. Aborigines vom Stamm der Wirrayaraay. Aus bloßer Wut, bloßem Hass. Zu Tode gehackt von ehemaligen Kriminellen (*convicts*), die inzwischen frei gelassen worden waren und als Siedler und Landarbeiter das Land »eroberten«. Da standen die Ureinwohner, die Urbesitzer im Weg. Wie in Amerika die »Rothäute«, wie in Südafrika die »Kaffer«, so in Australien die »Menschenaffen«, die »Untermenschen«, die »Nigger«, diejenigen eben, die 50 000 Jahre eher da waren.

Der von James Cook erfundende Begriff *Terra nullius* hatte mit der Wirklichkeit nichts zu tun. Es war kein Niemandsland, da die

Engländer von Anfang an auf Aborigines stießen. Als die Eroberer das realisiert hatten, rechtfertigten sie ihr rabiates Vorgehen mit dem Hinweis, dass die Insel »nicht verwaltet, dass keine administrative Struktur vorhanden war«, folglich keine rechtmäßigen Besitzer existierten. Erst zweihundert Jahre und Tausende Leichen später, immerhin, erklärte der Oberste Gerichtshof den Begriff für null und nichtig.

Auch das Aufstellen der Gedächtnisstätte hat gedauert, sie steht noch nicht lange. (Und wurde bereits geschändet und wieder repariert.) Ein 500 Meter langer, schlangenartiger Weg, heute *sacred ground*, führt zum *Memorial Stone*, einem mannshohen Granitblock, mitten auf weißem Grund, der Farbe der Trauer. Schöne Welt, der Geruch der Bäume, die Stille, nur das Flüstern einer leichten Brise. Und der Blick auf ein geschwungenes Land, Farmland, nichts als Natur, nur ein endloser Zaun und am Horizont ein paar Häuser.

Mit Berichten über Massaker und andere Bestialitäten könnte man in diesem Land ein Wohnhaus tapezieren. Aborigines-Kinder, die von Weißen bis zum Hals in Sand eingegraben wurden, um herauszufinden, wer von den Bluthunden am weitesten den Kopf wegkicken konnte. Männer und Frauen, denen man die Gurgel durchschnitt, um sich am Schauspiel der Schwerverletzten zu ergötzen, die von rasender Todesangst getrieben im Kreis taumelten. Und um jeden, der zusammenbrach, aber noch lebte, ins offene Feuer zu werfen.

Was Myall Creek so einmalig macht, ist – das klingt barbarisch – nicht so sehr, was mit den Opfern geschah, sondern mit den Tätern. Natürlich gab es zu dieser Zeit auch Menschen (*a Mensch*, im jiddischen Sinn) unter den Kolonisten, die Schwarze nicht als »Schimpansen« wahrnahmen, sondern als *human beings*. Einer von ihnen hieß William Hobbs, Vorarbeiter des Guts, auf dem die Barbaren angestellt waren. Er entdeckt das Verbrechen, forscht nach, meldet es den Behörden. Es kommt zu einem ersten Verfahren, in dem alle zwölf freigesprochen werden. Undenkbar die Idee, dass ein Weißer verurteilt werden soll für den Tod eines »Abos«. Das rassistische Geschrei des Mobs, der die Verhandlungen begleitete, hat sicher geholfen. Wie die Presse, der *Sydney Morning Herald*, kommentierte: »Die ganze Bande schwarzer Tiere ist das Geld (der Verhandlung) nicht wert.« Aber es kommt zu einer Wiederaufnahme, sieben von ihnen werden gehängt. Australien wankt, auf das Schlachten von Tieren steht ab jetzt die Todesstrafe. Ein erster Sieg.

Zurücktrampen, mitten ins Glück. Das Imperial Pub und Bingara sind leer. Die typische Samstagnachmittags-Leere von Kuhdörfern. Das Kaminfeuer brennt und ich will sitzen und schreiben. Und dazwischen einen Kaffee holen und mich auf den Holzboden der Veranda setzen. Mitten in die Sonne. Und über den iShuffle Alain Barrière und sein bombastisches *Toi* hören, dabei immer glauben wollen, dass er es nicht nur singt, sondern tatsächlich die Welt nach ihr, der Frau, der Liebe, absucht.

Mich sucht der Boss, Eric. Und das Glück ist vorbei. Der Tisch wird gebraucht, Gäste kommen. Man darf vermuten, dass die häusliche Langeweile nicht mehr zu überbieten war und man deshalb die Flucht Richtung Alkohol antrat. Dreimal werde ich an einen anderen Tisch verwiesen, immer tiefer ins Eck. Schon erstaunlich, wie Schreiber behelligt werden. Trotz ihrer Bescheidenheit, nur ein unscheinbares Möbel verlangen sie. Und doch stören sie, seltsam linkisch stehen sie der Welt im Weg.

Am nächsten Morgen, frühmorgens, produziere ich sicherlich den Gesprächsstoff für die nächsten drei Monate. Ich bin allein in der Selbstbedienungs-Küche, mache das Wasser heiß, lege zwei Weißbrotscheiben in den Toaster. Und vergesse ihn. Bis mich beißender Rauch und eine Alarmsirene, fähig, die Feuerwehr in Sydney aufzuschrecken, daran erinnern. 6 Uhr 59 und das Wirtshaus zittert, der Toaster glüht, die Scheiben rauchen, wie ein Kugelblitz rast infernalischer Lärm durchs Haus. Ich habe keine Ahnung, wo man die Höllenmaschine abstellt, keine Ahnung, wo die Besitzer zu erreichen sind. Doch Rettung naht, entspannt und lächelnd kommt Noelene, die Frau vom Boss, die Treppe herunter, im Schlafrock, mit wirrem Haar. Irgendwie liebe ich gerade die Australier, cool bleiben können sie. Souverän greift die Verschlafene nach einem Hebel und sofort ist die Welt wieder still. Zwischen Rauchschwaden und weit offenen Fenstern und Türen frühstücke ich zu Ende.

Als ich kurz darauf im Bus sitze, weiß ich wieder, warum ich Bingara so mag. Weil klar war, dass ich 36 Stunden später wieder davondarf. Viele solche Orte gibt es, auf allen Erdteilen. Man will sie genießen und nie wiederkommen. Nicht anders bei gewissen Frauen und Männern. Eine heftige Begegnung und dann weiter, mit Dankbarkeit. Kein Funken Sehnsucht zieht zurück.

Durch das Fenster sehe ich noch ein Verkehrsschild, ein rot durchgestrichenes Fahrrad: *NO BIKES!* Man begreift sogleich, auch in Bingara sorgt man sich um den Lebensraum des Autos, auch hier scheint er durch das Auftauchen eines abgaslosen, lautlosen, geruchlosen Fortbewegungsmittels in Gefahr.

Über Umwege nach Brisbane, Millionenstadt, Hauptstadt von Queensland, Küstenstadt. Hier muss man nie gewesen sein. Am Busbahnhof verfolgen vier Ordnungshüter eine Frau, die sich zuletzt in der Damentoilette verschanzt. Eine Polizistin geht rein und holt sie raus. Vielleicht dreißig Jahre alt, leicht verwahrlost, ordentlich stoned. Die Handschellen klicken, das Gesetz hat zugeschlagen, eine kleine Dealerin wurde gefasst. Jeder braucht ein Erfolgserlebnis.

Neben der Tür meines Hotels hängt eine Plakette mit dem Hinweis, dass das Haus zuerst der Heilsarmee gehörte, »... ein sicherer Platz, um Leben zu mäßigen, ein sicherer Ort, um Spielsucht und andere Übel zu bändigen.« Brisbane scheint gebändigt. Eine Nacht später werde ich den Gedanken nicht los, dass ein bisschen mehr Übel und Sucht den Lebensstandard durchaus heben könnten.

Ich bin hierhergekommen, um ein junges Paar zu besuchen. Ich wähle die aus Europa mitgebrachte Telefonnummer, um ein Treffen zu vereinbaren. Ich habe die beiden nie gesehen, nur über gemeinsame Freunde von ihnen gehört. Die zwei wären ausgesprochen neugierig, hieß es. Und Neugierige machen neugierig. Und wieder beginnt das leichte australische Leben. Eine Stunde später steige ich in Fernygrove aus, einem Vorstadtbahnhof, wo Robbie bereits wartet. Ein paar Ecken weiter steht das Vorstadthaus. Aus Holz, flach, leicht, eher provisorisch. Und Robbie, um die dreißig, stellt mich seiner Frau Jules vor. Pretty Woman, frisch, keine Hausfrau, die mit Inbrunst und Krampfadern in der Küche hantiert, um dem Gatten zu dienen. Die beiden haben den Swing, kein mürber Eheton, eher witzig und ironisch. Beide jobben.

Sie bitten mich auf den Balkon, holen die große Colaflasche und den Scotch. Und fangen nach einem halben Glas zu beichten an. Das ordentliche Leben stinkt ihnen, sie haben es satt, sie wollen abhauen. Sie wollen nicht enden wie ihre Nachbarn. Alle Nachbarn in der Straße. Das Grauen sucht sie heim, wenn sie anderen – Männern und Frauen wie sie, nur 25 Jahre älter – beim »daily grind« zuschauen. Und sich in ihnen wiedererkennen und die Vorstellung nicht aushalten, so zu werden wie jene. Sie wollen nicht vergrinden, sie wollen davon, wollen vom Leben und der Welt überrascht, ja – so poetisch nennen sie es – »überwältigt werden«. Die Vorstellung betäubt sie, den Rest ihres Daseins in dieser Baracke zu verbringen, um tagsüber beim Rattenrennen mitzuhecheln, abends in die Flimmerkiste zu stieren und nachts im Bett an ihre Träume zu denken, für die sie am nächsten Tag keine Kraft haben. Weil das verdammte Geld fehlt oder das verdammte Talent oder die eine, die wahnsinnige Idee, um nie mehr an Geld denken zu müssen. Und Robbie und Jules sagen, dass sie anders sind und dass das Volk, der große schweigende Haufen, jene leise brüllende Stimme im Kopf nicht hört, die zur Welt verführen will und 24 Stunden daran erinnert, das irgendetwas unheimlich falsch läuft.

Da widerspreche ich zum ersten Mal. Ich bin mir nicht sicher, ob jene, die sich zum Sterben (bei lebendigem Leib) ein Reihenhäuschen, zwei Hypotheken, drei Lebensversicherungen, vier Handys, zweihundert Kanäle und viele Ausreden zugelegt haben, ob die nicht auch dieses lästige Gewissen vernehmen, das sie zwingt, an früher zu denken, an damals, als sie jung und strotzend waren und sich nach einer ganz anderen Zukunft sehnten. Aber die Trägerrakete Jugend, dieses Kraftwerk, um die Welt zu erstürmen, verglühte beizeiten, und sie, die Ex-Träumer, landeten auf der großen Umlaufbahn namens Routine, Kleinmut und – David Thoreau hat den Ausdruck geprägt – »quiet desperation«, leiser Verzweiflung.

Doch Robbie und Jules sind noch nicht so weit, sie sind noch nicht leise, wollen sich noch nicht fügen. Es nagt in ihnen und das muss aufhören. Sie führen mich durch den Bungalow, zeigen auf den vielen Trödel, den sie die Jahre über angesammelt haben und der jetzt weg muss. Dann wären sie frei und würden zu reisen anfangen. Seltsamerweise ist er noch nicht weg. Schon möglich, dass sie ihre guten Vorsätze schon anderen erzählt haben. Es gibt diese Ankündigungskünstler, die rastlos Pläne schmieden und sie garantiert nicht ausführen. Das Schmieden soll reichen.

Ich begreife bald, dass sie mich nicht ohne Hintergedanken eingeladen haben. Über die Freunde in Deutschland wissen sie, dass ich schreibe, dass ich, was für ein dämliches Wort, ein *travel writer* bin. Und genau das planen auch sie. Von Erdteil zu Erdteil zu hüpfen und hinterher Bücher zu veröffentlichen. Ich weiß, was jetzt kommt, es kommt (von Jules) der Vorschlag, einen Blick in ihr Tagebuch der letzten Reise zu werfen. Ich lese an und grinse, das ist gut, das hat Witz, man weiß gleich, dass man jetzt nicht notlügen muss, um die Wahrheit (die Talentlosigkeit) zu verheimlichen. So bin ich guten Willens und rede ihr zu: Eine Mappe mit Texten zusammenzustellen, per Internet die Adressen einschlägiger Magazine und Zeitungen zu suchen, sie anzurufen, sie zu bedrängen, zudem muss sie ab sofort jeden Tag eine Tonne bedrucktes Papier lesen, jeden Tag Englisch lernen, sprich, ihren Wortschatz erweitern, und ab morgen früh ihr Leben auf das Leben eines Schreibers umstellen.

Und jetzt kommt der springende Punkt. Ich beobachte Jules sehr genau und könnte mit Sicherheit sagen, dass sie nicht *einen* Ratschlag von mir annehmen wird. Oder dass sie ihn annimmt, aber nach drei Wochen »Erfolglosigkeit« wieder aufhört. Der Hübschen fehlt das Glitzern in den Augen, die Wut ist nicht radikal genug. Die zwei wollen anders sein und sind nicht bereit, dafür den Eintrittspreis zu zahlen. Das Entschiedene fehlt, jene schwierige Disziplin, auf vieles verzichten zu müssen. Sie wollen den Komfort und den Traum. Ich schenke ihnen einen Satz von Charlie Chaplin: »Wie viele Fußtritte habe ich gebraucht, bis ich das sagte, was ich sagen wollte.« Die beiden wollen keine Niederlagen verkraften, keine Fußtritte, sie haben noch nicht verstanden, dass Begabung ohne Bereitschaft zur Mühsal nichts taugt. Das eine so unabdingbar wie das andere.

Nach einem feinen Abendessen fährt mich Robbie zurück in die Stadt. Wir reden über die Aborigines, ich erwähne Myall Creek und er sagt: »I am no racist, but …«, aber die Schwarzen würden sich treiben lassen, nur faul die Hand ausstrecken, um

Sozialhilfe abzuzocken. Er erzählt die Geschichte eines gewaltbereiten Jungen, der mit seiner Aborigines-Bande nichts als Unfrieden in seinem (Robbies) Heimatdorf stiftete. Bis er endlich vor Gericht gestellt wurde und die Rechtssprechung des weißen Mannes ablehnte, lieber nach »traditionellem Gesetz« verurteilt werden wollte. Als er erfuhr, dass auf seine Missetaten »Spießrutenlaufen« stand, widerrief er seine Forderung. »So sind sie eben, die Blackies.« Er, Robbie, er gehe nach »face value«. Nur was er sieht, *face to face*, dem vertraue er. Wenn ich mich als Deutscher redlich bei ihm benehme, dann bin ich eben redlich. Meinen Hinweis, dass die Mehrzahl der Aborigines nicht stiehlt, nicht schlägt, nicht ihre Kinder missbraucht, lässt er nicht gelten. (Ich argumentiere hier nicht als Gutmensch, sondern kenne die offiziellen Zahlen.) Robbie setzt nach, lässt sich zu der Behauptung hinreißen, dass gerade die Notzucht an Babys und Kleinkindern bei den Aborigines genetisch verankert sei.

Schon erstaunlich, wie ein Mensch, den ich als höflichen und gastfreundlichen Zeitgenossen kennnengelernt habe, als einen, der Spießern ausweicht und nach Weltwissen hungert (beteuert er zumindest), wie jemand einen so stinkblöden Stuss verbreiten kann. Diese Fähigkeit, die Wirklichkeit auszublenden, hat mich immer überrascht, mich bisweilen mit Neid erfüllt. Wer verdunkelt, hat mehr Ruhe im Kopf, muss ein paar Tausend Fragezeichen weniger aushalten.

Frühstück, Zeitungslektüre. Lachen verboten, man lacht trotzdem. Unter Lokales steht, dass ein (herzkranker) Autofahrer – nur Ecken von meinem Tisch entfernt – in die Filiale einer Immobilien-Agentur raste und dabei Ellen W., eine Angestellte, tötete. Jetzt der absurde Teil der Nachricht. Ihre Kollegin Sandi H. hatte Sekunden davor das Büro verlassen, um draußen eine Zigarette zu rauchen. Wie der Polizeibericht bestätigte, schoss der

Wagen »three inches«, 7½ Zentimeter, exakt eine Zigarettenlänge, an ihr vorbei, zielgenau auf die notorische Nichtraucherin Ellen zu. »Rauchen tötet«, heißt es allerorten, keine Rede, inhalieren kann Leben retten!

Südlich von Brisbane beginnt die *Gold Coast*, etwa 35 Kilometer Strand, das Santa Monica Australiens. Ich bin tollkühn und fahre nach *Surfers Paradise*, so nennt sich die Stadt tatsächlich, sie gilt als Zentrum der Goldküste. Nun, der argentinische Schriftsteller Jorge Luis Borges stellte sich das Paradies als unerschöpfliche Bibliothek vor. Bei Mohammed, dem Propheten des Allgütigen, geistern achtzig ebenfalls unerschöpfliche Jungfrauen durch das Jenseits. Und für zwei Millionen Aussies (pro Jahr) liegt hier der Garten Eden: Er ist verstellt mit Frittenbuden, mit hundert gleichzeitig plärrenden Popsongs, mit Wänden voll flirrender TV-Screens, mit tausend oder fünftausend *Sales-Shops*, mit *Body-Piercing-Shops*, mit *Beer-Wine-Spirits-Shops*, mit *Protein-Shops* (»built up your muscles«), mit *Share-The-Love-Phone-Shops* (wo sie Handys mit einem speziellen Programm verkaufen, um jemandem blitzschnell einen Kredit – den sie hier Liebe nennen – zukommen zu lassen).

Surfers Paradise als Vergnügungs-Landschaft mit Heerscharen Halbnackter, von denen man wünscht, man wäre ihnen nie begegnet. Und mit (deutlich weniger) Halbnackten, von denen man träumt, ihnen einmal – noch nackter – in die Augen schauen zu dürfen. Irgendwo entdecke ich schließlich ein Schild, das mehrsprachig – auch auf Deutsch – »Keinerlei Schwimmen« anordnet. Ein Nicht-Schwimmer-Paradies, sozusagen. Ich kämpfe mich durch, auch durch die Beton-Gebirge, in denen das Volksvergnügen stattfindet, transpiriere, bis ich den Fluchtpunkt erreicht habe, den Strand, den wenig belebten. Dem Winter sei Dank.

Ich setze mich in den strahlenden Sand, lehne mich an einen einsamen Holzpfosten, zünde mir einen Zigarillo an und sehe sofort, dass ein Millionen Quadratkilometer riesiges Paradies vor mir liegt. Weil nichts mehr das Auge schmerzt. Ich zoome über das Meer auf den Horizont, der das Universum teilt. Unten blau, der Pazifik, oben hellblau, der Himmel. Sonst nichts, absolut nichts. Kein Mensch, kein Schiff, nicht eine Wolke. Und ich zoome zurück und aus dem rechten Off kommt ein Surfer, bronzefarben und schön wie ein Wassergott, und wedelt mit beispielloser Eleganz über die Wellen. Nur er im Bild, kein anderer. Wäre ich Frau, ich würde mich während der wenigen Sekunden in den Könner verlieben. Weil ich mir wohl unbewusst einbildete, er wäre auch außerhalb des Wassers elegant. Der Mann und sein Ritt entlang der schaumweißen Kronen sind ein Geschenk an die Welt, an jeden, der gerade das Glück hat, hier vorbeizukommen. Ich starre noch immer, auch dann noch, als er längst verschwunden ist. Das Paradies, wieder habe ich verstanden, ist immer irdisch.

Auf dem Rückweg durch die Heerscharen begegne ich einer der »world famous« (so werde ich gleich wissen) *Surfers Paradise Meter Maids*. Eine schöne Maid im goldblinkenden Bikini steht in der Fußgängerzone, augenblicklich umstellt von drängelnden Touristen, die sich mit ihr fotografieren lassen. Dann hat Stella (kurz) Zeit und gibt Auskunft. Die ersten Schönen mit Schärpe wurden 1965 engagiert, da – bitte festschnallen – die damalige Inbetriebnahme von Parkuhren zu einem öffentlichen Aufschrei geführt hatte und die Stadtväter und Ladenbesitzer fürchten mussten, dass das *paradise* von den Besuchern aufgegeben wird, um sich woanders ein Paradies zu suchen. Ein parkuhrenfreies. Deshalb streifen seit über vierzig Jahren Bildhübsche mit Zweiteiler und Stöckelschuhen durch den Ort, immer auf der Suche nach Parkuhren, die abgelaufen sind. Und legen nach. Damit keiner aus Wut nie wiederkommt, damit – so kann man es im Prospekt nachlesen – »unsere Gäste und die Einheimischen länger beim Shoppen in unserem fabelhaften Shopping-Mekka bleiben«.

Ich habe dem Kapitalismus stets seinen Einfallsreichtum missgönnt. Jene Bauernschläue, die wie hier ein paar Cent investiert und gleichzeitig den (kärglich) Beschenkten die (dicken) Bündel aus der Tasche zieht.

Surfers Paradise verschafft Einsichten. Die Schönheit von Stella, die Schönheit des Meeres und die Bewegungen des Mannes, der auf ihm surfte, sie müssen nicht *erklärt*, nicht *erobert* werden. Man schaut hin und ist hingerissen. Anders jetzt: Nicht weit von der Parkuhr-Fee steht ein Buchladen. Kein Gedränge, niemand will mit der (durchaus ansehnlichen) Ladenbesitzerin fotografiert werden. Still und vollkommen unspektakulär liegen im Schaufenster die Bücher. Um ihre Schönheit zu erkennen, müsste eine Reihe von Hindernissen überwunden werden. Man muss Geld hergeben, man muss lesen können, lesen wollen, wissen wollen. Man muss Zeit haben, man muss Widerreden aushalten (des Autors), man muss kämpfen, denken, suchen, man muss beharrlich sein. Nichts von alldem, wenn die anderen Schönheiten auftreten, die Frauengesichter, die Männergesichter, ein Pazifik. Oder von irgendwoher – wie jetzt gerade – *Nights in White Satin* der Moody Blues zu hören ist. Der Genuss, das Entzücken kommen sofort. Alles flutet ungehindert in den Hypothalamus, ins Herz, in den Bauch, alles ist sofort erfahrbar. Die Wonnen sind kostenlos, sie verlangen keinen Verstand, keine Vernunft, keine Ausdauer, nicht mal ein einziges Wort Sprache. Wie ein Blitz fallen sie über uns her.

Wie Paul und Terry. Sie haben mich *gespottet* und beschlossen, dass ich den Ort nicht verlassen darf, ohne »gerettet« zu werden.

Wieder mitten in der Fußgängerzone. Irgendwie muss sie mein Auftreten an sie selbst erinnern, denn der lange Terry sagt glatt: »Auch ich habe in der Gosse gelebt, auch ich war ein Heroinjunkie und Säufer. Bis Jesus kam und mich rettete.« Bevor ich erklären kann, dass ich das Schlimmste schon hinter mir habe, legen sie ihre vier Hände auf meine Schultern (sicherheitshalber luge ich auf meine Hosentaschen, die beiden scheinen jedenfalls finanziell noch nicht gerettet) und reden los: »Jesus zahlte am Kreuz die Strafe für deine Sünden.« Ich nicke dankbar, sogar die zwei fröhlichen Narren beneide ich. Um die Ruhe in ihren Hirnen, die kein Gedanke mehr aufschreckt. Ich frage noch, wie es denn im Himmel, der mir ja nun offensteht, zugehe. Und der asthmakranke Paul: »Nur Glück, weil du auf dem Schoß deines Schöpfers sitzen darfst.« Jetzt schwanke ich wieder, vielleicht wäre eine Höllenfahrt doch aufregender.

Weiter Richtung Norden, die Küste entlang. Wieder ein Sonnentag, über das Radio kommen die *Rural News*, alles über Rinder und Schafe, übers Wetter und die Dürre, die mit fataler Regelmäßigkeit weite Teile des Landes heimsucht.

Nach den Nachrichten aus dem Tierreich, wundersames Australien, stellt der Sender französische Poesie vor. Und jemand liest Jacques Preverts *Rappelle-toi Barbara* vor, in dem der Dichter beschreibt, wie ein Mann laut den Namen Barbara ruft und seine Freundin glückstrahlend auf ihn zurennt. Und die beiden sich im strömenden Regen umarmen und küssen.

Der Titel des Gedichts soll die junge Frau an diesen Tag erinnern, der vor dem zweiten Weltkrieg stattfand. Im schönen Brest. Barbara soll sich erinnern, um die Frage des Dichters zu beantworten: Was ist aus euch und der Liebe geworden, nachdem die Küstenstadt im Feuerhagel der Deutschen und Alliierten zerstört wurde?

Ganz gleich, ob man die Zeilen zum ersten Mal hört oder sie längst kennt: Am Ende heult man, so bewegend sind sie. Weil sie von unserem vergänglichen Leben erzählen und der noch vergänglicheren Liebe.

Am frühen Nachmittag in Childers, zwei Stunden Aufenthalt. Das Städtchen ist ein kleiner Traum, nicht Wildwest, nein, Sweetwest. Mit Bäumen und einer Sonne, die durch die Blätter auf Terrassen-Cafés leuchtet, mit *slow cruising cars*, mit Lotte, die mich nach dem Kauf einer Cola mit »have a nice day, my love« verabschiedet. Hätte ich nicht vor Tagen gelesen, dass hier am 23. Juni 2000 eine Katastrophe wütete, die durch die Weltpresse ging, ich hätte nichts davon bemerkt. So unbeschwert sieht es in Childers aus.

Die Stelle, wo der ehemalige *Backpackers Palace* stand, ist leicht zu finden. Hier brach in besagter Nacht um 0 Uhr 32 ein Feuer aus und fünfzehn Rucksackreisende verbrannten. Angezündet von einem gewissen Robert Paul Long, einem rachsüchtigen, nervenkranken Obdachlosen. Inzwischen wurde die Brandruine abgerissen und ein Memorial errichtet, ein Museum. Am innigsten wohl ein Gemälde, das die 15 Männer und Frauen zeigt, Australier, Engländer, Holländer, Japaner und – Moulav Lahoul-Kamel, einen Afrikaner. Man sieht nur seinen Schatten, da auch sein Pass mit dem Foto verkohlte. (Die Stadt hat nach Somalia geschrieben, um die Familie zu informieren. Aber nie kam eine Antwort.) *Taking a break in the field*, heißt das Bild, denn sie alle waren als *fruit pickers* unterwegs, Leute, die sich mit Saisonarbeit ihre Reise durch Australien verdienen. Damals, so schrieb der Chefredakteur der hiesigen Zeitung, ging ein Ruck durch die Stadt, das Desaster habe in den Bewohnern »strength and humanity« ausgelöst. Die angebotene Hilfe für die 69 Überlebenden war exemplarisch.

Am späten Nachmittag landeinwärts, Richtung Outback. Pause in einem Nest, wo es einen *Lifeline-Shop* gibt, der Beratung für Lebensprobleme per *video councelling* anbietet. Damit die ferne, depressive Bäuerin ihren Berater sehen kann. Das hilft, sagen sie.

Abends in Eidsvold. Hier übernachtet man nur, weil der Bus wieder umkehrt. Ich komme im *Star Hotel* unter, sechs ebenerdige Zimmer, in jedem hängt der *fire-escape*-Plan. Wie erheiternd, wieder ein Hinweis auf den Sicherheitswahn, der umgeht in diesen Zeiten: ein Haus neben der Wüste, ein gigantischer Kontinent mit Tausenden von Kilometern Auslauf liegt direkt vor der Tür, und der verehrte Gast wird gebeten, sich den Fluchtweg einzuprägen. Gibt es eine penetrantere Rasse als den verbotshungrigen Biedermann, der mit Vorschriften das Leben seiner Mitmenschen verstellt?

Abendessen an der Theke. Sieben andere »lost souls«, so sagen sie hier, stehen neben mir. Ich lerne das Lehrer-Ehepaar Burns kennen, Ben unterrichtet und Jill will schreiben. Und gelesen werden. Das kenne ich jetzt schon. Doch heute bin ich giftig und frage, was sie inzwischen unternommen hat, damit das Reden übers Schreiben aufhört und das Schreiben und Veröffentlichen beginnt. »Not much.« Bravo. Jill gehört wohl zum Stamm der Schlafmützen, die darauf warten, dass ein Verleger vorbeikommt und ihnen mit dem Karabiner im Anschlag das Skript entreißt, das in der Küchenschublade schlummert.

Tippy stellt sich vor mir auf, schwingt das Bierglas und schreit: »I hate Germany«. Keine Ahnung, woher er weiß, dass ich Deutscher bin. Die anderen machen Zeichen, cool zu bleiben. Tippy sei in Ordnung, nur stundenweise stockblau. Der Mann ist Aborigine, arbeitslos und als laut und harmlos bekannt. Jemand schiebt ihn sacht zur Seite. Ich höre keine hassgetränkten Bemerkungen, wie ein Kind scheinen sie ihn zu behandeln. Nach einer halben Stunde kommt er wieder und sagt: »Sorry«. Der vielleicht

40-Jährige ist die erste direkte Begegnung mit einem Problem, das als schier unheilbarer Fluch etwa ein Drittel der Ureinwohner heimsucht: der Alkoholrausch, der Zwang, die sinnlos gewordene Existenz zu ertränken, zu versaufen.

Am nächsten Morgen weiter mit einem Lift, den der Star-Hotel-Boss organisiert hat. Hier gibt es keine Busse, kein öffentliches Transportmittel. Ich will nach Cracow. Durch ein paar Zeitungszeilen erfuhr ich von einem Mann, der Umwege wert ist.

Shine sitzt am Steuer, der Aborigine sieht gut aus. Natürlich bin ich überrascht, hatte längst abgespeichert, dass sie alle mit breitem Schädel, dicken Nasen und dicken Lippen unterwegs sind. Shine hat ein fein geschnittenes Gesicht, ein feines Lächeln. Er fährt zur Arbeit, neben Cracow gibt es die *Newcrest Mining*, ein Bergbauunternehmen, das nach Gold sucht. Jetzt wieder sucht, denn die Stollen waren vor langer Zeit aufgegeben worden. Nun verfügen sie über eine Technik, die an Schichten rankommt, die früher unerreichbar waren. Shine arbeitet acht Tage, von 7 bis 19 Uhr, dann hat er fünf Tage Urlaub. Um vier Minuten nach acht müssen wir scharf bremsen, ein Känguru-Paar, Mutter und Kind, überquert die Piste. Kängurus haben immer Vorfahrt. Wie elegant sie über die Welt hopsen.

Die Fahrt dauert eine gute Stunde, Shine lässt mich vor dem Cracow-Hotel raus, um diese Uhrzeit noch geschlossen. Es ist das einzig (einwandfrei) funktionierende Gebäude vor Ort, der knapp hundert Jahre lang als *gold town* boomte und nach dem Boom als *ghost town* verrottete. Ich wandere los, der Himmel strahlt, Geisterstädte haben einen ganz eigenen Charme. Zwischen den verwaisten Behausungen steht ein Verkehrsschild mit einem aufgemalten LKW-Anhänger, von dem die Fracht auf die Straße fällt, Text: »Bedecke deine Ware – Höchststrafe 1.237,50 $«. Das amüsiert umso mehr, wenn man kurz darauf erfährt, dass die

70 oder 80 hier Zurückgebliebenen mit 5,0 Promille im Kopf ihre Autos chauffieren. Wie in New York, so sind auch in Cracow die Straßen durchnummeriert. In der *5th Avenue* (sic!) komme ich allerdings nicht an Tiffany's vorbei, sondern an einem einsamen Gaul, der treuherzig auf mich zutrottet und gestreichelt werden will.

Nicht weit vom geisterhaft leeren Krankenhaus sehe ich in einem vermüllten Garten einen Mann arbeiten. Als ich ihn anspreche, weiß ich noch nicht, dass ich ihm einige der intensivsten Stunden dieser Reise verdanken werde. Rik trägt Zöpfe und ist unendlich sanft. Umgehend werde ich in den abbruchreifen Bungalow gebeten, wo er zu einem »herbal tea« einlädt. Rik will die Bude sanieren. Ein Blick reicht und man weiß, dass nur Herakles oder eben ein 50-jähriger Australier zu solchen Großtaten fähig sind. Jedes Ding wird recycled, kein krummer Nagel weggeworfen, alles kommt in Töpfe und Eimer, zukünftiger Nutzung harrend. Logisch, denn der Sanfte ist schwer im New-Age-Business tätig, sein derzeitiger Lieblingsgedanke stammt von Edgar Cayce. Der *sleeping prophet* aus den Staaten weissagt, und Rik weissagt es auch, »dass die Verlagerung der Erdachse das menschliche Bewusstsein heben wird«, sprich, der Planet seiner Rettung entgegenrotiert. Ich kralle mir in den rechten Oberschenkel, vor Glück. Nur Auserwählte kommen in die Nähe von so viel nacktem Wahnsinn.

Gefasst frage ich Rik, warum er nicht selbst ins Therapie-Geschäft einsteige. Ja, schon daran gedacht, aber er fühle sich noch nicht »fully connected«. Da er rauche, ja schlimmer, Drogen nehme. Nun, so redet ein Teil der Freunde. Während die anderen vom Gegenteil überzeugt sind. Gerade weil er ordentlich nach Pillen, Gras und Puder greife, sei er der Mann der Stunde. Ich liebe die Nähe zu Durchgeknallten, beweisen sie doch, dass man so verschieden, so anders auf die Welt, den Weltenlauf schauen kann.

Zum Abschied steckt er mir noch drei Hash-Cookies zu. »Zur Wegzehrung«, meint er verschmitzt, »genieße jeden dritten Tag ein Päckchen, enjoy!« Ach, Rik, wenn du wüsstest, was sie anrichten werden. Verschmitzt stecke ich sie ein.

Jetzt ist das Hotel offen. Hibiskus leuchtet vor dem Eingang. Ein Querpfosten steht daneben, um die Pferde anzubinden. Gleich hinter der Tür die Bar mit dem rechteckigen Tresen, dem Kamin, den tausend Whiskeyflaschen, der Pinnwand voller Steckbriefe ehemals (?) gesuchter Schurken. Lauter Freunde des Inhabers, den ich hier treffen will. Ich bestelle ein Frühstück und frage Sandi, die Bossin und Ehefrau, ob ich mit dem Berüchtigten sprechen kann. Fünf Minuten später kommt Fred Brophy die Treppe herunter, eher schlank, robust, Mitte fünfzig, ein zerfurchtes Haudegen-Gesicht, ein Held des Outbacks. Ja, er hat noch immer sein *boxing tent*, zieht seit über dreißig Jahren mit einer Riege Boxer über die Lande. Er ist der Letzte in Australien, der den alten Brauch hochhält. Da ich (mit Absicht) erwähne, dass ich über ihn schreiben werde, hat er Zeit. Fred ist eitel, meine Vermutung war richtig. Mit Recht eitel. Er weiß, was er hinter sich hat, und jeder Schreiber müsste auf die Knie fallen aus Dankbarkeit für das, was ihm geboten wird.

Fred hat angefangen, seine Biografie zu verfassen, soll heißen, er schreibt sie »irgendwie« auf und Sandi »überträgt« sie kapitelweise. Er hatte nach fünf Jahren Volksschule keine Lust mehr, trotzdem kann er schreiben, aber nur »nach Gehör«. Statt »Dear Sandi« kritzelt er »deer sandi« etc. Egal, die Götter hatten andere Pläne mit ihm. Er fängt im Zirkuszelt seiner Eltern an, haut bald ab, wird sein eigener Showman, überredet Hausfrauen zum Strippen, reitet auf einem Alligator (der eigens aus Florida eingeflogen wurde, da sie nicht beißen, das Publikum aber denkt, der Hasardeur turne auf einem bestialischen Aussie-Krokodil), lernt nebenbei zaubern, zaubert kopflose Ladys, siamesische Zwillinge und den »Indian rope trick« (er wäre der Erste, dem er gelingt, nun, Fred hat auch gelernt, mit Worten zu zaubern), trainiert Mäuse, die um die Wette rennen, führt die Nummer mit den Flöhen vor, denen er bunte Schleifchen umbindet, findet endlich seine Bestimmung und tourt ab 1975 mit seinem Boxerzelt.

Wie zu erwarten, sind die politisch korrekten Nasenbohrer schon auf dem Sprung, um die öffentlichen Keilereien zu verbieten. Der Spießer – hier der australische – will, dass es auf der Welt zugeht wie in seinem Ehebett. Geräuschlos und grabesstill wie auf einem Friedhof. Nur noch in Queensland und im Northern Territory darf gekeilt werden.

Fred gibt einen Überblick: Ein stabiles Zelt, 15 mal 15 Meter, kein Boxring, die Zuschauer bilden die Seile, umringen die Matte. Bevor das Spektakel losgeht, stellt sich sein knappes Dutzend Preisboxer vor dem Zelt auf ein Podest und Fred posaunt per Mikrofon und Trommel die »Sensation« über den Jahrmarkt. Damit die Draufgänger aus dem Publikum nach vorne treten und gegen einen von Freds Mannen antreten. Sind genug Herausforderer versammelt, wird das Zelt geöffnet, die Schaulustigen strömen, bis zu 250 haben Platz, macht bis zu 2500 Dollar Abendkasse. Fred, the businessman. Das auch noch.

Jeder aus seinem Stall bekommt pro Kampf 60 Dollar, ob er verliert oder nicht. Der Herausforderer erhält für die Runde – drei insgesamt, à eine Minute – 20 Dollar. Natürlich nur, wenn er gewinnt. Und hier liegt der Haken. (Fred kann man nur bewundern, ohne den geringsten Versuch, etwas zu verheimlichen, spricht er sich aus.) Dicker Haken, denn er ist nicht nur Zirkusdirektor, sondern auch Kampfrichter, soll sagen, er will Geld verdienen und er muss auf seinen Ruf achten: dass die Fred-Brophy-Truppe (fast) unschlagbar ist! Also türkt Fred bisweilen. Obwohl der Punktsieg dem Fremden zustand – bei einem K. o.-Sieg funktioniert das natürlich nicht –, lässt er den eigenen Mann hochleben. Oft geht das reibungslos, denn wer will schon frech werden gegen eine Phalanx gut gebauter (Ex?)-Krimineller, Ex-Polizisten, Holzfäller und Lastwagenfahrer, die nebenberuflich als Raufbolde unterwegs sind? Doch bisweilen protestiert ein Verlierer und fordert zum Duell heraus. Und das trägt immer Fred aus, der Schwindler. Diese inoffiziellen Nahkämpfe finden hinter dem Zelt statt und immer, nachdem das Volk verschwunden ist. Denn ab und zu muss der Chef in den Staub. Und nachzahlen. Gewinnt er die Hinterhofschlägerei, gilt die Sache als erledigt, der nachträgliche Sieg rechtfertigt das Fehlurteil. Nicht immer, vor einigen Jahren rannte ein Betrogener mit der Schrotflinte hinter ihm her und feuerte auf die Beine des Chefs. Seitdem befinden sich 85 Splitter in seinem rechten Oberschenkel und 17 im linken. Never mind, Fred ist nicht nachtragend. Denn als Belohnung für alle Strapazen wurden und werden sie wie *kings* gefeiert und »heaps of sheilas«, haufenweise Girls, warten am Zeltausgang auf die Könige, um die »Muskeln und den Schweiß zu riechen«.

Fred weiß es, alle wissen es. Er hat ein paar Schrauben locker und ein paar sind ganz verschwunden. Als er Sandi kennenlernte und ihr den Hof machte, haute er sich mit einem Hackebeil je das letzte Glied vom linken und rechten kleinen Finger. Als Beweis seiner Leidenschaft. Liebesfleisch statt Liebesbrief. Als er mit den zwei blutsprudelnden Stumpen vor sie trat, nannte sie ihn einen »fucking idiot« (fand jedoch die Tat stillschweigend imponierend) und brauste los. Zum nächsten Krankenhaus. Während der Hund, der Menschenfresser, die Delikatessen vom Hackstock räumte.

Im Laufe der Jahre schmücken noch andere Insignien sein Matadorenleben. Schlangenbisse und Narben, die an giftige Spinnen erinnern, hinterließen Spuren auf Freds malträtiertem Leib. Australien ist immerhin das Land mit dem gefährlichsten Tierreich. Auch ein *knuckleduster*, ein Schlagring, fuhr über seine Unterzähne. Männer im Outback reden nicht viel, sie handeln. Mit Fäusten. Heute ist Mister Brophy Millionär, der halbe Analphabet hat sein Cracow-Hotel, hat anderswo weitere Immobilien, hat Land und Vieh, hat drei Kinder, hat ausgesorgt. »Are you happy«, frage ich ihn überflüssigerweise. »No, I'm not, I'm more than happy.«

Fred gehört zum Zirkel der Weisen, das wären jene, die ihre Kinderträume nicht verraten haben, jene, die sich hartnäckig weigern, für immer »mündig« zu werden. Um nicht aufzufallen, treten sie als Jungs auf, die wie Erwachsene aussehen.

Harte Jungs. Kid Guana kommt vorbei, so nennt er sich als Künstler. Auch er wohnt in Cracow, boxt noch immer für Fred, auch mit 46 Jahren. Auch er hat eine Biografie, die zu dem Haufen passt. Mit zwanzig landet er im Zuchthaus, für 11 Jahre, 8 Monate und 22 Tage. Beim 18. Raubüberfall hatte ihn die Polizei bereits erwartet. Vom *get-away-driver* informiert, dem zweiten Mann, der draußen auf der Straße mit laufendem Motor wartete. (Der Treuebruch als Kuhhandel, um Strafnachlass für andere Übeltaten zu bekommen.) Der erfolgreichste Beutezug brachte 36 000 Dollar, drei brachten nichts. Was hast du mit all dem Geld gemacht? »Mann, ich hatte Motorräder, Schlitten, Surfbretter und Mädchen, Mädchen, Mädchen.« Ich blicke nach hinten, in der Ecke der Veranda spielt Kid Guanas Frau mit den zwei Kindern. Nun, die ganz wilden Jahre sind vorbei, an ihr erinnert nichts an eine Gangsterbraut.

Er ist jetzt *clean*, sagt er, missetatensauber, im Zuchthaus hat er seinen – das verrät Witz – »Master of Psychology and Criminology« gemacht und nach den knapp zwölf Jahren einen Job gesucht. Trotz Studium war er noch immer nicht bereit fürs ordentliche Leben. Er hört von Fred Brophy und stellt sich vor, indem er die Gegner reihenweise umhaut. Die lokalen Radiosender laden ihn ein, damit er über den Äther die »toughest guys in town« herausfordert. Plötzlich hält the Kid inne, sagt gerührt: »Fred hat mich gerettet, es gibt keinen besseren Kumpel als ihn.« Die Frage nach seinem Glück beantwortet der Dankbare auf originelle Weise: »Oh Mann, glücklich wie ein Hund mit zwei Schwänzen.« Two dicks, sagt er. Damit keine Missverständnisse aufkommen.

Die Männer hier und ihre Freundschaften, das haben sie mit anderen Gangstern gemeinsam. Sie ist »heilig«, die letzte Instanz, die Messlatte, vor der alles andere nur schrumpfen kann. Auch die Liebe. Sie, *the Friendship*, ist unberührbar, ihr Verrat ist die Todsünde.

Schönes Leben, Cracow strahlt und verführt zum Lachen. Während Fred und Kid Guana von fliegenden Fäusten und den hingebungsbereiten Busch-Ladys reden, die nach den Rangeleien Schlange stehen, um von den Siegern erhört zu werden, hält direkt gegenüber dem Hotel ein Lastwagen, auf dem *Banana Shire Mobile Library* steht. Der Bananen-Bezirk, zu dem die Geisterstadt Cracow amtlich gehört, fährt hier an jedem Donnerstag vor, um – das ist wunderbar schrullig – mit gemütlicher Leseecke, etwa tausend Büchern und Bibliothekarin/Truckfahrerin Alice die ansässigen Schnapsdrosseln, Junkies und langfristig Gestrandeten zur Lektüre zu überreden. Mutig behauptet das hübsche Brillenfräulein, dass jedes Mal drei oder vier Interessenten kämen. Sicher an anderen Donnerstagen, heute kommt keiner.

Ich will am späten Nachmittag per Anhalter weiter, aber niemand fährt vorbei, der über die Dorfgrenzen hinauswill. Ein Glück, denn ich hätte etwas versäumt, etwas Unvergessliches. Ich gehe zurück, checke ein.

Frühabends wird das Hotel voll, sagen wir, die Bar füllt sich. Alkohol fließt, Geld fließt, Hochgefühl und Hochbetrieb in allen Ecken. Die Zähesten sitzen zuletzt im Hof ums Feuer. Vierzehn Minenarbeiter, jeder mit einer Bierdose in der Hand, jeder mit zehn dreckigen Witzen, jeder »as happy as you can be«. Fred fragt in die Runde, ob morgen einer nach Bundaberg fährt und, wenn ja, mich mitnehmen könne. Joey sagt sofort zu, er ist immens dick, bereits randvoll und verkündet, dass er eh seine Frau und den einjährigen Sohn »in Bunda« besuchen werde, der 5-Tage-Urlaub stehe an. Ich bin vorlaut und will wissen, ob er denn fit genug sei für den langen Trip. Und Joey, unter dem dröhnenden Gelächter aller: »Ten before ten, it's ok«, sprich, zehn Dosen vor 10 Uhr abends sind in Ordnung. Somit hat der Alkohol genug Zeit, sich in seinem mächtigen Körper zu verlaufen. Denn vor der 10-Uhr-Morgenschicht wird jeder getestet, damit keiner blau und/oder »loaded«, drogengeladen, in den Schacht steigt.

Um mich endgültig zu beruhigen, meint einer der Freunde, dass Joey keinen Wagen besitze, sondern eine »killing machine«, und dass er nachweislich auf der Cracow-Bundaberg-Rennstrecke die Tachonadel schon einmal auf 310 getrieben habe. O.k., ziehen wir hundert ab, hundert Kilometer Angeberzulage, dann haben wir noch immer 210 km/h. Sie müssen mein leicht verstörtes Gesicht sehen und dröhnen wieder los. Joey, durchaus mit Sinn für Humor begabt, legt ein letztes Mal nach. Er verspricht, während der Fahrt ein paar Flaschen extra zu konsumieren. Das würde den Raser in ihm beruhigen. Jetzt dröhnt die Erde, vierzehn Fröhlichere hat die Welt noch nicht gesehen. Ich grinse doof und erinnere mich plötzlich an den Satz auf der Visitenkarte des Cracow-Hotels: »It's scary«, furchterregend, schwarz auf weiß steht es da, soll keiner sagen, er sei nicht gewarnt worden.

Fred und ich machen aus, dass ich in drei Wochen nach Mount Isa komme. Dort findet ein Rodeo statt, wo er das Boxerzelt aufstellen wird. Ich will sehen, nichts glauben, will wissen, ob seine Räuberpistolen wahr sind.

Sandi hat mir Zimmer Nummer 3 gegeben, plüschig und bequem, ein Heizkissen soll wärmen. Blick vom Balkon auf drei beleuchtete Fenster und den Sternenhimmel. Diskret liegt *Australian Ghost Towns*, ein schweres Buch, auf dem Nachtkästchen, ich lese das Kapitel über Cracow. Natürlich geht ein Geist um im Hotel. Seit jenem Tag vor vielen Jahren, als ein Wütender seiner (vermutlich) untreuen Frau hinterherballerte. Vom Erdgeschoss durch die Zimmerdecke. Bewiesen ist nichts, da ich aber der einzige Gast im Haus bin, höre ich plötzlich Geräusche, die ich sonst nie gehört hätte. Die Nacht, in der ich Bram Stokers *Dracula* gelesen habe, kommt mir sogleich in den Sinn. Seltsam lautlos drehe ich mich um und schalte das Licht aus. Keiner soll wissen, dass es mich gibt.

Mit eisigem Wasser waschen und aufwachen, runter in die Kneipe. Eva, eine Angestellte, bringt das Frühstück. Ich fange zu schreiben an, will den gestrigen Tag nicht vergessen. Als die Sonne wärmt, gehe ich nach draußen, nehme den Kaffee mit und konsumiere diskret zwei von Riks Haschisch-Keksen. Ich warte zehn Minuten, sie wirken nicht (ich mag lieber harte Drogen, sie brauchen keine Inkubationszeit), schlucke den dritten, gehe zurück, schreibe weiter. Zufällig schaue ich auf die im Computer installierte Uhr, 10:33, als die Welle durch den Körper schwappt, die Druckwelle, die Droge, die endlich und ohne Ankündigung in den Kopf platzt. Sofort jenes erhebende Gefühl, das die Franzosen mit dem eigentümlichen Worten *état second* beschreiben, zweiter Zustand. Wie richtig, der Zustand jenseits der »Normalität«. Ich schreibe umgehend weiter, will wissen, ob ich jetzt produktiver bin, kreativer. Nein, natürlich nicht, Hasch ist ein *downer*, ein Beruhiger, kein *upper* wie Kokain. Bin das Gegenteil, bin langsamer, in Windeseile ganz langsam, muss mich anstrengen, die Tasten zu finden, das rechte Wort. Rik schlug vor, sein Geschenk auf neun Tage zu verteilen. Ich habe es in neun Minuten geschafft. Angst holt mich jetzt ein. Ich beschließe, meine Sachen auf dem Tisch zusammenzupacken, bevor mich die Aufgabe überfordert. Obsessiv denke ich an den Mac, hämmere mir ein, dass ich ihn nicht vergessen darf. Er ist mein Lebensunterhalt, mein Leben.

Als ich aufstehe, gehorchen die Beine nicht. Ich bleibe sitzen und rede mit ihnen, rede auf sie ein. Bis sie Ja sagen und mich samt Rucksack hinaus auf die Veranda tragen. Ich will mich in die Sonne setzen und den Mac festhalten, zwei Tätigkeiten, die ich noch schaffe. Ich finde einen Stuhl mit Polster, fläze mich hinein, bin unheimlich schwer und unbrauchbar. Will nur sitzen und den Rausch spüren. Lege den Kopf auf die Balustrade und sehe mit glasigen Augen auf zwei Pickups, die vorbeifahren und gleichzeitig donnernd wie Panzer durch mein Hirn rauschen. Ein Teil in mir ist seliger Penner, der andere feinhöriger Wahrnehmer. Ein dritter Fahrer steigt aus, nähert sich und fragt, ob er mich mitnehmen soll. Ich brauche ein paar Momente, bis der Sinn der Worte bei mir ankommt. Immerhin wundere ich mich, wie viele wissen, dass ich eine Mitfahrgelegenheit suche. Angestrengt sage ich: »Yes, I need a lift to Bundaberg.« Und der rührige Typ: »Ok, let's go!« Aber go geht nicht, ich merke, dass die Kekse nun jeden Winkel in meinem Körper erreicht haben. So glotze ich auf den Hilfsbereiten, warte, bis ich wieder genug Schwung habe und beichte: »Sorry, I'm stoned, I can't«. Und der Australier antwortet staubtrocken und ohne Anflug von Moral: »See you later«, und fährt davon. Und ich sitze schön blöd und stumm, spüre die wärmende Sonne, schließe die Augen und sehe, wie zwei weitere Panzer von links nach rechts meinen Kopf durchqueren. Dann wieder Stille.

Joey braust vor, tatsächlich. Ich sage ihm das Gleiche, mit anderen, einfacheren Worten: dass ich jetzt den Arsch nicht hochkriege, dass ich geladen bin, voll geladen. Gleichzeitig fällt mir ein, dass er die letzte Gelegenheit ist, hier wegzukommen, erst in einer Woche findet der nächste Schichtwechsel statt. Und so schaffe ich es auf die Füße, trotz enormer Erdanziehungskräfte, wanke – den großen und kleinen Rucksack im Schlepptau – auf sein Auto zu, einen schwarzen, gemein niedrigen Boliden. Joey steht daneben, ich weiß nicht, was in ihm vorgeht, weiß nur, dass ein Mensch relaxter nicht sein kann. Um 11 Uhr 46 – welch Mühe, die Uhrzeiger zu entziffern – geht es per Kavaliersstart hinaus aus Cracow. Klar, der junge Familienvater muss sich auf der Höhe der gestern verlautbarten Sprüche zeigen. Sei es wie es sei, fest steht, zweieinhalb eindringliche Stunden nehmen ihren Anfang.

Sobald ich realisiere, dass ich mich neben Joey in seinem Düsenjäger befinde, bilde ich mir ein, vor einer dieser Spielhallen-Maschinen zu sitzen, mit deren Hilfe man ein virtuelles Fahrzeug steuert und blitzschnell auf die Fährnisse reagieren muss, die dreidimensional auftauchen. Joey rast durch die elektronische Welt, ich rase als nutzloser Copilot mit. Bis ich wieder bei Trost bin und checke, dass alles um mich herum echt ist, lebendig. Aber nur Sekunden bei Trost, dann döse ich trotz heftiger Willensanstrengung weg, penne ein. Um ruckartig in die Spielhölle zurückgebeamt zu werden, sobald Joey zu reden beginnt. Denn er macht immer dann den Mund auf, wenn ich mit dem Kopf, wie peinlich, auf seinem Schoß gelandet bin, sodass ich verschreckt aufwache und uns einmal mehr über den Screen jagen sehe, meist drei Meter vor dem Gipfel einer Steigung. Natürlich käme jetzt im virtuellen Leben, sofort nach Erreichen des Anstiegs, eine mörderische Gefahr auf uns zu, ein Slalom fahrender Roadtrain mit drei Anhängern, ein brennendes Auto mitten im Weg, ein zu tief fliegender Helikopter, ein Rudel querwetzender Kängurus, doch nein, nichts kommt. Denn ich bin ja inzwischen wieder bei Sinnen, sehe nur die kerzengerade Straße vor uns, bisweilen flach, bisweilen gesäumt von Busch und Wäldern. Das Outback ist leer, kein Gegenverkehr. Adrenalin spritzt trotzdem. Weil auch im wirklichen Leben eine Steigung kommt und das Vehikel ganz oben zwei, drei Meter nach vorne springt, aufprallt und weiter nach unten rast. Wie eine Schlange starre ich auf den heißen, dunklen Asphalt, sehe meine nassen Hände, denke an Hitchcocks *Über den Dächern von Nizza* und Cary Grants verkrampfte Hände, angstverkrampft, da Grace Kelly haarnadelkurvig die Riviera entlangrast, weiß im selben Augenblick noch, dass Grace längst tot ist und Joey ganz anders aussieht. Merke zuletzt, dass alle meine Gedanken nicht schreckhaft sind, doch, schon schreckhaft, aber irgendwie soft schreckhaft, unwirklich, denke wohl zu langsam, um zu kapieren, worauf ich mich eingelassen habe, ja das Blödesein genieße, zwischendrin eselhaft lache, nein, eher ein meckerndes Kichern, das nichts als Glück verrät. Dann sacke ich wieder weg, war gerade so lange bei Verstand, wie Stresshormone vorhanden waren. Das ist ja das Ergreifendste an diesem Freitag: Ich will es nicht anders, ich will nicht sterben, natürlich nicht, aber ich habe nicht die Kraft, Joey um eine Entschleunigung anzuflehen, nicht die geistigen Fähigkeiten, nicht den Willen, ihn an sein elf Monate altes Baby zu erinnern, an die liebe Frau, von der er am Lagerfeuer so geschwärmt hat. Wie denn auch? Der Goldsucher macht einen ungemein aufgeräumten Eindruck. Ich schiele nach rechts und sehe den Hell-Raiser in seinem Hochgeschwindigkeits-Outfit, mit den futuristischen Sonnengläsern, der hellroten Schirmmütze, dem gelben T-Shirt, sehe den 1000-Liter-Bierbauch, der sich fettweich um die untere Hälfte des Lenkrads schmiegt, sehe die violette Radrennhose, die unglaublichen Waden, die ungeschnürten Turnschuhe. Sehe den nonchalanten Lebemann, wie er – nur unterbrochen von Zigarettenpausen – hochproteinhaltige Flüssigkeiten zu sich nimmt, Flaschenbier und *mixter*, jene mit Cola gemischten Jack-Daniel's-Dosen, dabei nie zwei Hände braucht, immer den Deckel oder die Lasche souverän mit seinen Bergarbeiterzähnen abreißt. So sind wir unterwegs auf unserer Spritztour. Joey, der sorgende Familienvater, Vollgas-Hooligan und Konsument von mindestens zwei Eimern *spirits* die letzten zwanzig Stunden, und ich, das haltlose Würstchen, zu schwächlich, um den rechten Arm zu heben und dem Wahnsinn Einhalt zu bieten. Der noch zunimmt, als Joey begriffen hat, dass mein Haschisch-Taumel tiefer geht, als uns beiden lieb ist, und er nun – fünf Mal, zehn Mal? – zu einer Predigt ansetzt, die eine böse Zukunft von nationaler Tragweite ahnen lässt: dass ich auf dem »horror« gelandet sei, von dem ich Monate nicht mehr herunterkommen werde (solche Fälle gibt es), und somit ins »rehab« müsse, in die Rehabilitationsklinik. Auf Kosten des Staates und Steuerzahlers. Das ist aberwitzig lustig, denn in Momenten, in denen ich kapiere, dass das Leben gerade wieder wirklich ist, versuche ich – die Mahnrede des Alkoholsüchtigen im Ohr – eine Haltung einzunehmen, die irgendwie zu der Hoffnung Anlass gibt, nicht den Rest meines Daseins in einem australischen Psycho-Sanatorium dahinsiechen zu müssen. Doch auch diese Phase vergeht und mein Supersonic-Chauffeur sagt wieder ganz normale Sachen, sagt »fucking long stretch« oder »fucking hot today« oder »fucking crap land here«, eben eine Scheißgegend, wo nichts wächst. Und plötzlich das Steuer nach links reißt, weil hier ein Laden gewachsen ist und er anhalten will, »to grab some food«. Was nur bedeuten kann, dass zehn Minuten später, wieder auf Hochtouren, der Konsum »geistiger Getränke« nochmals hochschnellt, unverzichtbar »to wash down the fucking hamburger«. Zuletzt entsorgt der Koloss alle Utensilien, die leer sind, leer wurden – Flaschen, Dosen, Tüten – durchs Fenster. Wie ein Knall faucht dann der Wind herein, erinnert wieder daran, dass wir mit Bleifuß unserem Ziel entgegenschießen – und treffen. Mit einer Kavaliersbremsung katapultiert mich Joey, der Weltrekordstrecken-Inhaber, vor den Busbahnhof von Bundaberg. Ich krieche ins Freie, bin noch immer nicht fähig, nach dem Modell seines Rennschlittens zu fragen, nicht fähig, ihm zu sagen, wie gut er rasen kann und wie froh ich bin, dass wir unverkrüppelt angekommen sind. Krieche und fasse nach den Rucksäcken, höre wieder den Drillbohrer in meinem Schädel, der mich an den Laptop erinnert, schaffe alles und winke erschöpft dem Promille-Helden hinterher, der noch irgendwas von wegen »fucking bus station« murmelt und eine halbe Sekunde später mit einem grandiosen Schlenker davon ist.

Immerhin bewältige ich die zwei Meter zur nächsten Bank, lasse mich nieder, rauche, will wach werden. Und kann nicht, bestimmt nicht. Schräg gegenüber steht eines dieser 10 000 Backpacker-Hotels des Kontinents. Nur Asylsuchende und Verzweifelte betreten sie freiwillig. Über eine Stunde kämpfe ich mit mir, dann traue ich mich über die Straße, mich kosequent daran erinnernd, dass Linksverkehr herrscht, dass ich unbedingt zuerst nach rechts schauen muss. Der Dichter Rolf Dieter Brinkmann fällt mir noch ein, der in London tödlich unter die Räder kam, aus genau jenem Grund (sicher auch er unter dem »Einfluss eines Betäubungsmittels«). Als ich mich endlich traue, ist mir, als saugten sich die Füße in den Boden, mit jedem Schritt muss ich sie losreißen.

Endlich angekommen, beginnt ein Scheißtag. Die Rezeption ist geschlossen, als sie wieder aufmacht, ist alles ausgebucht. Ich irre los, frage und bin unfähig, einen logischen Satz zu bilden.

Gleichzeitig bin ich Schreiber, soll sagen, ich schaue mir zu, will wissen, was passiert. Nichts passiert, außer, dass ich jemanden beobachte, der mit einer Sprachstörung durch Bundaberg deliriert. Ich treffe kaum jemanden, da ich zu Fuß bin und der Rest der Menschheit im Auto vorbeifährt. Bis sich ein herzensguter Mensch erbarmt, mich glatt am Arm fasst und zu einer Straße führt, wo mehrere Motels stehen. Ich frage einen Rezeptionisten nach dem anderen und alle antworten plötzlich »no vacancy«. Möglicherweise wollen sie keine Behinderten beherbergen. Bis mir das Riviera entgegenblinkt und ich rechtzeitig das Cash herausziehe. Bargeld ist ein Wundermittel, Scheine nehmen es mit jeder Moral auf. Jetzt bekomme ich ein Zimmer, gehörig überteuert, aber ich bin zu schwach, um zu protestieren, will jetzt nichts als liegen, flach liegen. Ich stolpere in Nummer 8, perfekt, wie ein Gekreuzigter lege ich mich aufs Bett, haschischblau und gerührt von dem Gedanken, ein Zuhause gefunden zu haben. Liegen und dämmern.

Am frühen Abend treibt es mich wieder hinaus, ein Rausch ist nur erquicklich, wenn man ihn in der Nähe anderer erfährt. Der Anblick der Normalen erscheint dann lustiger. Ich gehe die Motel Street entlang, hier ist die Küstenstadt noch hässlicher als im Zentrum. Ich finde ein Fast-Food (es gibt nur Fast-Foods) mit Stühlen auf dem Trottoir, ich rauche und blicke auf die Welt, die unglaublich geschäftig vorbeibraust. Jedes Eck in Sichtweite ist ein Unglück für den Empfindsamen. Ein paar Meter hinter mir läuft ein Fernseher, die übliche Direktübertragung aus einer Anstalt für geistig Minderbemittelte. Ich verstehe einmal mehr, warum mancher Zeitgenosse zu euphorisierenden Substanzen greift. Als Schmerzmittel gegen die Zumutungen, die eine moderne Welt für ihn bereithält. Ich schaue mir zu und sehe – umstellt von gräulicher Architektur und gräulicher Geräuschkulisse – einen

Euphorisierten, der heute Morgen die Flucht auf einen anderen Planeten antrat.

Um sechs aufwachen und sofort die Gewissheit, dass ich dem australischen Volk nicht zur Last fallen werde. Bin in Bombenform, tief geschlafen, vollkommen rauschlos und im Vollbesitz meiner kognitiven Fähigkeiten verlasse ich das Riviera. Der Tag strahlt, draußen auf dem Weg zu einem Frühstückslokal treffe ich Jesse, einen pensionierten Eisenbahner und heute »preacher man«, der gerade Waschzettel vor die Haustüren legt. Mit der groß gedruckten Frage: »Könnte Jesus Ministerpräsident von Australien werden?« Die Antwort versteht sich von selbst, sie wurde gleich mitgeliefert: »Natürlich nicht, denn Jesus ist nicht korrupt genug für politische Machenschaften.« Ich schlage Jesse vor, den Satz neu zu formulieren. So wie er dasteht, könnte man meinen, dass Jesus korrupt sei, aber eben nicht korrupt genug. Das leuchtet dem fröhlich gelaunten 72-Jährigen ein, er meint aber, kein Katholik in Queensland käme je auf die Idee, dass »Jesus käuflich wäre«.

Auch das ist angenehm in diesem Land. Der religiöse Furor hält sich in Grenzen. Kein Geifer, siehe USA, überschwemmt die Bevölkerung, kaum Hinweise in der Presse, kaum Radiosendungen mit entfesselten Gottesmännern, die mit Feuersbrunst nach den Ungläubigen ausholen. Wer glauben will, soll glauben. Und wer nicht glauben will, darf nicht glauben. Himmlisch.

Ich komme an der Church-Pharmacy vorbei, sie befindet sich in einer ehemaligen Kirche. Ich höre, dass sie wegen fehlender Gläubiger geschlossen wurde. Das lässt nur einen Rückschluss zu: Der Mensch des 21. Jahrhunderts misstraut den Weissagungen aus dem Jenseits, den Versprechen, den Tröstungen. Er geht heute lieber in die Apotheke und holt sich dort ein (irdisches) Trostpflaster, um über die Runden zu kommen.

Ich laufe einer Gruppe gesetzter Damen über den Weg, alle mit mächtig roten Hüten. Sie erzählen, dass sie (und Hunderte andere) zum »giggle weekend«, zum Kicher-Wochenende, hierher gekommen sind. Um »fun, frivolity and friendship« zu predigen. Solche Predigten hört man gern.

Und noch etwas, auch Superbes. Diesen Proleten-Patriotismus gibt es nicht. Keine Flaggen sieht man aus Wohnzimmerfenstern wehen. Die 22 Millionen mögen ihr Land, ohne Zweifel, fühlen sich australisch und unverwechselbar. Aber dieser ätzende Heimatdusel findet nicht statt. Ihre Begabung zur Ironie hindert sie daran, ihre Lust, über sich selbst zu witzeln.

Die Stadtbibliothek hat bald offen, ich darf mich setzen, die Steckdose anzapfen, Wi-Fi benutzen, schreiben. Alle hilfsbereit und auskunftsfreudig. Sollte je einer über Bundaberg herziehen, ich werde ihm sofort widersprechen. Um 15 Uhr gehe ich zum Busbahnhof, dort befindet sich der einzige Grund, warum mich Joey an dieser Stelle abgeladen hat. Hier gibt es wieder Greyhound-Busse und von hier führt die Strecke weiter nach Norden.

Ich werde den Ort und seine 50 000 Einwohner nicht vergessen, und wäre es nur wegen dieser einen Szene, sie ist da, plötzlich unter einer kalten, heißen Sonne: Ein alter Mann auf Krücken überquert den leeren Parkplatz des Bahnhofs. Schleichend, seine Beine wackeln, mittendrin bleibt er stehen, alles wackelt jetzt, vibriert, der Torso, die vier Gliedmaßen, das Becken. Als zuckte Starkstrom hindurch, von Kopf bis Fuß. Ich laufe auf ihn zu, weil Gefahr besteht, dass der ganze Mensch umfällt, so mitgenommen von den Zuckungen. Halte ihn am rechten Oberarm, am Rücken, frage, ob er sich setzen wolle. Nein, sagt er, denn dann müsse er brüllen vor Schmerzen. Frage ihn, ob ich einen Krankenwagen rufen soll. Wieder nein, sagt, dass es gestern noch funktionierte, also werde es heute auch funktionieren. Mit *»it«*

meint er wohl den Leib, den elenden. Nach einigen Minuten werden die Krämpfe langsamer, der Mann zieht weiter, schlenkernd, schlurfend, hin zum Ausgang. Ich starre hinter ihm her, rede mir ein, dass dieser Gang über den Asphalt als Beweis dient, als sein Beweis. Dass er noch am Leben ist. Also muss er den Weg schaffen, ohne Hilfe.

Um halb vier mit dem Bus raus aus Bundaberg, nur sieben Passagiere. Mein Versuch, Platz A1 zu bekommen, den Fensterplatz ganz vorne (er garantiert die beste Aussicht), scheitert. »For safety reasons.« Meine Frage, wo hier die Sicherheit bedroht sei, wird mit einem Blick beantwortet, der bestätigen soll, dass ich mental nicht in der Lage bin, die Brisanz der Lage zu erfassen. Ich spiele gern den Doofen. Damit komme ich immer wieder mit dem Wahn in Berührung, den sich der außer Rand und Band geratene Philister zur Abschaffung menschlicher Freiheiten hat einfallen lassen. Joey fällt mir ein, vielleicht sind seine Sauflust und Raserei nur heimlicher Protest. Um sich über Umwege das Gefühl zurückzuholen, dass er noch existiert.

Ich verziehe mich nach hinten. Bin trotzdem guter Stimmung, 22 Stunden ist jetzt Zeit, Pläne zu schmieden, vorzudenken, nachzudenken, zu lesen. Coach-Captain Brad hält sich zurück, seine Reglementierungs-Tirade dauert nur elf Minuten. Dafür weist er vor Ankunft auf einem Rastplatz stets darauf hin, wo sich die *ATM* befindet, jene Konsole, um per Kreditkarte Geld abzuheben. Das muss für einen Bewohner von einem fernen Stern fantastisch klingen: Bei den Weißen stehen alle paar hundert Meter Maschinen herum, die Banknoten verteilen.

Ich habe einen Stoß Zeitungen mitgebracht, in einem Sonderdruck werden »Our 100 wonders of Queensland« vorgestellt, hundert Männer und Frauen. Über ihren gut genährten Gesichtern hängen die fetten Dollar-Ziffern ihres Vermögens. Bedauernswerte 30-Millionen-Schlucker neben Milliardären. Ich bin wieder Kind und lerne: Ob Friseursalon-Inhaber, Bauunternehmer, Investment-Banker, Schafherden-Großgrundbesitzer oder Surfbrett-Hersteller – jeder die Hosentaschen voller Goldbarren, jeder ein Wunder.

Nachts kommt ein Bericht im Radio über einen tatsächlichen Wundermenschen. Hier seine Geschichte, die wunderlicher nicht sein könnte. Im Jahr 1864 wird Antony Martin in der Nähe von Sydney geboren. Als Sohn einer Aborigine-Mutter und eines Vaters, der Nachfahre afro-amerikanischer Sträflinge ist. Der Junge schlägt sich als Fahrer durch, die Mutter stirbt früh. Der Gedanke an sie, so wird er später notieren, war »the guiding star« in seinem Leben. So viel Ehrgefühl und Kraft habe sie gehabt. Als 23-Jähriger ist er Zeuge eines Mordes, vor seinen Augen wird ein »negro« von zwei Weißen getötet. Das Gericht verweigert ihm die Aussage, die beiden werden freigesprochen. Antony Martin hat seine Aufgabe gefunden, er will bezeugen.

Er verlässt Australien, reist durch Asien nach Europa, arbeitet als Schweißer, Edelstein-Polierer, Spielzeughändler und Bediensteter. Beginnt in Zeitungen zu veröffentlichen, sein Thema ist immer dasselbe: auf die Tragödie der australischen Ureinwohner aufmerksam zu machen. Während er in Italien lebt, legt er sich – »aus Respekt vor dem italienischen Volk, aus Dankbarkeit« – den Namen Fernando zu, nennt sich ab jetzt Antony Martin Fernando.

Er reist weiter, wird während des Ersten Weltkriegs in Österreich interniert, kontaktiert die amerikanische, die australische, die englische Botschaft, keine will sich für ihn einsetzen, die Regierung in Melbourne (damals noch Hauptstadt) erkennt ihn nicht als Bürger des Landes an. 1919 kehrt er nach Mailand zurück, arbeitet wieder als Mechaniker, schreibt dem Papst, interviewt Mitglieder des Völkerbunds (Vorläufer der UNO) in Genf, bringt einen Artikel mit seinem Anliegen in der deutschen Presse unter, spricht inzwischen fünf, sechs Sprachen, verteilt Pamphlete, auf denen nachzulesen ist, wie »die Briten meine Leute ausrotten«. Mit knapp sechzig wird er nach England abgeschoben.

Ein Londoner Anwalt verschafft ihm eine Stelle als Hausmeister, finanziert ein Stipendium und fordert ihn auf, sein Leben niederzuschreiben. Aber Mister Fernando will unabhängig sein, reist weiter, will nicht von sich erzählen, sondern vom Kreuz, ein Aborigine zu sein. Unvergessen, so heißt es, waren die Auftritte des Mannes mit dem langen grauen Bart und dem übergroßen Mantel, an dem Hunderte von winzigen Skeletten aus Gummi hingen. Die baumelnden Knochen, so erfuhren die Zuhörer, sollten daran erinnern, was »Australien von unserem Volk übrig gelassen hat«.

Weitere Verurteilungen warten, auch für das Drohen mit einem Revolver. Als Antwort auf eine rassistische Frechheit. Bemerkenswert noch, dass Antony Martin Fernando von allen Beteiligten, auch von seinen Gegnern, auch von den Gefängnis-Ärzten, als außergewöhnlich intelligent beschrieben wurde. Und als freundlich und »gentleman-like«. Als solcher und als nimmermüder Aufklärer stirbt er 75-jährig. Goldbarrenlos, dafür schön arm und schön widerspenstig.

Am frühen Nachmittag in Cairns eintreffen. Man hält die Stadt aus, weil hier ein Wunder liegt, nein, ein Weltwunder. Neben der Stadt. Im Ort selbst wohnen etwa 100 000 Strafgefangene, die als freie Staatsbürger das Jahr über den viereckigen Beton verkraften und im Sommer zudem die 42 Grad im Schatten. Aber vom Wunder, das sie hier verkaufen, können sie leben. Bestens. Touristen fluten. Wer hier vorbeikommt, stirbt hinterher wunschloser. Er hat »geschaut«, er weiß jetzt, was an Schönheit, an Schönem auf Erden möglich ist.

Im Visitors-Center liegt aus, was sie sonst noch an Sehenswürdigkeiten anbieten. Auffällig, dass hier vor allem Frauen über fünfzig arbeiten. Diese Altersgruppe scheint mir die freundlichste von allen. In Cairns wie in Pirmasens wie in Paris. Sie haben ihre Illusionen schon hinter sich, haben schon akzeptiert, dass sie nicht Wirklichkeit wurden. Keine Träume peitschen sie mehr, sie sind »einverstanden«. Das macht sie so umgänglich.

Ein Prospekt preist einen *Aboriginal Cultural Park*. Auf den Cover sieht man sechs angestrengt grinsende Indigene. Drei Seiten weiter ein Foto, das ein (weißes) Paar und einen (devoten) Schwarzen zeigt, der ihnen »seine reiche Kultur« erklärt. Nach dem Zoobesuch bei den »natives« schlägt das Reisebüro einen Besuch im *Boomerang-Restaurant* vor. Bevor es weitergeht in die *Native Retail Gallery*. Man möchte winseln, wenn man zusehen muss, wie schamlos die einen vorführen und wie schamlos die anderen sich vorführen lassen.

Am nächsten Tag mit einem Zockelzug nach Karunda, landeinwärts, 330 Meter höher gelegen. Kurvig und bedächtig legt die Lokomotive die 35 Kilometer in zwei Stunden zurück. Brav und durchgehend *family oriented*. Aber ich liebe Züge und so viele haben sie hier nicht auf dem Kontinent. Zudem gibt es etwas zu lachen. Denn in verschiedenen Sprachen werden wir beim Einsteigen instruiert. Sogar auf Rutschen wird verwiesen für den Fall, dass wir bei Schrittgeschwindigkeit aus der Kurve fliegen. Wer aussteigt, muss es »mit dem Rücken voraus« tun, um sich »beidhändig an den seitlichen Reelings festhalten« zu können. Und natürlich, man bedenke den tosenden Gegenwind, »keinen Körperteil aus dem Wagen halten!«, keinen Kopf, keine Fingerspitze.

Warum tut Australien das? Warum halten sie erwachsene Reisende für Debile dritten Grades? Ich kann nur vermuten. Vielleicht hat es mit ihrer Geschichte zu tun, ihrer Vergangenheit. Das Leben, das Überleben auf den über sieben Millionen Quadratkilometern war oft extrem fordernd, grausam und 24 Stunden pro Tag höchst ungemütlich. Sophia Loren wurde einst gefragt, warum sie, die Superreiche, Steuern hinterzogen habe. Vollkommen logisch antwortete sie: »Ich war als Kind arm, und ich hatte mir geschworen, nie wieder arm zu sein.« Denken die Aussies ähnlich? Wollen sie nie wieder zurück auf die Schlachtfelder, nie wieder einer Gefahr begegnen, auf immer rundum behütet werden?

Immerhin kommt über den Bordlautsprecher doch noch eine gute Nachricht. Am sechsten Tunnel fand 1973 ein Überfall statt. Gangster warteten im Dunkeln auf einen großen Sack Gehälter, der hier vorbeikommen sollte. Happy Ending, die Raubritter wurden bis heute nicht gefasst. Ansonsten keine News aus Karunda. Jeder Meter Kommerz, überall *original aboriginal art*, genug Boutiquen, um weltweit ganze Regimenter mit Bumerangs auszurüsten. Und in der Fitzpatrick Tavern ist der Verkauf von Alkohol an Taxifahrer untersagt. Damit sie nicht als Feuerwasser-Spediteure die Flaschen an Minderjährige liefern. An alle anderen, vor allem an schwarze Volljährige, darf verkauft werden. Nicht per 6-Pack, nein, per 24-Pack. Der Wirt ist Weißer und jeder besoffene Aborigine ist ein guter Aborigine.

Möglicherweise gibt es in diesem Land kein Wort, das öfter und inniger ausgesprochen wird als Bier. Vor Tagen kam im Radio ein Bericht über die einschlägige Lobby, die jeden Politiker das Fürchten lehrt. Wer sich mit ihr anlegt, muss um seine körperliche Unversehrtheit fürchten. Die Reise wird zeigen, dass Reformen – um die Biersucht zu drosseln – am massiven Widerstand der Bierbraukönige scheitern. Auf dem Klo des Kurunda-Hotels hängt ein Poster mit den zehn Gründen, warum ein Bier besser ist als eine Frau. Echt Macho, aber auch ergötzlich, Auszüge: *Bier wird nicht eifersüchtig, wenn man nach einem anderen greift – Bier wird nicht zickig, wenn man nach Bier riecht – Der Bierliebhaber ist immer der Erste, der eine Dose öffnet – Bier ist im-*

mer feucht, ja, *ein frigides Bier ist ein gutes Bier.* Und, Gipfel der Holzfäller-Poesie: *Hat man es ausgetrunken, ist es immer noch fünf Cent wert.*

Auf dem zweiten Plakat steht ein einziger Satz. *Beer? – Helping ugly people have sex!* Das ist ein geistreicher Spruch, den das Leben jeden Tag, jede Nacht millionenfach bestätigt. Auch das imponiert bei den Aussies: ohne Prüderie verkünden sie Einsichten, auch die wahren und knallharten.

Am Nachmittag darf man zurück nach Cairns. In einem Café spreche ich eine Frau an, die Milan Kunderas *Book of Laughter and Forgetting* liest. Ein Buch ist wie eine Visitenkarte, hat man Glück, dann funktioniert es als Einladung. Unverfänglicher, als über Kundera zu sprechen, kann man einander nicht kennenlernen. Zudem garantiert die Nähe eines Buches, dass sein Besitzer sich auf der geistigen Flughöhe der Lektüre befindet (klar, auch hier sind Blender unterwegs). Man muss also keine Angst haben, dass der andere den Mund aufmacht und den Offenbarungseid leistet, sprich, sein leer stehendes Hirn zum Vorschein kommt. Catherine studiert an der New York University »literature and creative writing«. Das sind zwei solide Beweggründe, uns für morgen zu verabreden. Auch will ich endlich wissen, wie man »kreatives Schreiben« lernt.

Am frühen Morgen zwitschern die Vögel durch Cairns, ein Lieblingstag fängt an, die nächtlichen Saufbolde grölen nicht mehr, die plärrenden Pubs haben den Geist aufgegeben, eine warme Brise weht, die Farben des Himmels ziehen auf. Ein Laden verkauft Kaffee und Sandwiches, ich sitze im Freien und will von nichts anderem träumen als von der Gegenwart.

Um 8 Uhr zum Hafen und die *Neptun* betreten, ein Boot, das jeden Tag etwa drei Dutzend Frauen und Männer ins Glück fährt.

Wie Hunderte andere Schiffe. Bevor wir ablegen, werden Zettel verteilt, eine lange Liste mit allen vorstellbaren und unvorstellbaren Gefahren, die heute auf uns lauern. Atemlosigkeit, Sonnenbrand, Erschöpfung, Hautverletzungen, geistige Umnachtung, platzende Lungen, Epilepsieanfälle, Stiche vom Jellyfisch (dem gifttödlichsten aller Fische). Das ist ein seltsamer Anfang für einen Glückstag, aber so ist er. Wir alle müssen unterschreiben, dass der Veranstalter nie und keinesfalls für etwaige Schrammen oder weggerissene Waden regresspflichtig gemacht werden kann. Von niemandem, auch nicht von »Blutsverwandten und Erben«. Ich bekomme die *safety number* 32.

Aber die Crew ist sympathisch, mit Witz wird die Prozedur erledigt, jeder bekommt eine Kotztüte, »a rough sea« steht an, zwei Gruppen werden eingeteilt, die Taucher, die ein Zerifikat vorlegen müssen, und die Schnorchler. Wir lernen die paar Handzeichen für den Fall, dass es Probleme geben sollte.

Fahrt Richtung *Great Barrier Reef*, entlang der Ostküste Australiens. Größer als England, 2000 Kilometer lang, bis zu 80 breit, der gewaltigste Artenreichtum der Welt, schätzungsweise zwischen 600 000 und 40 Millionen Jahre alt. Zudem eine 4,5-Milliarden-Australien-Dollar-Goldgrube, 50 000 Arbeitsplätze, Millionen Neugierige pro Jahr. Ach, die lächerlichen Ziffern, auch endlos Mal multipliziert sagen sie nichts über das Staunen und Wundern, das jeden niederstreckt, der ihm nah kommt.

Die Neopren-Anzüge liegen bereit, hineinschlüpfen, sagen wir, hineinzwängen. Denn wir sind im 21. Jahrhundert angekommen, und hier scheinen die wohlbeleibten 25-Jährigen in der Überzahl. Das ist um so beachtlicher, da die Jungen ganz cool mit ihren Fettschwarten umgehen. Niemand versucht, etwas zu verheimlichen, sich zu beeilen, um die »Peinlichkeit« hinter sich zu bringen. Warum? Weil die Maßlosigkeit wohl Mainstream geworden ist. Die Minderheit ist dünn und die dicke Mehrheit gibt heute den Ton an. Sie traut sich jetzt. Noch verwirrender. Einige der Kugeligen führen ihren Leib lässig spazieren, ganz mühelos. Während andere, manche mit einem strahlenden Body, stelzen und ihn ausstellen. An ihren Gesichtern lässt sich erkennen, dass sich die Leichten mehr Sorgen um ihren Auftritt machen als die Schweren.

Nach knapp 70 Kilometern dürfen wir in den Pazifik, ein Teil der Besatzung springt hinterher, zwei beobachten vom Schiff aus die Lage. Über die Hälfte der Gäste schnorchelt, ich auch. Ich beneide jeden, der tauchen kann. Was für ein elegantes Vergnügen. Aber der Neid vergeht, weil Sekunden später und nur Meter unter dem Meeresspiegel das Wunder, das Weltwunder sich ausbreitet. Eine gute Stunde lang. Ich werde mich jetzt nicht im Ton vergreifen und von meiner Sprachlosigkeit stammeln. Jeder, den es hierher verschlägt, soll den Mund halten und irgendwann einen Blick auf seine Haut werfen, seine Arme, die Beine. Weil sie zu fluoreszieren anfangen – vor Glück, vor unmäßigem Glück.

Als wir zurück aufs Schiff kommen, wird penibel genau nachgezählt, jeder einzelne Name auf der Passagierliste aufgerufen, jeder muss sich melden. Die Genauigkeit hat Ursachen. Aus verständlichen Gründen reden sie nicht darüber, nicht hier, nicht an Land. Aber der Fall ging durch die internationale Presse: Am 25. Januar 1998 verschwindet das Ehepaar Tom und Eileen Lonergan. Die beiden reisten um die Welt, hatten für Peace-Corps auf der Pazifikinsel Tuvalu gearbeitet, reisten weiter, machten Station in Australien. An jenem Sonntag unternehmen sie, mit 24 anderen, auf der Outer Edge eine Tauchtour. Keine besonderen Vorkommnisse, um 3 Uhr nachmittags werden die zwei Amerikaner von anderen Teilnehmern zum letzten Mal gesehen, in zwölf Meter Tiefe. Jung, in Form, wahre Profis.

Als sie wieder auftauchen – spätestens nach sechzig Minuten, länger reicht der Sauerstoff nicht –, ist das Boot verschwunden. Das muss kein Todesurteil sein, sie haben als Verbündete die Tauchanzüge und Schwimmwesten. Als Feinde haben sie die Haie, das ungenießbare Meer, die Queensland-Hitze. Auf dem Boot, so wird die spätere Gerichtsverhandlung zeigen, fällt ihre Abwesenheit keinem auf. Obwohl gecheckt wurde, »but something went wrong«. Selbst am nächsten Tag, als die Outer Edge mit anderen Leuten an genau dieselbe Stelle zurückkehrt, schlägt niemand Alarm. Erst 48 Stunden nach dem 25. Januar findet der Skipper die Pässe und Brieftaschen von Tom und Eileen Lonergan. Die Suche, die frenetische Suche, beginnt. Vergeblich.

Monate später wird ein Fischer, etwa 160 Kilometer weiter nördlich, eine Schiefertafel erspähen, ein typisches Werkzeug für Taucher, um ein paar Zeilen zu notieren. Die Nachricht ist eindeutig, Tom schrieb: »Monday Jan 26, 1998, 08 am. To anyone who can help us: We have been abandoned on Agincourt Reef by MV Outer Edge 25 Jan 98, 3 pm. Please help us come to rescue us before we die. Help!!!«

Andere Indizien tauchen auf. Ein Neoprenanzug wird angeschwemmt, genau die Größe Eileens. Wissenschaftler untersuchen die Muscheln, die am Reißverschluss kleben, wollen wissen, wie lange sie sich dort schon befinden. Das Ergebnis: seit Ende Januar. Eine Flosse treibt an die Küste sowie die aufblasbaren Taucherwesten, jedes Stück versehen mit den Namen der vermissten Besitzer. Keine der Fundsachen weist größere Beschädigungen auf, eindeutiger (?) Beweis, dass die zwei nicht Opfer von Raubfischen wurden. Experten spekulieren, dass die beiden nach Tagen und Nächten der Dehydration und Hoffnungslosigkeit möglicherweise die Nerven verloren und sich im Delirium die Schutzkleidung vom Leib rissen. Was nichts als ein noch schnelleres Ende befördern würde. Aber auch das nur Theorie, eine unter anderen.

Die Sensation fand sich woanders. Im Gepäck des Paars, zurückgelassen in einer Pension in Cairns. Das Tagebuch der jungen Frau las sich wie ein Krimi. Die nach außen gezeigte Harmonie war nur Fassade, Ehemann Tom litt unter Depressionen, sprach davon, »während eines Tauchausfluges mit allem Schluss zu machen«, ja schlug vor, »mich mitzunehmen«. Wie immer man »to take me with him« deutete, es verhieß nichts Gutes. Aber ein Tagebuch ist nicht die Wirklichkeit, muss sie nicht sein. Mord und Selbstmord? Doppelselbstmord? Mord und Unfall? Nur Unfall? Bis heute ist nichts geklärt. Das Gerichtsurteil lautete auf Freispruch für Kapitän und Besitzer der Outer Edge, die Konklusion der Richter: »an accident«. Wie zu erwarten, sorgte der Prozess für Schlagzeilen. Wohl auch, weil ein bedeutender Wirtschaftszweig des zweitgrößten Staates Australiens in schwere See geraten war. Vier Millionen Ausflüge pro Jahr bedeuten viel Geld, sehr viel. Eine schlechte Presse ist schlecht fürs Business. Aber immerhin, »Unglücksfall« klingt weniger desaströs als »Nachlässigkeit«.

Amüsanter Nachtrag: Bald griff das Volk ein bei den Ermittlungen. Plötzlich war von einem Schnellboot die Rede, das mitten im Korallenriff auf das Paar gewartet hatte. Um die zwei nach der Inszenierung ihres eigenen Todes in ein neues Leben zu befördern. Plötzlich wurden die Lonergans an hundert verschiedenen Orten im Land gesichtet. Plötzlich wollte so mancher ebenfalls für fünfzehn Minuten berühmt werden und plapperte von ominösen Anrufen bei sich. Fairerweise sei noch erwähnt, dass keiner bisher die Öffentlichkeit darüber informierte, die beiden zusammen mit Jimi Hendrix und Jim Morrison beim Autostopp durch die Sahelzone beobachtet zu haben.

Wir kommen vollzählig in Cairns an, mit Handschlag werden wir von den fünf Boys verabschiedet. Die uns einen Tag im

Wunderland geschenkt haben. Ich frage nochmals (diskret), und endlich gesteht Ethan, der Boss, dass es auch bei ihnen Dramen gab. Wobei jeder Beteiligte schuldlos blieb. Zwei Gäste mussten mit einem Infarkt aus dem Wasser gefischt werden, zwei Schnorchler. Wie die beiden Männer hinterher berichteten, waren sie von dem Gesehenen so überwältigt, dass ein Herzmuskel aussetzte. Das ist eine wunderbare Geschichte. An Schönheit erkranken. Wie Stendhal, der französische Schriftsteller, der vor 170 Jahren durch Florenz schlenderte und mittendrin ohnmächtig umfiel. Überwältigt vom Zauber der Stadt. Die Glücklichen.

Ins Café hetzen, zur Verabredung. Ich flitze und bin trotzdem zu spät, über eine Stunde. Die kluge Hübsche sitzt nicht mehr an ihrem Platz. Ich muss mich bescheiden, man kann nicht zwei Schönheiten am selben Tag genießen. Ich hole mein Gepäck und wandere vor zur Esplanade, der Straße, die am Strand entlang führt. Da es den Raffgierigen noch immer nicht gelungen ist, das Meer zu verbauen, ist hier die Aussicht am feinsten. Ich folge den Anweisungen und setze mich vier Meter von einem Café entfernt auf ein paar Stufen. Ab hier ist das Rauchen erlaubt. Ich sehe, dass Autos und Auspuffe um die Hälfte näher ran dürfen. Das macht Sinn, Kohlendioxid schmeckt einfach besser als Nikotin, zudem scheint es um Längen nahrhafter. Vor Kurzem las ich den Werbespruch einer Anti-Tabak-Kampagne über einem Restaurant: »Alkohol konsumieren in gesunder Umgebung!« Ich werde mich immer für das Lebensrecht der Schwachsinnigen einsetzen, denn sie sind ein steter Quell von Heiterkeit.

Statt Catherine aus New York treffe ich Norman aus »somewhere far away«. Auf Reisen sollte man lernen, loszulassen. Um sich mit einer leichten Drehung den anderen Chancen zuzuwenden. Dann eben dem 53-Jährigen, der aussieht wie 73 und seine schönen Tage schon geraume Zeit hinter sich hat. Ich rücke zu ihm, die Stufen reichen für uns beide. Er ist anders als alle anderen, die an uns vorbeikommen. Er ist ein *bagman*, hat sich mit seinen Tüten hier eingerichtet. Im Winter wärmt ihn die Sonne in Cairns, im Sommer zieht er um auf ein Trottoir in Sydney, der Hitze wegen, denn dort ist es kühler. Ich frage ihn, warum er auf der Straße gelandet ist und der Superdicke hat sich folgende Geschichte zurechtgelegt: dass er einst 900 000 Dollar besaß, sie investierte und – verlor. Norman, unaufgeregt: »I was fucked.« Irgendwie ist die Story – die wahre?, die fiktive?, selbst der Erzähler weiß es wohl nicht mehr – symptomatisch. Ich kenne ähnliche aus Paris. Nicht vier, fünf Schicksalsschläge machen obdachlos, meist reicht einer, damit der Mensch zum Obdachlosen mutiert und zu kämpfen aufhört. Wie ein Sturm, der das Haus wegreißt. Und anschließend lässt man die Ruine stehen und lebt ohne Haus weiter. Und gewöhnt sich daran, schneller als man ahnt. Norman scheint einverstanden, hat die verloren gegangene Kiste Geld verkraftet.

Ich frage ihn, was er sich kaufen würde, wenn er die vielen Scheine noch besäße. Na was, »a woman, a mansion, a boat, some surfboards«, fügt noch hinzu, dass er ein einziges Mal im Leben eine Frau hatte. Und mit ihr kam die Enttäuschung, »she played games on me«, das genügte. Ich weise ihn auf den Widerspruch hin, gerade sagte er, von Frauen habe er genug, aber shoppen will er sich trotzdem eine. Wie passt das zusammen? O.k., erklärt er, aber eine gekaufte Frau macht keinen Stress, sie weiß ja, dass sie dafür bezahlt wurde, »for not being a bitch«, um nicht herumzuzicken.

Der Gekränkte hat Diabetes, deshalb die gehörige Leibesfülle. Und Rückenschmerzen, sicher vom Stützen der Bauchkugel (und nicht vom Surfen, wie er fantasiert). Und einen scheußlichen Ausschlag am linken Bein. Er zeigt ihn sogleich, wie eine Trophäe, wie eine Rechtfertigung für den Entschluss, sich die restlichen Jahre nicht mehr vom Fleck zu rühren. Ich frage ihn, warum er in keinem Heim wohnt. »Bist du wahnsinnig? Dort leben viel zu viel Verrückte.«

Irgendwann läutet es in Normans nicht ganz geruchsfreier Hose, es ist Geoffrey, sein Kumpel. »Ein Randalierer«, höre ich hinterher, wieder mal Probleme mit der Polizei gehabt. Der Anruf kam aus dem hiesigen Gefängnis. Kein besonderer Anlass, nur ein warmer Gutenachtgruß.

Ich gehe ins Café, um Nachschub zu holen. Wie die meisten Tramps ist Norman anspruchsvoll, es muss unbedingt »Equal« sein, nur dieser Süßstoff, und davon unbedingt zwei Stück. Und den Becher nicht randvoll, please, damit die drei Döschen Milch noch Platz haben. Und die Servietten nicht vergessen! An der Theke bitte ich die Bedienung, keine Deckel auf die Becher zu drücken (meine kindischen Versuche, dem Verpackungswahn auszuweichen), darauf sie, todernst: »It's the law«. Ich lache so heftig, dass ich die Löffel fallen lasse. Bisweilen verkommt das Leben zur Realsatire. Gut, dass es Gesetzgeber gibt. Wir schlichten Menschenkinder können uns einfach nicht vorstellen, welch' Spur des Grauens zwei deckellose Plastikbecher auf ihrem sechs Meter langen Weg hinaus ins Freie ziehen können.

Norman ist mit mir zufrieden. Auch mit dem Paar Hamburger. Wir sitzen friedlich, rauchen, dazwischen erklärt er mir die Welt, sagt nach jedem Satz: »You know what I'm saying?« Heute – und jetzt sind wir der Wirklichkeit schon näher – bekommt er eine kleine Pension und schnorrt. »Früher« war er mal Busfahrer. Früher ist immer dann, als das Schwergewicht noch leichter, beweglicher war. Früher hat er auch in alle öffentlichen Fernsprecher von Cairns gefingert, um vergessene Münzen einzusammeln. Oder Kaugummi in die Schlitze gedrückt, sodass das Kleingeld steckenblieb, die Leute verärgert einhängten und weiterhetzten. Und Norman nachrückte und mit einem speziell präparierten

Stäbchen die Groschen wieder herauspulte. Oder sich, wieder nachts, vor Limonaden-Automaten aufstellte, einen dreißig Zentimeter langen Zweig hervorholte, an dem er mit Bindfaden ein 50-Centstück befestigt hatte, die Münze einwarf, die Tasten für den gewünschten Softdrink drückte und – jetzt der entscheidende Moment – blitzschnell die provisorische Angelrute wieder zurückzog. Schon purzelte die Dose nach unten. Zum Nulltarif. Durchaus verwunderlich, wie viel Energie Arbeitsscheue in Tätigkeiten investieren, die ein Taschengeld als Lohn versprechen. Ich muss los, ein letzte Frage an den Ex-Millionär. »Hast du Angst vorm Sterben?« Von wegen, Norman siegessicher: »I go to heaven, straight away!«

Um 0 Uhr 30 fährt mein Bus, jetzt nach links, ins Landesinnere. 44 Stunden bis zum nächsten Bett, darunter viele dornenreiche Stunden. Was dem Reisenden oft Mut und Antrieb verleiht, ist seine Ignoranz. Wüsste er schon vorher, was an Gemeinheiten auf ihn wartet, er würde zögerlicher aufbrechen. Doch der Anfang ist passabel. Der Fahrer verharrt mitternachtsstill wie ein Roboter vor dem Steuer, wie auf Autopilot gestellt.

Um 3 Uhr 30 setzt sich ein Mann neben mich, ich bin umgehend wach, schiele auf seine Seite, sehe das Ungewöhnlichste, was man um diese Zeit erwarten kann. Der Fremde zieht ein Buch heraus, schlägt es auf, schaltet die Sitzlampe ein und liest. Keine Bewegung mehr, kein Zurechtrücken, kein Blick hinaus in die Nacht, er liest wie ein Samurai. Ich weiß sofort, dass ich ihn kennenlernen muss. Aber zuerst will ich den Anblick genießen, will die Nähe eines Mannes auskosten, der etwas besitzt, das zu verschwinden droht: Die Kunst der Ausschließlichkeit, diese geradezu brutale Fähigkeit, sich auf *einen* Zustand zu konzentrieren. Charaktere aus Filmen und Büchern kommen mir in den Sinn. *Der eiskalte Engel* mit Alain Delon, *Der Fremde* von Albert

Camus, Charles Bukowskis verbeulte Krater-Visage, lauter Männer, die auf dubiose Weise nie ihr Ziel aus den Augen verloren. Das Dubiose schmälerte in nichts ihre Attraktivität. Ich begriff schon damals, dass einzigartig sein in einer Gesellschaft, die per se heuchlerisch ist, nie anders funktionieren kann als über den Umweg der Heimlichkeit. Meine Helden waren die Verstohlenen, die Randfiguren, die Einzeltäter, die keinen Pfifferling gaben auf die Träume der Massen.

Ich spreche den Mann an, ich störe ihn, aber Neugier war noch nie taktvoll. Gelassen legt der Leser das Buch zur Seite und wendet sich mir zu. Heiter, ja höflich. Wir reden. Bob B. arbeitet für einen Autoverleiher. Ein Kunde lässt irgendwo den gemieteten Wagen stehen und der 67-Jährige fährt an diesen (gottverlassenen) Ort, steigt ein und fährt das Fahrzeug dorthin, wo es wieder gebraucht wird.

Wir halten, irgendwo im Outback. Ein kurzer Stopp, tanken. Und Bob steigt aus und geht auf einen Kombi zu, der in Sichtweite geparkt ist. Mit seiner schwarzen Hose, der schwarzen Lederjacke, der leichten, schwarzen Sporttasche sieht er aus wie ein Hitman, wie ein Auftragskiller. In Gangsterfilmen würde er jetzt losfahren und mit der rechten Hand die Tasche öffnen und routiniert seine Beretta CX4 Storm zusammensetzen (von der habe ich gestern gelesen). Aber Bob streckt nur lässig den Arm aus dem Fenster und winkt, lächelt und verschwindet in der Nacht. Er muss nach Alice Springs, das ist weit.

Ich schaue verträumt hinterher und bilde mir ein, dass Bob ein Geheimnis hat, eine Wunde. Er erwähnte (weil ich drängte), dass vor zwei Jahren seine Frau gestorben war, und er Tage später den Job des Lonely Rider angenommen hat. »Ich wollte davon«, und seine Worte klangen wie aus einem Drehbuch, »um ihrer Nähe zu entfliehen.« Als ich nach dem Sinn des Satzes fragte, hielt er den Mund. Die Tote vergessen? Die Liebe zu ihr? Die schon lange abbruchreife Ehe, die endlich zu Ende war? Gut, dass Bob geschwiegen hat, das passte zu ihm. Zudem würde ich nichts verstehen. Was weiß einer von der Pein des anderen. »Viele«, sagte er noch, »springen nach ein paar Monaten ab.« Die endlosen nächtlichen Kilometer machen sie mürbe, sie wollen zu Hause bleiben, nicht verlassen und allein durch dunkle Landschaften ziehen. Ich vermute, bei Bob funktioniert es umgekehrt. Die Einsamkeit heilt ihn.

Genau um zwölf Uhr mittags Rast im *Roadhouse Lights on the Hill*, mitten in einem brettflachen Land. Verlassener Ort, ein Set für einen Western. Der Wind treibt den Staub vor die Eingangstür, verschiedene Anzeigen hängen aus. Auf ein Rodeo wird verwiesen, jemand will eine Stute verkaufen (»she is a really outstanding show«), eine »counterhand« wird gesucht, jemand, der an der Theke zur Hand geht (sicher mit Depressions-Zuschlag). Ich frage die beiden Ladys im Shop, was hier abgeht. Nichts, »dull« ist es, fad. Aber sie sagen es wie jemand, der nie auf die Idee käme, in eine andere Landschaft aufbrechen zu wollen, in eine andere Stadt. »Dull« klingt wie o.k. Die einzige Aufregung – und die zwei müssen nachdenken – sind Kunden, die tanken und abrauschen. Ohne zu zahlen. Dann stürmen die zwei raus, notieren das Nummerschild und verständigen die Bullen. Jamie und Tina erzählen den Vorfall eher frohgemut. Bisweilen sorgt Kriminalität dafür, dass die Lebensgeister zurückkehren.

Am späten Nachmittag beginnt die Mühsal des Unterwegsseins. Es scheint, dass mit zunehmender Dunkelheit die Lautstärke der gezeigten DVD-Filme zunimmt. (Ich habe meine genialen Ohrstöpsel im Rucksack vergessen.) Tathergang: Kurz nach 17 Uhr zieht rechts ein abendlicher Himmel auf, der es mit jedem über den Highlands von Kenia aufnimmt. Vor der roten Sonne schweben ein paar schwarze Wolken, dahinter dieser strahlend gelbe Himmel. Und das Ganze über den flackernden Lichtern einer kleinen Stadt. Wir fahren nicht an der Magie vorbei, wir fahren mitten hinein. Ein Bild von unmäßiger Schönheit. Schwache Gemüter sind imstande und fangen in solchen Augenblicken zu flennen an. Aus Rührung, aus Dankbarkeit, aus dem Gefühl heraus, gerade ein Wunder geschenkt zu bekommen.

Nun, von allgemeiner Ergriffenheit keine Spur. Denn die meisten Vorhänge sind zu, um deutlicher Sitcoms zu sehen. *Situation comedies* mit Komödianten, die wohl über denselben IQ verfügen wie jene, die sie gerade mit Hingebung anstarren. Anders ist die Faszination nicht zu erklären. Selbst eine Kuh würde sich losreißen. Ich frage mich, was das Universum noch bieten, was die Wirklichkeit noch an Ekstasen produzieren muss, damit sich diese »modernen Nomaden«, wie sie sich pompös nennen, von der Glotze wegreißen und der Welt zuwenden.

Vielleicht ist alles anders, vielleicht sind Schauspieler und Zuschauer nicht doof. Vielleicht wollen sie einfach doof sein. Doof sein ist leicht, viel leichter, als das Hirn in Betrieb zu nehmen. Das erinnert mich an Passagiere, die nach einem 12-Stunden-Flug in der Ankunftshalle die Rolltreppe benutzen, statt sich vor die erste Treppe zu knien, aus Dank, wieder den Leib spüren zu dürfen. Nichts würde sie physisch hindern, aber sie wollen träge sein. Dieses geistig-körperliche Versumpfen, dieses Fettwerden oben und unten, ist es das, wofür wir leben?

Hier muss etwas Grundsätzliches geklärt werden. Denn solche Situationen, solche Pestbeulen häufen sich. Gerade auf Reisen. »Warum halten Sie nicht Ihr Lästermaul, Altmann?«, werde ich öfters gefragt, »Warum sind Sie so rabiat intolerant?«, ja, »Warum müssen Sie ununterbrochen mit dem erigierten Zeigefinger moralisieren?« Das sind befremdliche Fragen, die ich nie verstanden habe. Denn ich halte mich für radikal duldsam, offen, für bisweilen obszön liberal. Von mir aus kann sich jemand einen rosa Elefanten in die Wohnung stellen und ihn als Inkarnation letzter Weisheit anbeten. Oder sich ein Hakenkreuz in den Hintern fräsen. Oder über Facebook ein Dutzend Fotos vom letzten Weihnachtsbaum an seine 16 397 »Friends« mailen. Oder sich die Hoden verkupfern. Oder über eBay Maßkrüge aus fünf Kontinenten ordern. Oder – um beim Thema zu bleiben – zehn Fernseher vor seinem Ohrenbackensessel aufstellen. Um sich aus zehn Richtungen mit Scheiße bombardieren zu lassen. Jeder ist seines Unglücks Schmied. Nur zu.

Ich wäre, ich schwöre, der Letzte, der sie daran hindern würde. Unter der Bedingung – und das ist die Einzige –, dass ich nicht in die Schusslinie ihrer Abartigkeiten gerate, konkret: Ich habe mir ein Fahrkarte gekauft, um von A nach B transportiert zu werden. Ich bin friedfertig, schaue, lese, rede zeitweise halblaut mit meinem Sitznachbarn, rieche nicht aus dem Mund, bin schmal und meist mucksmäuschenstill, sprich, ich belästige niemanden, niemand vor Ort muss unter meiner Anwesenheit leiden, erfährt dadurch Nachteile, fühlt sich beeinträchtigt. Mit keiner Geste zwinge ich dem Rest der Passagiere meine Art zu sein auf. Ganz anders die offenbar nach gnadenlos dumpfer Unterhaltung süchtige Mehrheit. Mit einem stundenlangen Kesseltreiben törichster Unterhaltung wird auf mich eingeprügelt. Ich kann nicht weghören, ich kann mich nicht schonen, ich kann nur sitzen und jaulen unter dieser Kanonade nimmermüder Verblödungsorgien.

So einfach ist das. Wie jeder der restlichen 6,4 Milliarden habe ich meine Prioritäten, meine Vorstellungen vom Leben und wie man es einigermaßen erträglich hinter sich bringt. Und solange diese Sehnsüchte in Gefahr sind, werde ich um sie kämpfen. Und wäre es nur, indem ich die Großmeister des Schwachsinns denunziere. Moralisieren? Nein, viel dramatischer, ich kämpfe ums Überleben, mich jagt die Panik, von der weltweiten Bimboisierung erledigt zu werden, von der Weltherrschaft jener, die statt eines Kopfes eine vakuumverschweißte Luftblase mit sich herumtragen. Denn die meisten Parameter zeigen in *eine* Richtung: Vulgarisierung, Brutalisierung, Besudelung des menschlichen Geistes. Geht es mir dreckig, wie jetzt gerade, dann erdrückt mich die Angst, dass eine bestimmte Form des Daseins untergeht, untergehen muss. Da niedergewalzt von Blödigkeit, von Gier, von der Präpotenz wuchernder Hässlichkeit.

Das weiß jeder. Ist das Herz verseucht von schwarzer Wut, kommt der nächste Kinnhaken. Ein junger Kerl setzt sich neben mich. Er soll mich retten, ich rede ihn sogleich an, bete, dass er etwas mitbringt, was unser Leben aufhellt. Aber Joon ist ein (finnisches) Schaf, das garantiert nicht für die formidablen Pisa-Ergebnisse seines Landes verantwortlich ist. Jedes Stichwort prallt an ihm ab, nicht einmal Aki Kaurismäki entlockt ihm einen Kommentar, immer nur: »Sorry, I don't know.« Er weiß aber, dass ihn seine Freundin inzwischen verlassen hat. Weil er in Cairns einen *Wet-T-Shirt-Contest* besucht und Wohlgefallen an fremden Brüsten gezeigt hatte. Ist Girsi tatsächlich deshalb mit einem anderen davon? Gewiss nur ein Vorwand, der wahre Grund liegt sicher in Joons mangelndem Hirnschmalz. Und in einem solchen Fall hat jede Frau das Recht, sich aus dem Staub zu machen. Die Unbedarftheit mancher Zeitgenossen grenzt an Körperverletzung.

Der neue Tag kommt und mit ihm neues Ungemach. Seit Stunden steigt die Temperatur im Bus (zusätzlich zur Schwerhörigen-Beschallung), und natürlich lässt sich kein Fenster öffnen. Jeder von uns sitzt hitzegedunsen auf seinem Platz. Ich warte nochmals eine halbe Stunde, das Thermometer kriecht auf 39 Grad, keiner rührt sich. Ich gehe nach vorne – ich habe mich bewusst darauf vorbereitet – und informiere ruhig und höflich den Fahrer, dass die Klimaanlage nicht funktioniert, schon lange nicht mehr. Das hätte ich nicht tun sollen. Der Mann reißt sein schweißgebadetes (!) Gesicht herum und brüllt, rot und hässlich vor Zorn: »Shut up, the air condition is working«, tritt gleichzeitig hart auf die Bremse, ich knalle gegen die Windschutzscheibe, aus dem Fond kommen spitze Schreie, viele schleudern mit Wucht gegen die Rückenlehne des Vordermanns, das Vehikel kommt abrupt zum Stehen. Wieder der hässliche Zornige: »One more word and I throw you out.«

Ein Hagel von Gedankenfetzen stürzt auf mich ein: dass der Mensch nicht das geringste Recht hat, mich auf die Straße zu setzen. Dass ich mich korrekt verhalten habe. Dass Greyhound den Service einer Klimaanlage ausdrücklich anbietet. Dass er sich nur zu entschuldigen braucht und die Sache ist erledigt. Dass weltweit die Zahl der Loser steigt, die wegen einer verbogenen Zahnbürste Amok laufen. Dass einer jetzt *deeskalieren* muss, sonst endet dieser unfreiwillige Stopp in der Tanami-Wüste mit einem Polizeibericht.

Ich bin kein begabter Troubleshooter, erst recht nicht, wenn jemand so aggressiv und steinblöd attackiert. Aber auch ich habe meine lichten Momente. Und ausgelöst wird er diesmal, vollkommen bizarr, durch die blitzhafte Erinnerung an eine Passage aus dem Buch *Manieren*, das vor einigen Jahren in Deutschland herauskam (und hundertmal zu Recht hochgelobt wurde). Geschrieben von Asfa-Wossen Asserate, einem Äthiopier, der u. a. in Tübingen studiert hat. Ich hatte mir damals fünf Dutzend Szenen herausgeschrieben, die mir wichtigste spielte in London: Eine Frau fährt mit dem Bus nach Hause. Als sie dem Schaffner die Geldstücke gibt, lässt er sie fallen. Aus Mutwilligkeit, aus Unachtsamkeit, wer weiß. »Heben Sie sie auf«, sagt er kalt zu der älteren Dame. Sie sieht ihn an und stellt sich sein an Kränkungen und Frustrationen reiches Leben vor. Dann bückt sie sich und sammelt die Münzen ein.

Das war ein Zeichen von Stärke. Ich wollte auch immer stark und duldsam sein, und heute, ja heute, soll es mir gelingen. Ich lasse mich nicht provozieren und verweise nochmals ohne Hysterie auf die defekte Anlage. Und gehe zurück zu meinem Sitz. Der Berserker lässt den Motor wieder an, fährt weiter, stumm. Als wir am frühen Nachmittag eine größere Ortschaft erreichen, teilt er uns mit – als wäre nichts geschehen –, dass die Klimaanlage repariert werden muss. Kein Wort der Entschuldigung.

Ich greife voraus: Am Zielort gehe ich zum Greyhound-Office und bitte, dass man Fahrer Mark E. Manieren beibringt. Wie ich höre, war der Ausfall mir gegenüber nicht der Einzige. Überraschenderweise (oder nicht überraschend?) erfahre ich, dass den Mann schwerwiegende Eheprobleme plagen. Nun, so sei ihm verziehen. Wir alle haben Phasen, in denen wir mehr Nachsicht benötigen, als uns zusteht.

Der letzte Abschnitt der Strecke ist eine letzte Prüfung. Ganz abgesehen vom zweistündigen Verzug. Nach kurzer Zeit fällt erneut die Klimaanlage aus. Ich nehme es ergeben hin, zuletzt sogar freudig, da ich Zeuge einer Epiphanie werde. Während der Fernseher läuft (ich habe inzwischen wieder meine lebensrettenden Plastikkorken in den Ohren), kommt ein junger Aborigine auf mich zu und fragt nach einem Buch. Da er mich lesen sah, vermutete er, dass ich noch andere Bücher dabeihabe. So ist es. Bis zur Ankunft werde ich immer wieder einen diskreten Blick auf ihn werfen. Und mein Glück nicht fassen. Hier sitzt einer, der seinen eigenen Weg sucht.

Um 19 Uhr 30 in Darwin. Ich stoppe einen nepalesischen Taxifahrer, er weiß ein Haus, das noch ein freies Bett hat und weit draußen liegt. Die Hotels sind voll, da hier auch im Winter die Sonne glüht. Die Küstenstadt im Norden Australiens gilt als »Ferienparadies«, in dem – irgendwie passt das zusammen – »pro Quadratmeter am meisten Bier getrunken wird.« Im Vergleich zu allen anderen Quadratmetern auf der Welt.

Nachdem ich eingecheckt habe, lasse ich mir den Weg zum nächsten Fast-Food erklären, der einzige Laden in der Umgebung. Ich tapse durch eine dunkle Vorstadt, vorbei an einer Bushaltestelle mit Betrunkenen, die am Boden liegen. Ich frage nach der Richtung und die zwölf Schwarzen lallen ein Englisch, das ich nicht verstehe. Weiterirren, bis ich an einer hell erleuchteten Autowaschanlage vorbeikomme, neben der ein *Chinese Takeaway* steht, Modell *cheap & ugly*. Romantischer kann es nicht werden. Manche Städte vergisst man nie, weil man den Moment nicht vergisst, in dem man sie zum ersten Mal betrat.

Ich kaufe etwas und suche mir draußen in der warmen Abendluft einen diskreten Platz. Auf dem Boden, mit einer Hauswand als Rückenlehne. Und alles wird anders, wird tatsächlich romantisch. Die 44 Stunden Enge liegen hinter mir, ich habe ein Bett und etwas Warmes zu essen. Und eine Zeitung. Und entdecke einen Schriftsteller, von dem ich noch nie gehört habe. Eine Tatsache, die ich sogleich bedauere. David Malouf wird vorgestellt, ein Australier mit libanesischen Vorfahren. Ich lese die Überschrift des Gesprächs mit ihm und bin am Ende des Satzes geheilt von den Nervenproben der vergangenen Tage und Nächte: »Lesen hat mit Entdecken zu tun. Du entdeckst, was dein Körper schon weiß, aber du selbst noch nicht verstanden hast.« Das ist so wahrhaftig. Jeder mit einem Buch in der Hand ertappt sich bei dieser Erfahrung. Plötzlich kommt einer daher und sagt mir, dem Leser, wer ich bin. Mit den Worten eines Fremden dechiffriere ich mein Geheimnis.

Seltsam, ich dichte nicht, aber habe inzwischen ein halbes Tausend Gedichtbücher nach Hause getragen. Ich lese sie – abgesehen vom sinnlichen Genuss –, um Sprache zu lernen. Präziser als jede andere Form bringt mir Poesie bei, wie man keusch, sprich, sparsam mit Worten umgeht, eben die falschen Worte, das wären die entbehrlichen, links liegen lässt. Ich lese und lerne schreiben. Das neben dem Interview abgedruckte Gedicht des heute 73-Jährigen soll als Beweis dienen. Ich übernehme die Originalversion, eine Übersetzung würde die Anmut nur mindern. Auch wer nicht jedes Wort versteht, wird den Swing, den Zauber der Zeilen erfassen:

Revolving Days
That year I had nowhere to go, I fell in love – a mistake / of course, but it lasted and has lasted. / The old tug at the heart, the grace unasked for / urgencies / that boom under the pocket of a shirt / … / Revolving days. My heart / in my mouth again, I'm writing this for you, wherever / you are, whoever is staring into your blue eyes. It is me / I'm still here.

An diesem Abend – zwischen shampoonierten Autos und Schnellimbiss – werde ich mit Glück überhäuft. Und zuletzt mit Gekicher ins Bett geschickt. Der Reihe nach. Über meinen Weltempfänger kommt ein BBC-Beitrag. Der Reporter berichtet aus dem indischen Bundesstaat Kerala und von dessen Justizminister, den die revolutionär-aberwitzige Idee überkam, den Zuchthäuslern mit »music, poetry and literature« beizukommen. In der Absicht »to bring harmony into these men and to heal the beast in them«. Und so lädt er Musiker, Dichter und Autoren in die Verliese ein. Damit die Messerstecher und Meuchelmörder dem Wunder von Harmonie und Schönheit nah kommen. Damit ihre verlorenen Seelen über den Umweg der Kunst transzendieren. »Recht sprechen« will er, sagt der Revolutionär. Besser kann man es nicht definieren. Hat doch jeder ein Recht auf die Schätze der Welt. Auch einer, der sich bisher nur mit Stechen und Meucheln zu helfen wusste.

Hinterher das Gekicher, ich blättere wieder in der Zeitung und finde mein Horoskop, jedes Wort ist die reine Wahrheit: »Gute Sterne beim Reisen. Du wirst zeitweise in die Irre gehen, aber am Ende bist du da, wo du sein wolltest. Am rechten Ort mit einem leichten Herzen.« Weiser konnte der Briefkastenonkel nicht hellsehen. Kichernd und glücklich lande ich tot im Bett, ganz einverstanden mit zehn dreckigen Fingern und zehn dreckigen Zehen.

Am nächsten Tag muss ich umziehen, wieder ein Bett suchen. Das findet sich, wenn auch erst nach Hinterlegung einer Summe, für die man am Times Square in New York nächtigen könnte. Ich frage an der Rezeption, warum die Zimmer so teuer sind. Wortlos reicht man mir die Lokalzeitung. Bereits auf Seite eins steht die Antwort: »Showtime!« Diese Tage gehören den australischen Schweinen, die hier ihre Meisterschaften austragen. Das Volk strömt, gestern hat Schweinchen Maggie einen Weltrekord in *pig diving* aufgestellt, aus genau vier Metern Höhe plumpste es in ein Wasserbecken. Leider nicht anerkannt, »da kein offizieller Vertreter vom *Guinness Book of Records* anwesend war«. So bleibt die Bestmarke weiterhin in den Klauen von Miss Piggy, 2005 schaffte sie universal anerkannte 3 Meter und 33 Zentimeter.

Ist das nicht eine ungemein belustigende Vorstellung: Mister O'Reilly (oder wie immer er heißen mag) besteigt in London ein Flugzeug, um im 16 000 Kilometer entfernten Darwin die Rekordversuche zart rosafarbener Ferkel zu überwachen. Warum O'Reilly diesmal nicht eintraf, steht leider nicht da. Möglicherweise mampften zur gleichen Zeit in Albuquerque der Welt begnadetste Fresssäcke um die Wette. Um den Hot-Dog-Champion ausfindig zu nachen. Der Zeitungsleser bleibt ratlos, eine gewichtige Information fehlt.

Mein Blick fällt noch auf die *daytime specials*, der Textbalken steht neben einem lasziv offenen Mund. Ah, hier machen die zartrosigen Damen aus der Umgebung auf sich aufmerksam: »No introduction, but immediate action«, bieten sie an, herzlos übersetzt: Sofortige Penetration! Da auch Darwin irgendwie zum Outback gehört, entspricht das Angebot dem rustikalen Ton der Gegend. Lieber kein Raffinement, lieber rein-raus-peng.

Der Tag wird ein Erfolg. Ich gehe – vorbei an Banken, in denen sie mit nackten Oberkörpern Schlange stehen – ins *Museum & Art Gallery of the Northern Territory*. Dieser Besuch ist Pflicht, denn am 24. 12. 1974 kam *Cyclone Tracy* über die Stadt. Mit Windspitzen von über 280 km/h. Von den 11 200 Häusern blieben knapp 400 intakt. Der Rest flog davon oder blieb als Schrotthaufen zurück. Ich will immer wissen, wie Leute unter Extremsituationen reagieren. Und in dem Gebäude, das elegant nahe dem Indischen Ozean liegt, gibt es eine *sound booth*, in der die Originalaufnahme eines Tapferen abgespielt wird, der in dieser Nacht die Nerven bewahrte und ein Mikrofon in den Sturm hielt. Das ist eine psychedelische Erfahrung. Vor der Tür wird noch schriftlich gewarnt, dass Leute, die bei der Katastrophe anwesend waren, beim Wiederhören unter Umständen die Fassung verlieren.

Man betritt ein schwarzes Loch, steht inmitten totaler Dunkelheit und totaler Stille und – genießt. Jene Geräusche, die irgendwann anfangen und von irgendwoher kommen und nicht sofort identifizierbar sind: ein wildes, bald wahnsinniges Fauchen, ein Reißen, als ob ein Ungeheuer an Land steigt und mit rasendem Zorn die Dächer von den Häusern fetzt. Und nichts stellt sich ihm entgegen, man hört keine Stimmen, keine Schreie, keine Flüche, kein Hilfegebrüll, nur die fauchende Bestie, die für eine Stunde die Welt heimsucht. Es gibt keine Filmaufnahmen von diesem etwas anderen Weihnachtsabend. Gut so, das Erlebnis in dieser Ton-Bude ist dadurch entschieden intensiver. Denn zum Geräusch-Terror dreht sich jeder Zuhörer im Kopf seinen eigenen Film. Man dreht ihn und verlässt hinterher dankbar die Folterkammer, einmal mehr froh, dass es die anderen erwischt hat und nicht einen selbst.

Das war eine fabelhafte Zeit für die Medien. Die am nächsten Morgen wie Schmeißfliegen über die Stadt herfielen. »Doomsday« titelten sie, panaustralische Epidemien wurden prophezeit, Hungersnöte, ja ein Bürgerkrieg drohte, das Volk gegen die korrupten Politiker und hundsgemeinen Bauherren, die nicht gebaut, nur geschludert hatten. Von all dem nichts, die 66 Toten wurden begraben, der Schutt weggekarrt und die Häuser wieder aufgebaut. Jetzt *cycloneproof*, leider, denn nun stehen die meisten Gebäude wie Kraut und Rüben in Beton gegossen herum und keine Katastrophe ist mehr imstande, sie wegzublasen.

An den Wänden hängen Bilder, am geheimnisvollsten das Foto eines gewissen Danny McIver, der – so erklärt der Text darunter – vor seinem verschwundenen Haus steht und unter den Armen jene zwei Gegenstände trägt, die ihm geblieben sind: ein Waschbecken und eine Katze. Auch ein Illustrierten-Cover mit Gina Lollobrigida ist zu sehen, neben ihren bemerkenswerten Beinen wird auf die Horror-Reportage verwiesen (im Heftinnern nachzulesen). Denn alle runden Geburtstage kommt die Presse wieder nach Darwin und schwärmt vom Post-Grauen, das nach dem Besuch der Bestie hätte kommen sollen, aber aus unerklärlichen Gründen nie kam.

Auf dem Weg hinaus noch ein Blick auf den gemeinsten Killer, den Australien zu bieten hat, den Box Jellyfish. Selbst vor dem Aquarium, in dem er leblos und präpariert hängt, will man kein

Aufsehen erregen. Er sieht viereckig aus (daher der Name), an der Unterseite baumeln seine giftgräulichen Fäden. Jeder, den sie streifen, wird – so berichten alle, die kein Glück haben im Leben – den grässlichsten Schmerz erfahren, den ein Mensch erfahren kann. Streifen die Lianen das Herz, hat das Opfer noch zwei, drei Minuten Zeit, um sich aufs Sterben vorzubereiten. Als dankbar Vergifteter, denn die Marter soll von überirdischen Ausmaßen sein. An australischen Stränden, überall da, wo sich der Giftzwerg (nicht länger als 20 cm) herumtreibt, stehen Essig-Vorräte, für jeden zugänglich. Wer an Armen und Beinen getroffen wird, überlebt, wenn er sich umgehend das Konservierungsmittel über die Wunden schüttet. Mit Wundspuren, die aussehen wie in die Haut gebrannte Schienen.

Außerhalb des Stadtkerns sieht Darwin anmutig aus, man schaut auf Häuser, die es mit der Natur aufnehmen, in der sie stehen. So harmonisch und farbsicher schmiegen sie sich an. Ja, man traut sich kaum, es auszusprechen: Sie sehen noch fulminanter aus als die üppig wuchernde Umgebung. Architektur zu bewundern kann wirken wie das Bewundern von Sprache. Man steht davor und geht irgendwann weiter. Aber beschwingter, mit mehr Kraft für das Leben, mehr Widerstandskräften, um das Hässliche auszuhalten.

Ich komme am hiesigen *Darwin Bowls Club* vorbei und bin sofort im 19. Jahrhundert. Wunderbar dekadentes Erbe aus England. Ältere Damen und Herren – unter Sonnenschirmen am Kaffeetisch – blicken vom Rand des wohlgepflegten *bowling ground* interessiert auf andere ältere Damen und Herren in schmucken Uniformen, die – gespannt verfolgt von zwei Schiedsrichtern – ungemein bedachtsam eine schwarze Kugel Richtung einer weißen Kugel werfen. Sie agieren hier mit dem phänomenalen Todernst von Erwachsenen, die sich stillschweigend darauf geeinigt haben, dass es sich bei diesem Tun um mehr handelt als um eine Beschäftigungstherapie für leicht verwirrte Zeitgenossen. Ich schaue gern zu, wenn ein Wurf gelingt und alle, noch wunderbarer degeneriert, verhalten snobistisch klatschen. Natürlich bleibt auch heute die Frage ungelöst, wie ein Volk, das einst die halbe Welt erobert hat, ein so stinkfades, so friedliebendes Spiel erfinden konnte.

Vor Jahren habe ich zufällig einen Bericht über zwei Tschechen, zwei Einwanderer, gelesen, die in Darwin gehängt worden waren. So besuche ich das Fannie Bay Gaol, das einstige Zuchthaus, wo sie Verbrecher, Leprakranke und Boatpeople aus Vietnam kasernierten. (*Gaol* ist die australische Version des englischen Wortes *jail*, die Aussprache ist dieselbe.) Heute eine Freilichtanlage, jeder kann sie besuchen. Ich frage nach dem Galgen und gehe direkt in die ehemalige Krankenstation, wo die Exekutionen durchgeführt wurden. Die Geschichte der beiden war faszinierend, ihr Motiv grausam und romantisch zugleich. Am 17. April 1952 erschießen Jerry (Jerzy) Koci und John (Jonus) Novotny den Darwiner Taxifahrer George Grantham. Sie wählten ihn als Opfer, weil er einen imposanten amerikanischen Wagen fuhr. Sie stiegen ein als Kunden und stiegen aus als Mörder. Und verscharrten irgendwo die Leiche. Talentlose Mörder, denn gut gelaunt setzten sie sich hinterher wieder ans Steuer und fuhren los. Sie wollten nach Melbourne, unendlich weit weg am unteren Ende des Kontinents, wollten – so träumten sie – den Schlitten dort verkaufen und per Boot oder per Flugzeug das verfluchte Australien verlassen. Da nur eine Straße in den Süden führte, wurden sie Tage darauf gefasst. Und sofort schwer bewacht, da die Einwohner Rache forderten, der Ruf nach Lynchjustiz laut wurde. Nach dem (kurzen) Prozess wurde eigens von malayischen Hilfsarbeitern ein Galgen gezimmert. Diese Hinrichtung, die letzte überhaupt, fand am 7. Oktober des gleichen Jahres statt. Ach ja, das Motiv der Untat: Jerzy und Jonus waren Musiker und unglücklich. Weil sie »hier nicht Musik spielen konnten«, tschechische Musik, keiner wollte sie hören und dafür bezahlen. Deshalb die Sehnsucht zurück nach Europa.

Für Augenblicke stehe ich wie gebannt vor dem Galgen, bin einmal Verurteilter, der jetzt sterben muss, einmal Henker, der dafür sorgt, dass ein anderer sich das Genick bricht. Beide Rollen sind schwer zu ertragen, nein, beide sind unfassbar.

Zurück in die Stadt, ich komme an einer Polizeistation vorbei, wo Schwarze sich für den Posten eines *Aboriginal Community Police Officer* bewerben können, »good character« wird gefordert. Ich finde ein Restaurant mit einer Terrasse, ich esse, lese, spüre wieder das Glück, nicht zu Hause, sondern unendlich fern von den »Bildern« sein zu dürfen, die man schon kennt, die schon ermüden, schon lange. Das sind die Sternstunden des Reisens. Fremder sein dürfen, kein Alltag, jeder Tag ein anderer Tag. Und jeden Abend ein paar Millimeter weniger dumm und ein paar Millimeter reicher, im Kopf, im Bauch. Zudem auf beschwingte Weise den Gedanken aushalten, dass man so vieles noch immer nicht begriffen hat. Oft bedrückt diese Gewissheit (des Nichtwissens), oft treibt sie an. Weil sie die Garantie dafür ist, dass einem die Lebensfreude nicht ausgeht, dass sie einen begleiten wird, solange man scharf auf die Welt ist.

Zudem bekomme ich wieder einen Satz geschenkt, der wie Opium ins Blut zieht. Er stammt von dem amerikanischen Schriftsteller Kurt Vonnegut, dessen Nachruf in der Zeitung steht (in australischen Zeitungen erscheinen Nekrologe oft Monate nach dem Tod des Betreffenden): »Ein Buch ist eine Anordnung von dreißig phonetischen Symbolen, zehn Zahlen und einem Dutzend Interpunktionszeichen. Und die Menschen können sie betrachten und dabei den Ausbruch des Vesuvs oder die Schlacht bei Waterloo halluzinieren.«

Später lässt das Glück nach. Zweimal landet eine Küchenschabe auf meinem Nacken, und dreimal kommen Aborigines vorbei und betteln. Der Kontext ist deprimierend, aber genau so ist es geschehen. Sie sehen verwahrlost aus, sie riechen, sie wollen Geld für Bier. Ich versuche, den Mann oder die Frau in ein Gespräch zu verwickeln, aber es findet nicht statt. Sie reagieren einsilbig, voller Misstrauen. Dass sie trotzdem auf die Dollars des Weißen Mannes angewiesen sind, macht die Beziehung zwischen uns nicht leichter. Zum Misstrauen kommt die Wut. Über mich, über sich selbst. Wieder fallen mir Szenen aus meiner Kindheit ein. Immer wenn ich an einem armen Teufel vorbeiging, dachte ich, dass ich ihn mit nach Hause nehmen sollte. Und in die Badewanne setzen, ihn waschen, einkleiden, ihm ein paar Tage ein sauberes Bett anbieten. Und ihm tagsüber zureden, ihn anspornen. Damit er aufhört, bewusstlos zu sein und was anstellt mit seinem Leben. Und nach einer Woche würde ich ihn entlassen, ihm nachwinken, ihm nochmals »Courage« zurufen.

Ich war vollkommen überzeugt, dass jeder von mir Gerettete in eine strahlende Zukunft treten würde. Ich habe lange gebraucht, um zu verstehen, dass ein Mensch mit so vielen Niederlagen auf seinem Konto so schnell nicht wieder abhebt. Dass seine Last, all die kassierten Demütigungen, ihn knebeln, ihn mundtot machten, und dass es wohl anderer Anstrengungen bedarf, um ihm Mut und Willen auf ein anderes Leben einzuimpfen.

Mit einer schrecklichen und einer hinreißenden Nachricht im Kopf wandere ich zurück zu meinem Two-Star-Hotel mit den Five-Star-Preisen. Nicht weit vom weisen Vonnegut stand ein Bericht über Lady Di. Nun, die Hoffnung, dass wir sie mit ihrem Tod endgültig überstanden haben, erweist sich als trügerisch. Überstanden ihre himmelblöden Phrasen, ihre Zitate aus den Werken ihrer Lieblingsautorinnen Barbara Cartland (!) und Danielle Steel (!), ihre Frivolität, mit der sie anderer Leute Geld verschleuderte, ihre Shoppingeskapaden in steter Begleitung zweier Friseurinnen zur Aufrechterhaltung der Dauerwelle (die mich immer an die Haartracht einer Bahnhofskellnerin in Wladiwostock erinnerte), ihre Schwanz-Geschichten mit ähnlich geistig Bescheidenen, nein, nicht überstanden. Mir wäre alles recht, auch ein Vorschlag von Herrn Ratzinger, sie als *reborn virgin* heilig zu sprechen. Wenn wir uns hinterher nur auf Stillschweigen einigen könnten. Sagen wir, drei nächste Ewigkeiten lang.

Ihr Ende an einem Pariser Betonpfeiler liegt nun genau zehn Jahre zurück und die einschlägigen Lohnschreiber beehren uns wieder mit den geistigen Tiefflügen einer »Royal Highness«, die über kein, absolut kein nachdenkenswertes Talent verfügte. Wenn nicht über das Talent, weltweit die anderen geistigen Tieflieger in Atem zu halten. Der Autor des Artikels behauptet noch – und nur deshalb soll die »Ex-Prinzessin des Volkes« hier erwähnt werden –, »dass ganz Australien um die ehemalige Miss Diana Spencer trauert«. Man kann nur hoffen, dass da einer wie gedruckt lügt.

Aber jetzt das Positive. Prinz Charles wird noch erwähnt, zitiert aus einer neuen Biografie. Während seine Frau sich mit Stallknechten und rundum behaarten Milliardärssöhnen vergnügte, lud er Freundinnen zu sich zum »Comfort Stop« ein. Was für ein wunderschönes englisches Wort, das man mit Annehmlichkeit, Tröstung, ja Liebesgabe übersetzen kann. Wie gerne würde ich jetzt das Zimmertelefon benutzen, um eine hingebungsbegabte Frau (keine, die auf *instant penetration* besteht) zu mir zu bitten. Auf dass sie Komfort und Wohlgefühl mit mir teile.

Ich will einen Mann treffen, von dem ich bereits in Sydney erfahren habe. Durch die Zeitung. Ich war sofort begeistert von ihm, er schien mir so außergewöhnlich anders. Jeffrey Lee ist Aborigine und besitzt ein Stück Land, auf dem Uran gefunden wurde. Grob geschätzter Wert des Vorkommens: Fünf Milliarden Australian Dollar, weit über 3 Milliarden Euro. Um den Zusammenhang seiner Geschichte besser zu verstehen, hier ein paar Vorinformationen: In den 60er Jahren fingen die Ureinwohner an, sich gegen die Besitznahme ihrer Heimat juristisch zu wehren. Es kam – auch mit Hilfe weißer Anwälte und der Unterstützung eines Teils der weißen Bevölkerung – zu spektakulären Auseinandersetzungen. Der berühmte *Mabo Case* führte 1992 zu einem Urteil des höchsten Gerichts, das den Schwarzen das Recht zustand, ihr Land als ihr Eigentum zu beanspruchen – wenn sie nachweisen können, dass es sich um die Erde ihrer Vorfahren handelt. Spätere Regierungen, vor allem die Konservativen, versuchten das Gesetz auszuhebeln, zumindest auszuhöhlen. Stets getrieben von dem Hintergedanken, die dort verborgenen Bodenschätze zu plündern.

Jetzt will man Jeffreys Besitz – er ist der letzte Überlebende »of his people«, des Djok-Clans – ausbeuten. Die 14 000 Tonnen Uran hätten sie gern. Aber der Mann will nicht. Auf die Milliarden kann er verzichten, er will seiner Arbeit nachgehen und hinterher fischen und jagen, er will »happy« sein. So jemanden muss man einmal in seinem Leben treffen, einen, der sich nicht kaufen lässt. Auch nicht zu einem exorbitanten Preis.

Ich versuche, einen Leihwagen zu mieten, will den Besuch an einem Tag erledigen. Doch das geht nicht, alles ausgebucht. Dann eben den Greyhound-Bus. Das bedeutet mehr Aufwand, mehr Zeit, Ungewissheit. Aber wie so oft erweitern Umwege die Ortskenntnis.

Der Fahrer ist eine Wiedergutmachung, gibt freundlich Auskunft, leiert keine Vorschriften, hält lässig mittendrin, um die Raucher zu einer kleinen Sünde einzuladen. Die Fahrt geht nach Westen, nach Jabiru, dem Zentrum des Kakadu-Nationalparks. Hier auf den 19 000 Quadratkilometern lebt der Unkäufliche. Genauere Angaben habe ich nicht. Irgendwo stand noch geschrieben, dass sich jeder Besucher des Parks wappnen solle, denn er laufe Gefahr, beim Anblick des Naturwunders in Ohnmacht zu fallen. Gute Nachrichten, für Schönheit sinke ich gern auf die Knie.

Nach drei Stunden kommen wir an, der Ort ist klein, Supermarkt, Post, Verwaltungsgebäude, ein Reisebüro. Ab jetzt bin ich zu Fuß unterwegs, einen Kilometer weiter gibt es in der *Kakadu-Lodge* noch ein Bett in einem Vier-Mann-Dormitory. Ich hasse öffentliche Schlafsäle, aber kein Einzelzimmer weit und breit. Den Rucksack dalassen und die nächsten drei Kilometer über verbrannte Erde zum *Bawoll Visitor Center* eilen. Und dabei versuchen, so wurde nahegelegt, giftigen Schlangen auszuweichen. Ich wandere auf einem schmalen Pfad über ein Land, das gestern ein Brandstifter angezündet haben muss. Allein auf der Welt fühlt man sich, Schweiß strömt und nur das pochende Herz ist zu hören. Und die Lust auf Massenmord, die fühlt man auch. Australische Fliegen sind eine Spezies, die zum Tierhass verpflichtet.

Die Damen sind freundlich, ich bekomme eine Reihe von Telefonnummern, über die ich den Gesuchten ausfindig machen könne. »Maybe.« Inzwischen habe ich mir einen Sack Kleingeld besorgt, um die öffentlichen Telefonapparate damit zu füttern. Aber ich höre nur Anrufbeantworter. Ich gehe die drei Kilometer zurück, lege mich für eine Stunde an den Swimmingpool des Hotels, bereue nichts, vertraue, dass ein Mensch, der auf so geheimnisvolle Weise immun scheint gegen die Sirenen der Habgier, dass ein solcher Zeitgenosse jeden Schweißausbruch rechtfertigt.

Der Abend wird gut, nur Shane, der robuste Nordire, und ich teilen Nummer 31. Nachdem er versprochen hat, nicht zu schnarchen, gehen wir gemeinsam ins Gartenrestaurant, dinner time. Der Frührentner arbeitete als Seemann, lernte Elektriker, kam 1971 mit seiner Frau und seinem Beruf nach Sydney, hat einen kleinen Betrieb aufgebaut, hat gut verdient. Und zum richtigen Zeitpunkt den Laden verkauft. Mit ordentlichem Gewinn. Nach Australien wanderte er aus, weil Belfast »ihm stank«. Zu trostlos das Wetter, der Terror, die ewig gleichen Buddies mit den ewig gleichen Sprüchen. »Käme ich heute zurück, ich würde meine ehemaligen Freunde noch immer da treffen, wo ich sie stehen ließ, in den Pubs, den hässlichen Straßen und Häusern.«

Shane, der Philosoph. Er meint, es gebe zwei Hauptgründe, warum die Mehrheit in Angst, Langeweile und Routine schmore. »Erstens, sie verschiebt das Leben und zweitens, sie kann nicht allein sein.« Deshalb die vielen katastrophalen Ehen und die rastlose Bereitschaft zu lausigen Kompromissen. Er lacht plötzlich schallend. »I thank my wife every day for leaving me.« Jetzt ist er allein, »a happy loner«, der mit seinem Geländewagen über den Kontinent zieht. Vor drei Jahren flog er mit einer Italienerin nach Perugia und kurvte mit ihr durch Umbrien. Und schwärmt noch immer von ihrem Esprit »and her body to dream of«. Unglaublich, wie Männer leuchten, wenn sie sich an einen schönen Frauenkörper erinnern. (Italien rühmt er auch, wobei er eine Spur weniger heftig leuchtet.) Er sagt: »There is no rehearsal in life«, es gibt keine Proben, kein Probeleben. Das sei sein Leitmotiv, er will immer jetzt sein, will keinem trauen, der ihm ein späteres Glück verspricht.

Ich mag Shane, den Elektriker, der von keiner Ewigkeit träumt und dem schon ein einziges Leben reicht, um sich zu verausgaben. Ich mag ihn weniger, als ich ihm von Jeffrey Lee erzähle und der Kluge übergangslos als Stammtischbruder auftritt. »Abos are crap«, die Aborigines sind Scheiße. Er könne sie nicht ausstehen, sie stänken vor Faulheit, sie seien hässlicher als die Hölle und ein weißes, weißrassiges Australien sei ihm am liebsten. Ich stutze für Momente – hatte ich doch mit einem weniger vulgären Kommentar gerechnet – und beschließe, nicht darauf einzugehen, habe längst begriffen, dass derlei Diskussionen nur zu Mord und Totschlag führen. Bin nur wieder verwundert, wie viel an Hellsichtigkeit und Torheit in ein und demselben Kopf Platz findet.

Eine Frau kommt uns zu Hilfe, eine fröhliche. Nora jobbt hier als Bedienung, will wissen, ob noch etwas gewünscht wird. Und Shane, er hat durchaus Charme, erzählt, dass er die Französin schon in Darwin kennengelernt habe. Auch als Aushilfe in einem Restaurant. Kennengelernt mit ihrem Boyfriend Sam, der als Koch dort arbeitete. Erzählt, wie er sie in einem unbeobacheten Moment fragte, wie sie mit einem Schotten ausgehen könne, der so »murky« aussehe, so finster und unansehnlich. Das ist ein spaßiger Augenblick, denn ich nehme die Frage auf, ebenfalls erstaunt, denn Nora ist nicht hübsch, sondern verdammt hübsch. Und die 22-Jährige spielt mit, sucht nicht nach Ausreden und erklärt uns das Leben einer Fremden in einem fremden Land: Sam war eben zur rechten Zeit am rechten Ort. Und da sie sich einsam fühlte, war der Finstere der Mann der Stunde. So einfach kann die Wirklichkeit bisweilen sein. Doch, so erfahren wir noch, das Verlangen nach Sam sei inzwischen wieder überschaubarer geworden. Denn hier draußen funktioniert kein Mobilfunk. Aus dem Handy, aus dem Sinn, so lauten wohl die neuen Spielregeln.

Das kann mir nur recht sein. Da sie einen Nissan-Van besitzt, frage ich die Sprunghafte, ob ich sie für morgen als Chauffeurin anheuern kann. Um mich zu jemandem zu bringen, von dem ich noch nicht weiß, wo er wohnt. Nora imponiert mir gleich noch mehr, denn sie fragt nicht nach, will sich nicht absichern, ist sogleich einverstanden. Ich erzähle ihr das Wenige, das ich über Jeffrey Lee erfahren habe, und sie verkündet ahnungslos – einen halben Meter von Shane entfernt –, dass sie sich auf die Begegnung mit dem Aborigine freut. Verstohlen beobachte ich den Iren, er scheint irritiert, hoffentlich verschafft ihm die menschenfreundliche Neugier der Soziologie-Studentin eine schlaflose Nacht.

Am nächsten Morgen um sieben wieder in der Telefonkabine, ich erreiche einen Arbeitskollegen von Lee, der nur ahnt, wo sich der Gesuchte aufhalten könnte. Ich solle zur East-Alligator-Ranger-Station fahren, etwa vierzig Kilometer von Jabiru entfernt, und dort weiter fragen. Ich notiere den Straßenverlauf und wecke Nora. Ein schneller Kaffee, los.

Gas geben kann das Mädchen auch, dazu das Blitzen in den Augen, dazu ein Hirn, das agil und reaktionsschnell im Einsatz ist. Wir erreichen die angegebene Adresse und einer der Angestellten zeichnet einen Plan für den Weg durch den Wald. Am Ende der 500 Meter befinde sich Mister Lee. Da heute sein freier Tag sei, halte er sich mit Sicherheit dort auf. Als wir ankommen, steige ich allein aus, ich will niemanden überrumpeln. Und ein kleiner Mann steht neben einem flachen Holzbau, kleiner Bauch, Hemd und Turnhose, den scheuen Blick habe ich erwartet. Ich sage zur Begrüßung, dass ich mit Staunen den Artikel über ihn gelesen habe und gerne wüsste, wie einer so nachlässig so viel Geld loslassen kann. Er lächelt, wieder scheu, weist auf einen Tisch mit einigen Hockern.

Vögel zwitschern, wir sitzen auf einer kleinen Lichtung, ein paar Felsen leuchten im Hintergrund, der sorglos strahlende Himmel. Ich plappere von der grandiosen Welt hier und warte auf den Moment, den die Japaner »das schöne Gefühl« nennen, den Moment, in dem zwei mit sich einverstanden sind und man um ein Nächstes bitten darf. Als er da ist, frage ich ihn, ob sich »meine Freundin Nora« dazusetzen kann. »Of course, why not.« Normalerweise bin ich weniger zimperlich beim Ausfragen von Leuten, aber ich will den Schüchternen nicht verscheuchen. Das ist meine einzige Chance, heute, jetzt, um dem Geheimnis dieses Menschen näher zu kommen. Es wäre nicht das erste Mal, dass ich von einem weggehen musste mit leeren Händen, mit leerem Notizbuch. Weil ich den Ton nicht fand, nicht den Code, um ihn zu öffnen. Nora kommt, sie passt hierher. Die Anwesenheit einer Frau kann zur Harmonie unter Männern beitragen. Gewiss nicht immer, aber heute bestimmt. Der Hausherr schenkt Tee ein.

Wir rauchen, die Zigarillos sind willkommen. Und irgendwann fängt der 36-Jährige zu erzählen an. Nur ab und zu ermutigt von leisen Fragen. Er ist der letzte *custodian*, der letzte Wächter des Koongarra-Uran-Lagers. (Es befindet sich innerhalb des Nationalparkes, gehört aber nicht dazu.) Hier ist er aufgewachsen, hier liegen verschiedene »heilige Stätten« und die Gräber seiner Eltern und Vorfahren. »Mich interessiert nicht, was die Weißen mir bieten. Es bedeutet mir nichts. Ich bin hier aufgewachsen, meine Großmutter hat mich auf ihren Schultern über das Land getragen, von ihr habe ich alle die Geschichten gehört.« Auch die Story von der gigantischen blauzüngigen Eidechse, die sich hier herumtreiben soll, auch die Legende von der Regenbogenschlange, der Urschöpferin des Kosmos. Schon seinem Vater und Großvater wurden »big cars and big houses« versprochen, aber niemand informierte ihn über die Gefahren des Minerals und welchen Schaden es anrichten kann. Auch das sei einer der Gründe, um kategorisch jeden Deal abzulehnen. »Ich arbeite hier als Ranger. Ich achte darauf, dass nichts abbrennt, erkläre Touristen Flora und Fauna, habe ein festes Einkommen, habe doch alles, was ich brauche, oder?« Er blickt uns an, als wollte er fragen: Warum kapiert ihr Weißen das nicht, warum könnt ihr nie genug bekommen?

»Wer uns Aborigines verstehen will, muss verstehen, dass wir untrennbar mit unserem Land verbunden sind. Wir sorgen dafür, dass ihm nichts geschieht, bewahren es für die nächsten Generationen.« Jeffrey redet ganz trocken, ohne Ausrufezeichen, schaut immer wieder auf die Umgebung, deren Anmut ihm stets recht gibt, sagt irgendwann den klaren Satz: »The world is not for sale«.

Er weiß um seine schwache Position. Der französische Energiekonzern *Areva* hat bereits über zwölf Quadratkilometer auf seinem Koongarra-Gebiet geleast. Das ist »rechtens«, gemäß den permanenten Versuchen, das Grundsatz-Urteil des *Mabo Case* zu untergraben. Aber die Gierigen dürfen (noch) nicht ohne die Zustimmung der »traditionellen Besitzer« zu bohren beginnen. Jeffrey will die Regierung überreden, sein Gebiet in den Park einzugliedern. Damit würde es automatisch »Weltkulturerbe«, sprich, unberührbar. Deshalb blickt er mit Ungeduld auf die in Kürze stattfindenden Parlamentswahlen. Verlieren die Liberal-Konservativen, die seit zehn Jahren an der Macht sind, steigen seine Chancen. Die Labour Party gilt als offener, kompromissbereiter.

Der Junggeselle kommt in Fahrt, kichert jetzt manchmal, berichtet, dass er einst noch gehemmter war und deshalb beschloss, sich vor einen Spiegel zu stellen und die großen Gesten zu üben. Und Englisch zu sprechen, laut zu sprechen. Um den Mund aufzumachen, um nichts zu vernuscheln. Denn von früher Jugend an hat er begriffen, dass man sich wehren muss. Was ihm schwerfällt. Seinen Anteil Rassismus bekam er als Lehrling auf einer Farm verpasst. Die Würde des Menschen ist unfassbar, er weiß es. Erreichten die Schmähungen seiner Vorgesetzten das unerträgliche Maß, ging er davon. Er kann nicht streiten, aber er will auch nicht alles hinnehmen.

Nora fragt nach seiner Religion. Clevere Frage, denn jetzt kommt eine Spur Wut in Mister Lees Stimme. Er erwähnt die Missionare, die in dem Gebiet nicht aufhören, der schwarzen Bevölkerung mit ihren (katholischen) Wahrheiten nachzustellen. Auch mit Hilfe schwarzer Prediger. Er ist Atheist, er glaubt weder an die Religion seiner Ahnen, das *Dreaming*, in der »geistige Wesen« die Welt erträumten und erschufen, noch interessieren ihn Gottessöhne, die auferstehen. Märchenstunden, nichts weiter. Sein Gott ist sein Land, die Erde, auf der geboren wurde und auf der er lebt. »Und wenn ich sterbe, bin ich tot, Amen.«

Das ist das Stichwort. Vergänglichkeit. Jeffrey hat anklingen lassen, dass er gern allein lebt. Also frage ich, ob das nicht ein bisschen riskant sei für den Letzten der Djok? Wäre Nachwuchs nicht erwünscht? Um das Erbe weiterzugeben, Koongarra? Jetzt kommt der schönste Augenblick, das Pokerface grinst, um ein Haar wäre ihm ein Lacher entkommen. Ja, das ist freilich ein heikles Thema. Doch der Preis – Frau und Kinder und jeden Tag Familie – schien ihm bisher zu hoch, um seine Freiheit herzugeben. Aber immerhin fahre er am Wochenende nach Darwin auf Brautschau, denn auch die Freunde drängen. O.k., o.k., er hat verstanden, sagt heiter und erschöpft: »I'll see what I can do about it.«

Ich kenne den Gesichtsausdruck von Leuten, die Einsamkeit lieben, das Alleinsein, und sich nach einem Gespräch wieder dorthin zurücksehnen. Dieser Augenblick ist gekommen. Jeffrey war die letzte Stunde verwegen, hat gewiss mehr Worte ausgesprochen als die gesamte Woche davor. Wie ein Gentleman führt er uns zurück zum Wagen, winkt uns – ganz gewiss – glücklich hinterher.

Die ersten Kilometer auf dem Weg zurück reden Nora und ich kein Wort, wir genießen beide die Erinnerung an diesen *little big man*, an Mister Lee. Die Begegnung mit einem, der so anders mit der Welt umgeht als der Rest von uns, ist ein Erlebnis. Ihn ins Gedächtnis rufen in weniger gelungenen Augenblicken wird helfen, die rastlos Blöden und Vernagelten seelenruhiger zu ertragen.

Irgendwann mache ich Nora ein Zeichen, rechts in den Wald abzubiegen, ich hätte eine kleine Überraschung. Und da das Mädchen anscheinend nie Angst hat, fährt sie mit einem fremden Mann ins Gehölz. Bis wir eine versteckte Stelle erreichen und ich sie bitte anzuhalten. Ich blitze mit den Augen und erzähle ihr von Rik, dem leicht wahnsinnigen Esoteriker in Cracow, der mir neben drei *hashish cookies* noch ein Tütchen mit Marihuana überließ. Das wir jetzt rauchen sollten, denn sie sei die genau richtige Frau, zum genau rechten Zeitpunkt. Und Nora blitzt zurück, holt ihren Tabakbeutel mit dem Zigarettenpapier heraus und bastelt den Reefer. Hätte ich nicht noch 18 000 Kilometer Reise vor mir, ich würde jetzt einbeinig um die Bäume hüpfen und anfangen, mich in die Französin zu verlieben. Sie gehört zum Geschlecht der Göttinnen.

Noch eine kurze Nacht in Darwin. Die Zeitungen kündigen die Sensationen für das nächste Wochenende an, die *Bierdosen-Regatta* und den *Wer-kann-am-meisten-Bierdosen-auf-dem-Kopf-tragen-Wettbewerb*. Die Hoteliers ringen schon wieder die Hände, alles bereits ausgebucht, leider. Hätte man nur mehr Betonbunker, könnte man mehr Gäste bunkern! So schimpfen sie auf den Bürgermeister. Mir fällt bei den Nachrichten, die auch als Depeschen aus einem Irrenhaus durchgehen könnten, ein Satz von Sartre ein: »Am Ende soll nur eine Frage gelten: Was hast du gemacht mit deinem Leben?«

Kurz vor Mittag Start in den Süden. Beim Einsteigen darf ich noch schnell Mathilde aus Spanien kennenlernen. Sie reist mit schätzungsweise 120 Kilo Lebendgewicht, einem Rucksack und sechs weiteren Gepäckstücken ihrer Arbeit entgegen, *fruit picking*. Saisonarbeiter sind hoch willkommen in Australien, auch jene, die herrschaftlich unterwegs sind. Während die Enorme sich auf ihren Platz zwängt, zwänge ich mit dem Fahrer ihre Siebensachen in den Kofferraum. »I live to serve«, diesmal redet Woody Allen (in *Anything Else?*). Danke, Woody, ich habe verstanden, auch ich will dienen.

Weiter Weg in den Süden auf dem Stuart Highway, der früher nur *The Track* hieß, da es nichts weiter war als eine staubige Route entlang der Telegrafen-Posten. Damals wie heute die einzige Verbindung zwischen Darwin und Alice Springs. Aber jetzt ausgebaut, breit, asphaltiert. Staubig noch immer, da sie mitten durch die Wüste führt. Am staubigsten, wenn ein Roadtrain entgegendonnert, jene Supertrucks mit drei Anhängern, so ehrfurchtgebietend, dass jeder andere auf der Piste das Feld räumt und nach links außen verduftet, in den Sand, ins Niemandsland.

Lange Pause in Katherine, 7000 Einwohner mit einer Hauptstraße, an der entlang die Shopping-Center und Betrunkenen stehen. Angeblich ist der Ort *dry*, eine spezielle Gesetzgebung erschwert den Kauf von Alkohol. Die typische Heuchelei der Bier-Mafia, die von trocken nichts wissen will, aber gern mithilft beim Installieren von Scheinheiligkeiten, die den Schein wahrt, um darunter die krude Wirklichkeit zu verstecken.

Trotzdem will ich das Kaff immer in Erinnerung behalten. Denn ich komme an einem Schwarzen Brett vorbei, das direkt neben dem Bürgersteig montiert wurde. Und zwischen Bildern entlaufener Katzen und Hunde sieht man das Foto eines Fahrrads, mit Text dazu: »Have you seen this bike? It's my home and all I own! Drop me a later (sic!), please.« Daneben hat Nick noch die Adresses eines Freundes angegeben. Der Mensch scheint nicht einmal eine eigene Anschrift zu besitzen. Aber das ist es nicht, es ist die Metapher vom Fahrrad als Zuhause, was die Zeilen so anrührig macht. Plus die innige Bitte an den ehrlichen Finder (ehrlichen Dieb?), ihm einen Brief zu schreiben. Henry Millers Buch *My bike and other friends* fällt mir ein. Eine Liebeserklärung an dieses so sinnliche Fortbewegungsmittel. Klar, bin auch gerührt aus Selbstmitleid, war ich doch als 15-jähriger Radrennfahrer immer froh, nicht als Letzter anzukommen. Egal, die Freude zählte, auf einem Zweirad um die Wette zu flitzen. Fünf Räder – darunter drei mit letztem Taschengeld frisierte – wurden mir damals gestohlen. Ich weiß somit von fünf Mal satanischem Schmerz. Ich schwöre, käme Nick jetzt vorbei, ich würde ihn an der Hand nehmen und ihm ein neues kaufen.

Um 9 Uhr abends werde ich an einer Tankstelle rausgelassen, die sich sieben Kilometer von meinem Ziel entfernt befindet, im hintersten Outback. Ich rufe das *Daly Waters Pub* an und nach genau neun Minuten bremst der Besitzer, Lindsay Carmichael, neben mir. Er sieht aus wie Al St. John, der Hauptdarsteller in den berühmten *Fuzzy*-Filmen. Er krächzt auch so ähnlich, das macht ihn noch sympathischer. Wir fahren zurück zu seiner wilden Hütte, dem Pub, das seit Jahrzehnten über eine Alkohollizenz verfügt, angeblich der ältesten im Northern Territory.

Und nach weiteren neun Minuten kommen wir in einem der verrücktesten Wirtshäuser der südlichen Welthälfte an. Jeder Millimeter der Wände ist bedeckt, mit Pferdesattel, Socken, Stoßstangen, Teddybären, abgelaufenen Pässen, ID-Cards, Bierflaschen, Werkzeugen, Kühlerhauben, Musikinstrumenten, Geldscheinen, Geldstücken, Spielkarten, Liebesbriefen – und Nachrichten gestandener Rednecks, zwei Kostproben: »I fear no beer« oder – mit Filzschreiber auf Boxershorts gekritzelt: »Hoffentlich steckt da bald wieder ein dickes Teil drin.« Zudem – hier draußen wuchern

Männerträume noch heftiger – hängen Batterien von Slips und Büstenhaltern im Raum.

Und die Rednecks hängen an der Bar, glasig und laut oder glasig und still, Fernseher plärren, Musik plärrt, ein paar spielen Billard, alle Einsamen aus der 100 000-Quadratkilometer-Umgebung sind heute (wie gestern, wie morgen) wieder bei Lindsay vorbeigekommen. Hier hat das Alleinsein ein Ende, hier steht tonnenweise ihre Droge bereit, hier nehmen sie es mit der Ödnis auf.

Ich gehe noch eine Runde durch die Wüstennacht. Die macht auch besoffen. Blick in den sternenhellen Himmel, irgendwo eine Straßenlampe, Blick zurück auf das rote Pufflicht der Kaschemme, die schöne Verlassenheit. Ich halte die rechte Hand ganz nah vor die Augen. Sie zittert leicht. Was sie sonst nie tut. Kann man vor Glück zittern? Aber ja.

Ein paar Fremdenzimmer gibt es, auf jeder Tür steht ein Name, *The Boss* oder *Mitchell Bomber* oder *Leichhardt*. Das bekomme ich, gut so, ich schlafe gern unter dem Schutz eines Helden. Ludwig Leichhardt war ein deutscher Wissenschaftler und Abenteurer, der 1842 als 29-Jähriger nach Australien kam, um den damals noch so unbekannten Kontinent zu erkunden. Die erste Route über 5000 Kilometer überlebt er, hat kurz Zeit, den Ruhm in Empfang zu nehmen, und organisiert seinen nächsten Wahnsinn: von der Ostküste nach Perth, dem äußersten Westen. Vergeblich. Mit 35 verschwindet er von der Landkarte. Mit ihm sieben Mann und sieben Pferde. Noch immer wurde kein Hemdknopf und kein Tomahawk gefunden, um irgendetwas nachweisen zu können. Aufgespießt von den Aborigines? Verdurstet? Schlangenvergiftet? Sonnenverglüht? Ein Mysterium, bis heute.

Bei meinem Zimmernachbarn, er liegt im Bomberzimmer, scheint alles übersichtlicher. Er schnarcht laut. Bis er mit einem heftigen Gurgeln aufwacht und ins Bad stürzt. Kotzgeräusche, lang und gewaltig. Sicher dreißig Dosen Hopfensaft. Dann wieder Schnarchen. Ansonsten ist es still in der Wüste.

Früh raus, frühstücken und losziehen. »Entdeckt« wurde Daly Waters von einem anderen Titanen, diesmal einem Schotten, von John McDouall Stuart, der einen Weg vom tiefen Süden in den hohen Norden suchte. Und fand. (Und als 51-Jähriger sang- und klanglos in London starb.) Mai 1861 kam er hier vorbei. Ein eingezäunter Baumstumpf – keine fünfzehn Minuten Fußweg vom Pub entfernt – soll an ihn erinnern. Wer genau hinschaut, so heißt es, wird ein »S« in der Rinde entdecken. Ich schaue genau hin und sehe nichts. Später erfahre ich von Lindsay, dass man vorher bei ihm einen Kasten Bier trinken muss, um irgendwelche Zeichen ausfindig zu machen.

Gleich daneben liegen noch ein paar Steine, die an die Telegrafenstation erinnern, die zehn Jahre nach Mister Stuarts Passage hier errichtet wurde. Und eine Plakette gibt gnadenlos ehrlich Auskunft vom faden Leben vor Ort. »Nothing happened«, nur die monotonen Morsetöne, 24 Stunden, 365 Tage. Die meisten Nachrichten so aufregend und nervenzerfetzend wie heutige SMS von Quakenbrück nach Ramsau. Und zurück. Selten kamen Pferdekarawanen vorbei, mit Nachschub, mit Post, mit Briefen. Immerhin einmal pro Jahr mit Zeitungen und Büchern. Wie »Schätze« wurden sie weitergereicht, denn »alles bereits Vorhandene war längst gelesen und wieder gelesen worden.« Mit Entzücken nimmt man den Eifer zur Kenntnis.

Ein paar Hundert Meter weiter steht der Flughafen von Daly Waters, auch er sorgte für Sensationen. Hier landeten in den frühen 30er Jahren die ersten Quantasflüge von Brisbane nach Europa (mit weiteren 35 Zwischenstopps). Im zweiten Weltkrieg teilten sich dann amerikanische und australische Soldaten die Rollbahn. Japanische Streitkräfte hatten bereits Darwin mit Bomben zugehagelt, man fürchtete eine Invasion. Als gut erhaltene Ruine hat nur der Hangar überlebt, der Betrieb wurde vor Jahrzehnten eingestellt. Fotos hängen aus, und die – nun ja, wie soll man sie nennen? – »Liebesgeschichte« von Neville Bullman, der 1940 als Flug-Meteorologe hierher versetzt wurde und sich in die einzige Frau verliebte, die hier im »Never-Never«, den 100 000 leeren Quadratkilometern, zur Verfügung stand: In Miss Rita. Nicht von den Eltern arrangiert, sondern vom Schicksal, den Umständen. Wie man noch nachlesen kann, ging die Liebe gut. So sind die Menschen, die Klugen unter uns. Sie erhalten eine Chance und nutzen sie. Wir anderen bereiten umsichtig unseren nächsten Irrtum vor.

Zufällig komme ich auf dem Weg zurück an einem *isolation place* vorbei, dem schmalen Friedhof, ungepflegt, ja verwildert. Letzte Stätte für abgestürzte Piloten und Farmer, die beim Schlachten von Ureinwohnern selbst geschlachtet wurden. Und für Chan Ah Suing, einen chinesischen »Coolie«, der hier Selbstmord beging. Daly Waters muss ein rauer Fleck gewesen sein.

Einen Steinwurf weg vom Pub steht der Rodeoplatz. Hier versammeln sich jedes Jahr an Ostern die Cowboys und feiern den *Bachelor and Spinster Ball,* einen bunten Abend, an dem sich die Junggesellen und Jungfern treffen zum – Zitat – »routing and drinking«, zum Vögeln und Saufen. *It's a man's world out here, you bet.*

Mister Lindsay Carmichael muss antreten. Ich habe ihn schon gestern fürs Geschichtenerzählen gebucht, für heute um 13 Uhr. Aber es kommt nicht dazu, nicht gleich. Er wirft mir noch ein *stubby*, eine kleine Bierflasche zu, wir setzen uns, der Boss krächzt die ersten Worte – und hört auf. Grinsend dreht er den Kopf nach links, krächzt »look!« und ich schaue und alle weiteren Fragen erübrigen sich. Aus zwei Jumbo-Bussen wird eine

Horde Gereister entlassen, die sich Richtung Pub wälzt, es überrollt, es unter sich begräbt, nach Bier schreit, in Dschingis-Khan-Formation die Wände entlangkeilt, zuletzt vor den BH-Wänden in Unordnung gerät, das Pub wankt inzwischen, selbst Tische und Stühle müssen aus dem Weg, wieder Schreie, Freudenschreie, sogar arabische Wörter sind zu vernehmen, vielleicht die Übersetzung eines deutschen Satzes, denn eine Frauenstimme rief gerade frank und frei: »Schau mal, Bernd, hier hängt ein Büstenhalter Größe 80F.« Ich recke den Hals, vergebens, zu viel Gedränge davor. Plötzlich zwei scharfe Trillerpfeifen, der Besuch ist zu Ende, der Heuschreckenschwarm schwärmt zurück in die mit laufenden Motoren wartenden Busse, ein Aufseher zahlt die Rechnung, die weiß strahlenden Dinosaurier stauben davon.

Das Wundersame: Sogleich ist der Zauber wieder da, die Oasenstille, das Flirren in der heißen Luft. Die Übermacht hat keine Verwüstungen hinterlassen, wir Übriggebliebenen lösen uns aus der Starre, Lindsay und ich dürfen wieder an unseren Platz. Now is story telling time.

Vier Einwohner hat Daly Waters: Lindsay, seine Freundin Robyne, Sohn Patrick. Und George, einen Erwachsenen, der als Kind von den Eltern im Auto vergessen wurde und dabei einen Sonnenstich abbekam, einen australischen Sonnenstich. Und seitdem nicht mehr ganz auf der geistigen Höhe seiner Zeit ist. Aber freundlich sei er und durchaus harmlos. (Ich treffe ihn später kurz, stimmt alles.) Lebt im geerbten Haus seiner Mutter und verkauft ein bisschen Schrott an die Touristen.

Lindsay ist hier draußen der König, er hat sogar durchgesetzt, dass im Pub geraucht werden darf, hat den amtlichen Erbsenzählern vorgerechnet, dass niemand an Tabakvergiftung stirbt, da der Wüstenwind das Gift der Raucher, das Gift von uns Massenmördern, beständig davonträgt.

Bisweilen raufen die Rednecks, ein falsches Wort, der Griff zur falschen Bierdose, Streit um einen Billardtisch. Da das nächste Polizeiquartier 150 Kilometer entfernt liegt, hat der Hausherr auch den Posten des Sheriffs übernommen. Und greift persönlich ein, genauer, ruft persönlich seine Hunde. Zuerst mal Grizzly, einen Bären, der sich zur Tarnung als Hund verkleidet hat. (Ich spähe nachher mit angehaltenem Atem durch ein Zaunloch des Zwingers, ich will das edle Tier nicht stören.) Braucht das Ungetüm Hilfe, kommen noch seine Spielkameraden Boof und Cody zum Einsatz. Die drei haben noch immer zuverlässig aufgeräumt. Denn geschossen wird hier schon lange nicht mehr, um 1970 ging der letzte Schuss durchs Dorf.

Etwa 15 Leute arbeiten für den Boss, fahrende Handwerker, Tagelöhner, Studenten. Nur ein paar Wochen, ein paar Monate, dann kommen die Nächsten. Da solche Jobs vielfältige Möglichkeiten bieten, sich vif und illegal zu bereichern (ich rede aus Erfahrung), frage ich ihn, wie er Warenausgabe und Geldeinnahme kontrolliert, immerhin arbeiten lauter Fremde an der Bar. Wie er verhindert, dass jemand »vergisst«, eine Bestellung einzubuchen oder »aus Versehen« Zigarettenschachteln und Whiskyflaschen in der eigenen Tasche verschwinden lässt.

Lindsay, das Schlitzohr, er deutet auf eine diskret montierte Videokamera, die Bilder auf seinen Büro-Monitor überträgt. Zudem hat er das »absolute Auge« entwickelt für Lücken, wo keine sein sollen. Als drittes sein Rotationssystem. Niemand arbeitet längere Zeit an einer Stelle, jeder muss sich weiterbewegen, von der Bar in die Küche, dann Bedienung, dann Zimmermädchen. Damit keine und keiner Zeit hat, »sich zu akklimatisieren«, einen Plan auszuhecken. Geklaut wird trotzdem. Nun, dafür hat der Boss von Daly Waters die »theft commission« eingeführt, das wären vier Prozent Diebeszuschlag auf jeden Artikel, der über die Theke geht. Klar freut es ihn, wenn er anfängt, jemanden zu verdächtigen, aber noch keine Beweise hat. Das reizt ihn, die Spürnase in ihm wird wach. Zuerst wird das Subjekt »observiert«, intensiver als bisher. Und irgendwann, oft nach Wochen der Beschattung, schlägt Wirt und Detektiv Carmichael zu, lässt den Ahnungslosen antanzen, zeigt ihm das Bildmaterial und setzt ihn über die »Daly Water rules« in Kennnis: Keine Anzeige, dafür fristlose Entlassung und Einbehaltung des noch ausstehenden Lohns. Das sei milde, jeder hat das bisher verstanden und widerstandslos (und flugs) seinen Ranzen gepackt.

Zum Schluss gibt's noch eine Geschichte von einem Heiligen, einem heilig Ehrlichen. Vor einem Jahr kam ein Mann mit seinem Sohn vorbei, fragte nach Arbeit. Die es nicht gab, jede Stelle war besetzt. Aus Mitgefühl spendierte Lindsay den beiden ein Essen und das Benzin für die Heimreise. Acht Monate später kehrt der Arbeitslose zurück, sagt, dass es ihm gut gehe und er gern seine Schulden zurückzahlen wolle. Erst nach heftigem Nachdenken erinnert sich der Gläubiger an den Vorfall. Und der Mann übergibt Lindsay ein antiquarisches Buch, seine Art, sich für die lange zurückliegende Freundlichkeit zu bedanken: *Two at Daly Waters* erzählt die Abenteuer von Henrietta und Bill Pearse, dem Ehepaar, das vor etwa achtzig Jahren hier ankam, um einen Laden aufzumachen, die Urform des heutigen Pubs.

Und jetzt passiert das Wunder von Daly Waters. Mister Carmichael, der Boss, Sheriff und Zeitgenosse, der sich geschworen hat, nie ein Buch zu lesen, verliebt sich in das seit 1946 vergriffene Büchlein. Und reicht es seiner Freundin Robyne. (Auch in Australien bestätigen Statistiken, dass Frauen mehr lesen als Männer.) Und die verliebt sich ebenfalls, sucht nach den Rechten, erfährt, dass kein Copyright mehr bindet und sorgt – mit der finanziellen Hilfe eines notorischen Nichtlesers – für eine Neuauflage. Die heute an der Bar ausliegt. Ich kaufe es, drei Tage später bin ich der dritte Verliebte im Bunde. So geistreich, so lässig welterfahren geschrieben ist es. Von Henrietta, der Engländerin, die einst in London den »handsome Bill« traf, dann 16 Jahre lang nichts von ihm hörte, dann einen Brief erhielt, in dem der Hübsche sie, die hübsche Henrietta, um ihre Hand bat. Und sie sagte Ja, und die beiden zogen um in einen australischen Fliegenschiss. Die 144 Seiten sind ein Tatsachenbericht voller Witz, Schinderei und Aufregungen. Denn die Blockhütte versorgte auch die zwischengelandeten Fluggäste, illustres Volk kam vorbei, darunter Weltstars wie Arthur Rubinstein und Bronislaw Huberman, beide auf Welttournee mit Spiegelei-*Stop over* in Daly Waters. Und viele Aborigines traten auf. Als Fremde, als Angestellte, als Freunde. Und da Henrietta und Bill jeden mit demselben Respekt behandelten, musste niemand verachtet, gedemütigt und geschlachtet werden.

Abends fährt mich Lindsay zurück zur Tankstelle, bald wird mein Bus vorbeikommen. Beim Abschied zeigt er mir seine *star charts*. Damit wird er jetzt irgendwo in der Wüste haltmachen, die Sternentabelle auf Datum und Uhrzeit einstellen, sich auf die Ladefläche des Pickups legen und nach oben starren. Wird Pollux und Castor entdecken, Hydra, den kleinen Löwen, den großen Bären. Und weil das Leben so schön sein kann in diesen Augenblicken, hat er noch ein Dutzend Dosen eingepackt. Zur Sicherheit. Denn hier in der Gegend macht auch glücklich sein durstig, auch nachts unterm Himmelszelt.

Als ich am nächsten Morgen in Alice Springs aussteige, überkommt mich plötzlich der irrsinnige Gedanke, dass ich jetzt für die guten Tage bezahlen muss. Dass eben Glück ohne Strafe nicht sein darf, nicht sein kann. Ich wehre mich noch gegen die abstruse Idee, zu spät, jetzt ist sie da. Jetzt ist Zahltag.

Als ich mich unter den Kofferraumdeckel bücke, um dem Fahrer beim Herausholen meines Rucksacks zu helfen, bellt er: »Step back, it's none of your business.« Wie mich meine Hilfsbereitschaft ärgert. Sie scheint bisweilen so uncool, regelrecht zudringlich. Ich führe mich auf wie einer, der noch immer nicht in den modernen Zeiten angekommen ist. Ich dachte, ich erleichtere ihm die Anstrengung. Ganz falsch gedacht. Hier spielt jemand sein Powerplay, will beweisen, dass nur einer anschafft. Der Mann ist vielleicht sechzig und hat mit 16 aufgehört zu wachsen.

Ich irre durch die Stadt, auf der Suche nach einem freien Bett. Im *Melankas Backpackers* finde ich eines, endlich. An der Tür steht: »Must be showered«. Als ich (ungeduscht) eintrete – ich habe vor zehn Minuten hier angerufen –, ist das Zimmer zu dem angekündigten Preis vergeben. Ich verlange, den Manager zu sprechen. Er ist sensibel und hört meinen gereizten Unterton, o.k., das Zimmer ist wieder verfügbar. Aus dem Office vernehme ich einen scharfen Wortwechsel, offenbar versuchte die Rezeptionistin, mit einem Zuschlag ihren Nebenverdienst aufzubessern.

Ein Bett für Dromedare, so durchgelegen, daneben ein schmutziges Waschbecken, draußen versaute Toiletten, Sprüche an den Wänden, der fetteste: »I will suck for 20 AU$ your dick and take your loath in my mouth.« Man ist sofort versucht, Tyler, den Freelance-Sucker, zum Rendezvous einzubestellen. Auf dem Gang hängen mehrere Hinweise mit der Frage, ob uns Gästen bewusst ist, dass »hier einer der besten Unterkünfte Australiens entsteht«. Daneben das Angebot »of any assistance«. Ich grinse jetzt, es geht mir sofort besser, Absurdität beflügelt die Lebensgeister.

Der weltberühmte Ort mit seinen 25 000 Einwohnern gilt als gewöhnungsbedürftig. Der Kern ist eher klein, wie überall ein viereckiges Straßennetz, gleichförmig und alles zu Fuß erreichbar. Würden der hiesige Bürgermeister und sein Kollege in Cairns über Nacht ihre Städte austauschen, es fiele wohl keinem auf. Dieselben Shops, dieselben Malls, dieselben Supermärkte. Was auffällt, sind die vielen Aborigines, über 5000 gibt es hier. Bei ihrem Gesamtanteil an der australischen Bevölkerung von knapp vier Prozent ist das viel. Ich wandere die paar Schritte zur Todd Street, der Hauptader, der Fußgängerzone. Und hier, unter einem makellosen Himmel, gehen die meisten nicht, nein, sie schlurfen, tippeln, torkeln, stehen wie gestorbene Bäume an den Ecken. Oder sitzen, die Bierdose unterm Hemd versteckt, sabbern, flezen sich auf einer öffentlichen Bank, dösen. Oder liegen da, auf einer Grasnarbe, vollgetankt für die nächsten 48 Stunden. Mancher von ihnen mit einer Wunde im Gesicht oder an den Armen, an den Füßen, bedeckt mit einem schmutzigen Verband. Wie die Nachhut einer vernichtend dezimierten Armee sehen sie aus, in kleinen Grüppchen, abgeschlagen, besiegt. Überwältigt von ihrer Geschichte und dem Gifttrank, den die Sieger so reichlich an sie ausschenkten. Und noch immer ausschenken.

Dazwischen die Weißen, aufrecht, eher gut gekleidet, gut gelaunt, shopping, man gewinnt den Eindruck, dass die beiden Lager sich verstehen. Keiner kümmert sich um den anderen. Manchmal rufen die Armen den Reichen etwas zu, meist ein Bettelgruß. Der eher selten gehört wird. Ein paar der Schwarzen sind nüchtern und haben auf einem Wiesenstück ihre Bilder ausgelegt. Aborigines gelten als begabte, bisweilen sehr begabte Maler.

Auf Seite eins der heutigen Lokalzeitung sieht man zwei berittene Polizisten an der Todd Tavern vorbereiten. Sie sind Teil der neuen *anti-grog campaign*, die seit gestern in Kraft ist (Grog ist in Australien das Synoym für jede Art Alkohol). Auch »Alice« soll *dry* werden. Endlich. Ist das nicht zum Kichern? Zum Weinen? Denn hier kommt der 50. oder 51. Schlachtplan, um das Problem zu lösen. Die Polizei darf jetzt jeder öffentlichen Schnapsdrossel den Drink wegnehmen, ihn vor seinen Augen wegschütten, ihn – ja, so steht es da – »auffordern, nicht mehr zu trinken«. Und 100 Dollar Strafe kassieren. Auf der Stelle. Hat jemand die Summe nicht dabei, und er hat sie fast nie dabei, dann wird er zum Richter einbestellt. Das macht dann 500 Dollar. So gerissen sind sie hier, um das »Übel an der Wurzel zu packen.« (Ein morgiges Gespräch mit Mrs. Mitchell, der Pressesprecherin der hiesigen Polizei, klärt weiter auf: das *two-kilometer-law* soll zusätzlich dafür sorgen, dass erst in einem zwei-Kilometer-Abstand zum nächsten Spirituosen-Laden getrunken werden darf.)

Neben den Reitersmännern sucht motorisierte Polizei nach den Süchtigen. Dazu wurden spezielle *cages* (Käfige) in den Fond montiert, »um die Wilden«, sorry, das steht nicht da, da steht, »um die Renitenten aufzugreifen.« Ich gehe zur erwähnten Todd Tavern, hier muss was sein. Und tatsächlich, schon an der Rezeption hört man einen dumpfen, bassgetriebenen Rhythmus. Ich erfahre, dass es sich um die »animal farm« handelt, im Nebenhaus gelegen. Der Saufplatz heißt offiziell *Riverside Bar*, der (weiße) Türsteher lächelt, ich darf passieren.

Und so sieht es in der Tierfarm aus: dunkel mit wenig künstlichem Licht, kein Strahl von draußen, schwerer Rauch hängt in der Luft, an der Wand klebt das Foto einer nackten – warum?, keiner weiß es – Rubgy-Mannschaft. Daneben *No spitting*-Schilder und mehrere Hinweise, dass die Räumlichkeit videoüberwacht wird. Und die Information, dass genau hundert Personen zugelassen sind. Fernseher laufen, eine Jukebox leuchtet. Jetzt ist es 11 Uhr 57 und ich beginne zu zählen. 141 Leute befinden sich in dem Raum, davon 39 Frauen. Ausschließlich Aborigines, die Tiere. Bis auf wenige haben alle diese *puffy faces*, diese vom Alkohol geblähten Gesichter, alle mit einer Dose in der Hand. Warum keine Flaschen? Verboten, höre ich, wegen Gewaltgefahr.

Die Bässe dröhnen, aber keiner grölt, wenige reden, alle sitzen oder stehen, alle saufen. Über einen der Screens flimmert das letzte Video der *Bad Boys*, ein Endlosband. Ist es zu Ende, fängt es von vorn an. Produziert von einer Rap-Band, die aus schwarzen

Australiern besteht. Sie singen von ihrer Welt, der immer wiederkehrende Refrain lautet: »Watch you gonna do, they come for you«. »They«, das sind die Bullen, man sieht die Käfigwagen, die Handschellen, die Leibesvisitationen, die Zuchthäuser, die rohe Vehemenz der Staatsmacht. Im selben Moment wird mir klar, dass nur drei Weiße anwesend sind. Der Mann, der sie reinlässt (oder rausschmeißt), der Mann am Tresen, der sie kistenweise bedient, ich, der sie betrachtet.

Ich fühle keine Bedrohung, ein paar schnorren, einer hat die Geduld (und die Konzentration) für meine Fragen. Von 10 bis 14 Uhr ist hier Betrieb, dann gehen sie ums Eck – manchmal hat der Zynismus keinen Namen – und versorgen sich im *Drive In Bottle Shop*. (Ebenfalls in weißer Hand.) Und fahren nach Hause. Denn der 2-Kilometer-Sicherheitsabstand muss sein. Um weitersaufen zu dürfen in ihren eingezäunten *camps*, die früher *reservations* hießen und noch immer aussehen wie vermüllte Proletensiedlungen.

Ich will noch eine Szene beschreiben. Die soll genügen, um vom Niedergang eines Volkes (»Völker« wäre genauer) zu berichten, dessen Frauen und Männer einmal biegsam waren, frei, leicht, federnd, einmal Besitzer ihrer Welt, und von denen heute viele in Sack und Asche leben, sprich, blau und blöd vor der Glotze verwittern, deren Männer blau und blöd ihre Frauen prügeln, deren Väter blau und blöd ihre Töchter (und Söhne) missbrauchen und blau und blöd knapp achtzehn Jahre früher sterben als die anderen Australier.

Natürlich gibt es keine eindeutige Antwort, warum alles so gekommen ist. Vielleicht zerbrach etwas in ihnen, vielleicht hört man nach einer letzten Erniedrigung auf, sich zu wehren. Es geht nicht um Schuldzuweisung. Vieles wurde unternommen, auch von staatlicher Seite, auch von Weißen, um das Desaster zu bremsen. Möglicherweise ist jedoch der Verlust ihres Landes, ihrer Lebensform, ja ihres Stolzes nicht zu kompensieren. Seit 50 000 Jahren sitzen die Gene des Jägers und Sammlers in ihnen. Sie rausholen? Sie weglasern? Deshalb greifen die Schmähungen der »fleißigen Mehrheit« nicht, die vom »lazy Abo« spricht. Wie recht sie hat, in ihren Augen ist er faul. Weil er keinen Bock hat, seine Zeit als Parkwächter abzusitzen oder für die nächsten vierzig Jahre sein Leben zwischen neun und fünf Uhr auf einem Bürostuhl einzurichten. Drehen wir die Situation um und wir haben ein ganz ähnliches Ergebnis. Ich wäre sicher ein stinkträger Aborigine. Weil mich andere Träume jagen, als durch Wälder zu pirschen und Kräuter zu pflücken. Ich würde mich drücken und heimlich ins Kino gehen, Bücher lesen, Stan-Getz-Alben hören, Schokolade essen. Nie käme ich auf die Idee, mich zu assimilieren.

Ähnlich die Aborigines. Haben sie doch ein ganz anderes Weltglück im Kopf, wollen nicht werden wie der weiße Mensch, haben doch noch immer nicht – so stand es bedauernd in einem Bericht – »the profit motive« verstanden. Und hier beginnt der Jammer. Denn in der Vergangenheit verharren gibt es nicht in der Geschichte. Sie will eiskalt weiter. Was in Australien gerade abläuft, ist ein Paradefall vom Fortschritt (lassen wir es bei dem Wort) und dessen Kollateralschäden. Die Aborigines gehören zu den »bedrohten Völkern«, und die Bedrohung wird erst aufhören, wenn sie verschwunden sind. Verschwunden als Tote oder verschwunden als restlos in den Mainstream Integrierte.

Hier die Szene: Am nächsten Tag ist *welfare day*, ich frage nach der Adresse, wo die Stütze ausgezahlt wird. Und komme zur rechten Zeit, wie einbestellt. Meist muss man als Reporter geduldig lauern, bis etwas passiert, aber jetzt geschieht es sofort, ja hat bereits begonnen. Ein vielleicht 50-jähriger Schwarzer geht, mit heftigen Gleichgewichtsstörungen kämpfend, durch die sich automatisch öffnende Tür. Sie schließt sich hinter ihm und der Mann fällt zu Boden, überwältigt vom Promillespiegel. Er bleibt kurz liegen und kriecht dann auf einen Schalter zu, zieht sich nach oben und streckt die Hand aus, die Geste ist eindeutig: »Her mit meiner Sozialhilfe!« Sie kennen ihn wohl hier, denn die (schwarze) Angestellte grinst verlegen und schiebt ein Formular rüber, reicht einen Kugelschreiber. Sie fragt nicht nach seiner *identification card*, möglicherweise weiß sie, dass er den Ausweis verloren hat. Der Volltrunkene unternimmt den Versuch einer Unterschrift und zieht einen wilden Schwenker über das Papier. Das genügt. Die junge Frau zählt das Geld ab. Seltsamerweise hält er ihr einen Teil wieder hin, auch das wird verstanden. Er will kleine Scheine. Kaum umklammert er mit seiner rechten Faust das Bündel, bricht er erneut zusammen, niemand reagiert, hier wiederholt sich offenbar ein längst bekannter Vorgang. Der Mann kriecht zurück, die Schiebetüren gleiten auseinander, jetzt kommt das Finale. Draußen warten die *freeloaders*, die Schmarotzer, die *family*. Big family. Um ihren Anteil einzufordern. Denn der generöse Brauch unter den Aborigines, Besitz grundsätzlich zu teilen, ist seit Langem zum Parasitentum verkommen. Jetzt verstehe ich, warum er die 5-Dollar-Noten wollte, sie sind sein *give-away-money*. Und er verteilt etwa zehn Stück, auf Knien, leicht kreisend, schweißüberströmt. Goya könnte dieses Bild malen. Oder Edward Hopper. *Deep End* könnte es heißen. Oder *Lost Paradise*. Oder *Black man kneeling / 10:43 a.m.*

Ich miete mir ein Fahrrad, will irgendwohin, wo es anders zugeht. Bei *Rent a bike* wird jedem Kunden ein Helm ausgehändigt. »It's the law!«. Ich will aber als Gesetzesbrecher den Tag verbringen, denn ich halte Plastikhüte auf Radfahrer-Köpfen für läppisch. Ich mag den Fahrtwind spüren, zudem nervt wieder diese peinigende, peinliche Risiko-Hysterie. Ich schlage dem

Jüngling vor, dass ich unterschreibe, das Teil erhalten zu haben (und es dann vergesse). Zu dieser Untat kann ich den Junggreis nicht überreden. So binde ich das lästige Ding am Rahmen fest. Ich frage noch nach und bin beruhigt, nein, einen sechswöchigen Fahrkurs muss ich nicht vorher absolvieren. Aber die 21 (einundzwanzig) *safety rules*, die muss ich vorher – »it's the law« – lesen. Gerne, unter 1) steht: »Arschbacken genau auf der Mitte des Sattels platzieren«, ok, das habe ich erfunden, aber Befehle wie »Trage leuchtende Kleidung« und »Halte immer eine Hand am Lenker« und »Nie über 40 km/h unterwegs sein« und – heilloser Gipfel unheilbarer Hirnschwäche – »Lass das Rad nie da, wo es anderen gefährlich werden könnte« sind nicht erfunden, sondern stehen wortwörtlich da. Mit Erleichterung schwinge ich mich auf, die Kleiderordnung missachtend, helmlos, beide Arme ausgebreitet, ziemlich über 40, nur angetrieben von dem kindlichen Gefühl, als Anarchist unterwegs zu sein. Veni, Vidi, Pipi. Die Infantilisierung ist beschlossene Sache.

Ach ja, vor geraumer Zeit sah man in der Zeitung das Foto eines Polizisten mit einem *speed-gun*, einem mobilen Radargerät. Sein Werkzeug, um Radfahrer zu überführen, die das an diesem Ort vorgeschriebene Limit von zehn, ja ZEHN km/h, überschritten. Was hätte Momo aus Michael Endes Buch dazu gesagt? Wäre sie verstummt vor so viel onanistischer Euphorie der *Grauen Herren*? Vor so viel grimmiger Wut auf Lebensfreude und Leichtsinn?

Gestern las ich etwas über die *School of Air* in Alice Springs. Die will ich sehen. In einer stillen Gegend stehen die flachen Gebäude. Und jeder ist willkommen, sie wollen zeigen, was sie können. Zuerst ein paar Zahlen, die eine Ahnung davon vermitteln, um welch monumentale Aufgabe es sich handelt. Das Northern Territory – kein *state* wie die anderen sechs, sondern offiziell ein

»Territorium« – verfügt über eine Fläche von 1 350 000 Quadratkilometern. Deutschland mal vier. Mit zwei Städtchen, Darwin und Alice Springs, vielen Kuhdörfern und einer Bevölkerung von knapp über 200 000. Das macht 0,16 Mensch pro tausend mal tausend Meter. Laut Gesetz baut die Regierung erst dann eine Schule, wenn sich das nächste Schulgebäude weiter als 50 Kilometer von der Farm befindet und – entscheidend – acht Kinder vorhanden sind. Da acht in dieser Gegend unglaublich viele sind, wurde 1951 diese virtuelle Schule eingerichtet, um die zurzeit 87 weit Verstreuten *via air*, per Funk, zu unterrichten.

Wir sehen einen Film mit artigen Kinderlein, irgendwo weit weg im Busch, die in das Mikrofon vor sich schreien, um die Lehrerin zu erreichen, die Hunderte von Kilometern entfernt hier in der Schule sitzt. Und die zurückschreit. Oft schreit keiner, denn es hapert mit der Verbindung. Dann eben rüberschalten zum nächsten 7-Jährigen. Nun, ein Harvard-Abschluss ist im Curriculum nicht vorgesehen, bestenfalls zwanzig Minuten stehen als *private lesson* dem Schüler pro Woche zur Verfügung. Dazu noch ein paar Stunden *classroom interaction* über das Computer-Studio. Den restlichen Unterricht müssen die Eltern übernehmen. Reiche Bauern haben Privatlehrer, andere haben keine Ahnung von englischer Grammatik. Kein Drama, denn hier liegt das Outback, hier sollen Rinder und Schafe gezüchtet werden und keine Intelligenzbestien.

In Alice Springs ist auch der *Royal Flying Doctor Service* stationiert, wie in 22 anderen Orten im Land. Die Geschichte der *flying doctors* ist ein wundersames Beispiel, wie Hilfsbereitschaft und Freude an Herausforderungen das Tiefste und Humanste in Männern und Frauen hervorholen. Der Lehrer und Presbyterianer Reverend John Flint gilt als der Urheber der Tat, seine Frau Jean als rastlose Antreiberin. Mister Flint wollte keine Seelen retten, sondern Leben. Hier seine Lieblingsstory, die ihn mehr als alles andere davon überzeugte, dass die Zeit zum Handeln gekommen war. Im August 1917 wird ein gewisser Jimmy Darcy schwer verletzt von seinen Freunden auf einer Bahre zwölf Stunden zum nächsten Außenposten getragen. Irgendwo in Hinteraustralien. Der zuständige Postmaster versucht sogleich, telegrafisch einen Arzt zu kontaktieren. Ohne Erfolg. Der Mann gibt nicht auf. Er erinnert sich an den Mediziner, bei dem er einst Erste Hilfe gelernt hat, erreicht ihn, und Dr. Holland – 2000 Kilometer entfernt – gibt per Morsezeichen Anweisungen, wie mit Jimmy Darcy zu verfahren sei. Schritt für Schritt, live. Und der oberste Postbote holt sein Taschenmesser heraus, um eine Blasen-Operation durchzuführen. Welch kolossales Bild. Nach dem Morsen macht sich Dr. Holland auf den Weg, den 10-Tages-Weg, mittels Ochsenboot, T-Ford, Pferdegepann, Fußmarsch. Um den erfolgreichen Eingriff und den Tod des Patienten zu bestätigen. Am Vortag verstorben, an Malaria und einer Blinddarmentzündung.

Was für eine Geschichte. Sie ist mitverantwortlich, dass nach allen säglichen und unsäglichen Schwierigkeiten am 15. Mai 1928 ein gemeinnütziges Unternehmen etabliert wurde, das bis heute einmalig ist: so schnell wie möglich an Ort und Stelle den Kranken – jeden Kranken, auch den nichtweißen – medizinisch zu versorgen und, wenn ratsam, ins nächste Hospital zu evakuieren. Die ersten Flüge mussten ohne Navigationsgeräte auskommen und ohne Funk. Nur mit Kompass und (ungenauen) Karten suchten die Piloten nach dem Ziel, orientierten sich anhand von Flüssen, Zäunen, Telegrafenmasten. Auch Nachtflüge schreckten nicht, die improvisierten Pisten wurden mit brennenden Kerosindosen oder den Fernlichtern verfügbarer Autos bestrahlt. Bruchlandungen durchaus, aber nie ein tödlicher Crash. Auch nicht nach achtzig Jahren, auch nicht an Tagen, an denen bis zu 200 Starts und Landungen stattfinden.

Als ich den Ausstellungsraum verlasse, geht es mir schlecht. Schlecht vor Neid. Weil ich immer denjenigen was missgönne, die mit Leidenschaft und Ausschließlichkeit ihr Leben bewältigen. Noch beneidenswerter, wenn diese Begeisterung zur Freundlichkeit der Welt beiträgt, zu ihrem Reichtum. Mir fällt als Ausrede dann nur ein, dass es Männer und Frauen vergangener Zeiten leichter hatten. Die Sirenen einer von Komfortsucht niedergestreckten Gesellschaft waren leiser, seltener zu hören, die Maschinerie der Verdummung ratterte weniger rastlos. Die Möglichkeiten, sein Dasein als dösiger Konsument zu veraasen, sie waren schlicht nicht vorhanden. Schon möglich, dass ich mich täusche. Aber mein Neid ist mir sicher.

Hundert Meter weiter sehe ich einen Mann, der nicht – wie der Kollege in Syndey – mit dem Staubsauger sein Reich, das Trottoir vor seinem Haus, säubert, sondern mit einem Laubbläser Blätter und sonstige hässliche Natur vom Beton fegt. Der schönste Beton ist der Sichtbeton. Ohne lästiges Grün, ohne Zweiglein, nein, strahlend grau soll er sein, fleckenlos, soll Seligkeit auslösen bei jedem Betonkopf, der hier vorbeikommt. Jetzt ist der Neid verflogen, hier schafft kein Held, hier steht wieder ein Trottel vor mir.

Für ein paar Stunden fahre ich raus aus der Stadt, fahre kilometerlang in eine Tiefenschärfe, die nie aufhört. Wüste ist schön, am schönsten, wenn sie blau bestrahlt wird. Und der Wind in die Speichen pfeift, dabei ein Geräusch erzeugt, das man nur hört, wenn kein anderes stört.

Zuletzt noch ein Umweg zur *Telegraph Station*, die ab 1872 betriebsbereit war, 60 Jahre lang. Insgesamt 36 000 Holzpfosten wurden von Süden nach Norden aufgestellt, mitten durch das Land. Ted, der zuvorkommende Guide, erzählt von einer Begebenheit, die heute nicht mehr nachvollziebar scheint. Als die erste Antwort aus London auf ein hiesiges Telegramm eintraf, blieben die Leute auf den Straßen von Alice Springs stehen. Und heulten. Einen Tag zuvor brauchte eine Nachricht noch drei oder vier Monate oder kam nie an. Weil das Schiff sank. Aber jetzt kam sie in zwei oder drei Stunden. Heulten, weil sie wussten, dass die unheimliche Isolation ein Ende hatte. Ab jetzt gehörten sie zur Welt. Für jemanden aus dem 21. Jahrhundert redet Ted wie ein Märchenonkel.

Als ich am nächsten Tag aufwache, meldet das Radio, dass über zwei Millionen Australier »brain damage« riskieren, wenn sie so weitertrinken. Schon unten an der Rezeption bin ich vollkommen von der Richtigkeit der Hochrechnung überzeugt. Es ist Sonntag und hier im Hotel gibt es keine Küche, der Dialog:

– Kennen Sie ein Lokal, wo ich frühstücken kann?
– Wann? Heute?

Ich mache mich auf leisen Sohlen davon, sonst droht in dieser Herberge noch größeres Malheur. Ich will das Konto meiner guten Sterne nicht überziehen. Man hat nicht immer Glück.

Mit einem regionalen Bus nach Hermannsburg, 125 Kilometer westlich von Alice Springs. Der Fahrer heißt Frank Lauterbach, den Namen hat er von seinen deutschen Vorfahren, er kennt sogar seinen bekannten Namensvetter Heiner L., den Schauspieler. Frank redet eine Meile pro Minute und weiß alles. Auch, dass hier jeder Leihwagen mit einem Nachtfahrverbot vermietet wird. Denn in der Dunkelheit bevölkern die Wüstentiere die Highways. Und davor müssen die Menschen geschützt werden.

Hermannsburg ist ein Fleck mit 600 Einwohnern, meist Aranda-Aborigines, dazwischen ein paar Weiße. Der Ort wurde 1877 von deutschen Lutheranern gegründet, als Missionsstation. An der Tankstelle hängt ein Schild, der Hinweis ist eindeutig: »Alle hier sind die Augen, die Ohren, der Mund, um der Polizei beim Auffinden der Störenfriede zu helfen. Erzähl deinem Sergeanten von Alkoholschmugglern, Benzinschmugglern, Drogenschmugglern, von gewalttätigen Ehemännern, von sexuellen Übergriffen, von Benzinsniffern. Sind alle Rowdys verhaftet, sind alle Probleme verschwunden und jedermann ist glücklich. Halleluja.« Ich frage den Tankwart, ob es heute eine Messe gibt. »Ja, so was Ähnliches, aber wahrscheinlich kommen mehr Hunde als Leute.«

Das ist übertrieben. Immerhin versammeln sich 21 Menschen und nur drei Vierbeiner im Kirchlein. Die Lust auf spirituelle Inbrunst hält sich offensichtlich in Grenzen. Es geht gleich los mit Gesang, ich singe mit: »Urrkapuntja mangkilai, Kal'untala tjuntakala. Era Jesuka unparrkala, Tjir etatha nit jinanga«, das Wort Gottes sagt uns, dass wir alle als Sünder geboren wurden! Quer über dem Altar hängen große bunte Bögen Papier: *Der Allmächtige ist mit uns.*

Ein junges Ehepaar mit seinem Neugeborenen stellt sich neben das Taufbecken. Einfache Leute, ihre Kleidung und die Bewegungen geben eindeutig Aufschluss. Nun, wie sollten sie je gerüstet sein gegen die Zumutungen einer »frohen Botschaft«, die nun auf sie niedergehen wird. Die beiden äußern ein kaum vernehmbares »Ja«, als der (weiße) Pastor sie fragt, ob Jade, das Baby, getauft werden soll. Und der »Mann Gottes« hat die Nerven, beim Wassergießen über den winzigen Schädel zu behaupten: »Jade, ich lege meinen Finger auf deine Stirn und dein Herz, damit dir Jesus deine Sünden vergibt.«

Nach dem Hokuspokus predigt der (schwarze) Evangelist, der Hiwi. Er ist geradezu liebenswert, denn er findet den passenden Ton, so ein durch und durch gestyltes Geleier, das uns anmutig in die Bewusstlosigkeit wiegt. Als jemand zu schnarchen anfängt, legt er ein wenig zu, aber noch immer rücksichtsvoll. Am Ende der Predigt – leider in Aranda, aber sicher eine dröge Moralpredigt – kommen wir wieder zur Besinnung (eine Greisin muss von ihrer Nachbarin leicht gepufft werden) und singen nochmals, dass »wir als Sünder die Welt bewohnen und – dem Herrn sei Dank – Gottvater für unsere Sünden am Kreuz gestorben ist« (seit wann Gottvater?). Zuletzt der Pastor, schallend: »What a friend we have in Jesus to bear all our sins and griefs.« Ende, wir schlendern hinaus.

Eine Reihe von Gebäuden aus der Gründerzeit ist noch erhalten, ein schattiges Plätzchen gibt es, wo sie Tee und *apple strudle* servieren. Ich setze mich zum Lutheraner und seiner Frau, will sie aushorchen. Und bin überrascht, wie umgänglich die beiden sind. Ich spreche sie auf *das* Thema an, von dem seit Monaten täglich in den Medien berichtet wird, *child abuse*, die Notzucht an Kindern. Und der Pastor erzählt, dass es innerhalb der Aborigines-Gemeinde, hier und woanders, scharfe Auseinandersetzungen gibt. Zwischen »Konservativen«, die sich als *elders* eine Achtjährige zur Frau nehmen, manche immerhin bis zur ersten Menstruation warten, manche nicht, und »Modernen«, die für die offizielle Gesetzgebung eintreten und zugestehen, dass die Rechtssprechung der Weißen hier humaner ist. Denn Kinder sollen nicht bei Männern liegen, sondern Kinder sein dürfen und Zeit haben zu wachsen.

Lustig wird es, als Hochwürden vom »Aberglauben« spricht, der noch tief verwurzelt in der Urbevölkerung sitze. Nie käme Hochwürden auf die Idee, dass seine Reden von der Ursünde und die Mär von einem, der am Kreuz starb, um anderer Leute Missetaten zu sühnen, auch nicht anders tönen als eschatologischer Firlefanz. Von der Anmaßung einmal abgesehen. Aber ich spüre, der Mann ist kein Bauernfänger, keiner, der andere an seiner Macht leiden lässt. Er ist haltlos von dem Gefabel überzeugt, das er seinen »Schafen« (und sich, dem Oberschaf) zumutet.

Ach, wie entspannend doch die Geschichten von der blauen Eidechse klingen, von der Regenbogen-Schlange, von Devil Dingo und tausend anderen »Geistwesen«, die den Kosmos der Aborigines erschaffen haben, haben sollen. Sie sind mir so fremd wie heilig-katholische Jungfrauen, die in den Himmel abheben, fremd wie albern kostümierte Greise, die sich in Rom als »Stellvertreter Christi auf Erden« gebärden. Der dramatische Unterschied jedoch: Keiner der »Heiden« wird mir Wasser auf den Kopf schütten und mich zum Sünder verdammen. Und keiner von ihnen will mir (und dem Rest der Menschheit) seine Einbildungen und Fantastereien aufschwatzen und, sollte das nicht helfen, einprügeln.

Warum reisen? Binsenweis: Weil einer was lernen will. Von der Welt und ihren Bewohnern. Ist einer jedoch rücksichtslos genug sich selbst gegenüber, dann lernt er auch von denen, die ihm widersprechen. Oder er erfährt, wo die Grenzen seiner Toleranz – *des Erduldbaren* – liegen. Reisen interessiert mich nur in dem Maße, in dem ich mit Tatsachen konfrontiert werde, die eine Auseinandersetzung fordern. Beispiel Australien. Zum Baden brauche ich mich nicht 24 Stunden in ein Flugzeug zu klemmen, da reicht eine Fahrradtour von sieben Minuten durch Paris und ich bin am *Plage de la Seine*, eigens vom Rathaus für hiesige Stadtneurotiker eingerichtet. Mit Meeressand, Eisverkäufer und Bikini-Schönheiten. Ich fliege auf den fünften Kontinent, weil ich damit rechne (ja hoffe), dass er mich in Situationen manövriert, in denen ich mit dem Fremden, mit der Fremde konfrontiert werde. Das Leben ist verdammt kurz, ich will es (und mich) ausbeuten, solange die Kräfte reichen. Das Beschauliche für die Beschaulichen, für die anderen – ich will dazugehören – das Fordernde, das Verwirrende, die Intensität.

Wie jeder Reisende werde ich von drei Grundstimmungen begleitet: a) ich liebe gewisse Menschen und Zustände, b) andere Menschen etc. sind mir egal und c) so manchen weise ich zurück. Kommt es schlimm, dann kommt der Hass, die Verachtung zum Vorschein. Jeder von uns trägt ein *livre interieur* in sich, ein »inneres Buch« (den Ausdruck habe ich einem französischen Autor geklaut). Und in dieses Buch, papierlos und immer virtuell, schreibt jeder an jedem Tag seine Gedanken und Gefühle über die Welt hinein. Oft bewusst, sehr oft unbewusst. So entsteht sein Lebensbuch, sein Sein. Das minütlich, ja in jeder Sekunde mit der Außenwelt, der Welt der anderen, sprich mit anderen inneren Büchern konfrontiert wird. Daraus kann Enthusiasmus entstehen. Oder Gleichgültigkeit. Oder Widerwille und Ekel.

Deshalb – um wieder konkret zu werden – reagiert mein inneres Buch hochgradig allergisch auf die Vermessenheit eines Schwarzrocks, der seine Sonntagvormittage damit verbringt, anderen das Brandzeichen »Sünder« einzubrennen. Denn in meinem inneren

Buch stehen Erlebnisse aus der Kindheit, voller Gewalttätigkeiten einem Kind gegenüber, stehen tausend und eine Erfahrung, die nie darauf hindeuteten, dass die Vermessenheit in irgendeinem Zusammenhang stand mit natürlicher Autorität, mit Wissen, mit Wärme, Güte, Großmut, nie und nimmer mit Daseinsfreude und Lebenslust. Deshalb schwärze ich den Wichtigtuer an. Weil ich noch immer nicht begriffen habe, woraus sich der Hochmut speist, Dreitätige als Sünder abzukanzeln und – Gipfel der Wichtigtuerei – einen Gottessohn zu erfinden, der jene Sünden wieder aufhebt, die man gerade eingebläut bekam. Deshalb schreibe ich darüber. Um die eigenen Dämonen loszuwerden. Und um andere anzustacheln, eigenmächtig über ihre Geistesgaben zu verfügen. Damit sie es mit ihren Dämonen aufnehmen. Wäre ich ein Einzelfall, das alleinige Opfer, ich hätte kein Recht, mich öffentlich darüber zu äußern. Aber ich bin es nicht, bin einer von vielen.

Vor Tagen stand in der Zeitung, dass die katholische Kirche in Kalifornien den Opfern heimischer Priester-Päderasten die Summe von 650 (!) Millionen Dollar auszahlen wird. – So viel zur Hybris, so viel zur Sünde.

Ich suche das Haus von Albert Namatjira, er wurde 1902 in Hermannsburg geboren und gilt als der berühmteste Aborigine. Bescheidene Anfänge, Grundschule, Initiierung in ein traditionelles Buschleben, mit achtzehn heiratet er Rubina. Da die junge Frau einer andern *skin-group* angehört, muss er seinen Stamm verlassen. Fluchtartig. Auch bei den Aborigines wurde die Gedankenfreiheit nicht erfunden, auch sie hängen verstockt an ranzigen »Wahrheiten« und Überlieferungen. Der Junge lernt Kameltreiber und zieht irgendwann als Koch und Scout mit dem (weißen) Maler Rex Batterbee durch die Wüste, auf der Suche nach Motiven. Batterbee erkennt bald das Talent des jungen Albert und bringt ihm die Spielregeln der Wasserfarben bei. Und ein Meister kommt zur Welt. Landschaftsmalerei, immer wieder. Auch bei Namatjira die magische, so sinnliche Verbundenheit mit der Umgebung, in der er aufwuchs. Er wird national, international bekannt, Ausstellungen in großen Häusern, die Queen begrüßt ihn.

Als er anfängt, seine Bilder zu verkaufen, muss er Steuern zahlen. Aber nur ein Staatsbürger ist steuerpflichtig. Also erkennen sie dem Mann, dessen Vorfahren seit Urzeiten den Kontinent bewohnen, die australische Staatsbürgerschaft zu. Jene erkennen sie zu, die ihm das Land gestohlen haben. Funny story.

Doch der Künstler bekommt sein Leben nicht in den Griff, Erfolg kann Unglück bringen. Zu viele zocken ihn ab, melken ihn. Zuletzt wird er zu sechs Monaten Gefängnis verurteilt, weil er eine Flasche Rum auf dem Rücksitz seines Wagens liegenließ. Und jemand sie fand, austrank und eine Frau umbrachte. Das sei auch Namatjiras Mitschuld gewesen, urteilen die Richter, denn das Gesetz verbietet, Aborigines mit Alkohol zu versorgen. Nochmals eine Geschichte von der Moral und ihrer Kunstfertigkeit, sich als Hure mit jedem zu verlustieren. Als 57-Jähriger stirbt der Maler, herzkrank, seelenkrank.

Der Nachmittag endet mit Gelächter. Weil ich das Geburtshaus nicht finde. Aber einen Aborigine treffe, der so viele englische Wörter beherrscht wie ich in seiner Sprache. Zero. Und wir dastehen wie ein Paar Behinderter, die – jeder mit seinen Worten – aufeinander einreden. Und nichts kapieren. Ich brauche die Adresse. Und frage und er antwortet. Oder umgekehrt. Wer könnte das jetzt entscheiden. Die Zeit drängt und ich spüre einen Groll über unser beider Ignoranz hochsteigen, der aber plötzlich in ein befreiendes, selig befreiendes Lachen übergeht, denn der Oberhirte letzter, nein, allerletzter Weisheiten fällt mir ein. Jener, der jede (geistige) Sicherheitsbarriere überrannt hat und sich Sätze, ja verbale Gipfelstürme erlaubt, für die wir anderen Sterblichen guillotiniert würden: Paulo Coelho, der Weis-Sager aus Rio de Janeiro, der Fließband-Produzent unauslotbaren Schwachsinns, er rettet die Situation, indem er sich mit Blaulicht in mein Gedächtnis drängt. Er ist der Mann der Stunde, er weiß, dass ich vor Wochen ein Interview mit ihm über die *Art of Travelling* gelesen habe und mir damals, schon damals freudetaumelnd, jenen Satz herausschrieb, der weltrekordverdächtig klingt, ja als der Weisheit letzter Kurzschluss in die Geschichte des Reisens eingehen wird, eingehen muss: »Rede mit dem Fremden, auch wenn du dessen Sprache nicht sprichst.« Ich taumle schon wieder, gackernd vor Wonne eile ich zurück zum Parkplatz.

Auf der Rückfahrt bittet mich Frank Lauterbach, neben ihm Platz zu nehmen. Ich tue das gern, er ist ein ausgesprochen hilfsbereiter Mensch. In ihm rumort es, er sucht noch. Als Busfahrer arbeitet er nebenberuflich, während der Woche ist er Businesspartner einer Firma, die sich auf »antislip tiles« spezialisiert hat. Aber rutschfeste Ziegel wollen ihn nicht ausfüllen, sie lösen, sagt er, »keinen Lebenssinn« in ihm aus. »Eigentlich«, und endlich traut er sich, »eigentlich will ich schreiben.« Und so fragt er mich, wie er herausfinden könne, ob er begabt sei. Und so stoße ich knallhart Bescheid: Sich jeden Tag für ein paar Stunden an einen Schreibtisch nageln und schreiben. Und dabei nie vergessen, dass niemand darauf wartet, was er zu sagen hat, er also stark sein und Attacken barer Sinnlosigkeit aushalten muss. Und irgendwann das Geschriebene einem Verlag anbieten muss. Keiner wird vorbeikommen und ihm heimlich seine Texte entführen. Er soll sich eine gute Adresse suchen, denn ein guter Verleger wird die Begabung eines Schreibers erkennen. Vom Blatt, vom ersten Blatt weg. Sie ist wie Schönheit, sie ist unübersehbar. Ein Blick genügt.

Wie die Hässlichkeit. Noch einen Abend in Alice Springs aushalten. Kino kommt nicht in Frage, Bruce Willis' *Die hard 0.4* ist auch hier angekommen. Neben sechs anderen amerikanischen Filmen. Nicht die fantastischen amerikanischen, nein, nur der Schrott für den Massenbetrieb. Nicht mal Schrott aus anderen Ländern steht auf dem Programm. Die Globalisierung (wenn wir sie nur hätten), präziser, die Globalisierung der Amerikanisierung, hält keiner auf. Auf vier der sieben Plakate streckt ein Bimbo seine Knarre in die Luft. Die immer gleiche Visitenkarte der Armen im Geiste.

Ich bin unkonzentriert genug und lande in einem Kentucky Fried Chicken. Hartes Neonlicht leuchtet auf Tische mit Pommes-frites-Resten und Ketchup-Flecken. Irgendwo auf dem Parkplatz heult eine Sirene, eine Anzeige blinkt, *Apply now*, KFC sucht Nachwuchs. Für Sekunden halte ich den Gedanken aus, dass mein Berufsleben als 16-Jähriger in diesem Scheißloch beginnt. Mit dem täglichen Blick auf Dutzende fetter Zeitgenossen, Berge von Kalorien schaufelnd. »Bad dreaming«, hat mir ein Aborigine einmal erzählt, nennt er das. Wenn ihn böse Tagträume überfallen. Als ich aufwache, geht es mir sofort besser. Jemand putzt den Tisch, ich kann schreiben. Wörter aufstellen heilt. Ganz gleich, wo. Bis heute weiß keiner, warum. Aber so ist es, unverbrüchlich.

Am nächsten Tag wird alles gut, frühmorgens mit einem Greyhound-Bus nach Ayers Rock. Seit Jahrzehnten fantasiere ich von ihm. Heute soll er »wahr« werden. Auf der Karte liegen Alice Springs und der Felsen nebeneinander, das täuscht, die Fahrt geht über 300 Kilometer. Die Welt ist schön, der Himmel wärmt, der freundliche Fahrer erklärt und die zwei anderen Passagiere – zwei junge Engländerinnen – haben ihren DVD-Player installiert und schauen *Picture Perfect*. Ich sehe kurz hin und erkenne, dass Jennifer Aniston wieder Textzeilen aufsagt, die ihr fingerhutkleines Hirn nicht überfordern.

Es kommt noch besser, in jeder Hinsicht. Das dritte Weltwunder Australiens (nach Cate Blanchett und The Great Barrier Reef) taucht auf, der Monolith, dieses wunderschöne Ungetüm. Und wir zoomen daran vorbei und die Mädels blicken kurz auf (ich habe mir erlaubt, sie darauf hinzuweisen), holen ihre Kameras raus, drücken ein paar Mal den Auslöser und kehren zurück zum – welch Ironie – »Perfekten Foto«. Wie sich die Zeiten wandeln. Nicht die Wirklichkeit zählt, sondern das Bild von ihr. Jetzt haben Susan und Kim den sagenumwobenen Brocken archiviert, er ist ihr Eigentum. Virtuell scheint er ihnen wichtig, in der Realität spielt er keine Rolle mehr.

Fahrer Terence verweist auf den Mount Conner, der sogar mächtiger ist als der Ayers Rock, auch an ihm ziehen wir lange vorbei. Seltsam, nie davon gehört, keiner macht Werbung für ihn. Vielleicht ist es reine Einbildung, aber seine Form hat weniger Eleganz, der Glanz fehlt, er ist nur Brocken ohne Majestät.

Ankunft in Yulara. Jeder sei gewarnt, der Weg zu einem Traum kann dornig sein. Yulara funktioniert als *Ayers Rock Resort*, als einzige Möglichkeit, in der Gegend ein Bett zu finden und nicht zu verdursten. Der große Wüstennepp, herdenweise werden Japaner, Koreaner, Franzosen, Deutsche und der Rest der Welt abgefertigt. Der Mensch als Stückgut, Fähnchen, Orkan-Musik, Endlosschlangen vor den Rezeptionen der Hotels. Ich kann meine Anwesenheit nur damit rechtfertigen, dass ich in den Berg verliebt bin und Liebe nun mal Opfer verlangt. Keine Horde wird mich bremsen, kein architektonischer Kahlschlag, nicht einmal (schon wieder) Jennifer Aniston, die hier an der Wand hängt. Wie um mich zu retten, fällt mir Balzac ein, der Pariser Schriftsteller, der sich einen Monat lang in eine Kutsche zwängte, um in Kiew seine Geliebte Hatiska zu besuchen. Welch Vorbild.

An der Tür des *dormitory* (alles andere ausgebucht) steht: »Im Falle von Feuer verlassen Sie Ihr Zimmer und vergessen bitte nicht, es abzuschließen.« Ich lache schon wieder. »Walk on the funny side«, hat mir gestern jemand gemailt. Es geht nicht anders.

Mit einem Minibus zum Rock, etwa zwanzig Kilometer entfernt. Ich bin kindisch und nervös, voll ängstlicher Vorfreude. Ankunft am *Mala Car Park*, ich steige aus und weiß, dass ich verlieren werde. Gegen den eigenen Vorsatz. Denn ich kam mit dem festen Willen, der Versuchung standzuhalten. Steht doch in allen Broschüren, dass die Aborigines nicht wünschen, dass der *Uluru* – so heißt das Gestein, seit es die Regierung 1985 offiziell dem Anangu-Volk zurückgab – bestiegen wird. Denn er sei *sacred.* Und hier, direkt vor uns, wird nochmals auf großer Tafel verkündigt: »Don't risk your life! Listen! If you get hurt, or die, your mother, your father and family will really cry and will be really sad too. So think about that and stay on the ground.«

Der Warnruf räumt alle Zweifel aus. Denn ich weiß plötzlich wieder, dass ich weder Vater, noch Mutter, noch Familie habe, folglich niemanden, der um mich weinen wird. Das ist natürlich scheinheilig, aber nicht weniger scheinheilig als der Aufruf der *traditional owners.* Warum nicht einfach die Strecke nach oben sperren? Ohne Wenn und Aber. Die Antwort ist simpel und eine morgige Recherche wird meinen plötzlichen Verdacht bestätigen: Viele Besucher kommen nur, weil sie hinauf wollen. Und dürfen sie nicht mehr hinauf, kommen sie nicht mehr. Da schon das Betreten der Umgebung Geld kostet, würden enorme Einnahmen wegfallen. Die Moral, so einfach: Entweder man steht zu seinem Gewinnstreben und gibt den Weg frei. Oder man ist konsequent und sperrt zu.

Krönung der Heuchelei sind die Ratschläge – direkt daneben geschrieben –, um sicher den Zenit zu erreichen. Zudem wurden weiße Streifen aufgemalt, um den Weg nicht zu verfehlen, ja, eine Kette spannt sich entlang des ersten, schwierigsten Drittels, eine Art Geländer. Um nicht vom Wind verweht zu werden.

Noch ein Argument, das zum öffentlichen Ungehorsam aufrufen soll, jetzt ein ganz fundamentalistisches: Ich weiß nichts von heilig. (Naja, ein paar Shakespeare-Sonette dürfte man heiligsprechen.) Warum soll ein Stein heiliger sein als ein anderer? Der Bach, in dessen Nähe ich meine Kindheit verbrachte, ist auch heilig. Mir heilig. Die ganze Welt, wenn man so will, ist heilig. Oder – um diesen ölig-esoterischen Ton zu vermeiden – kostbar. Wertvoll allemal. Und zuallerletzt, entscheidend: Ich habe diese Abmahnungen satt, diese Infantilisierungs-Orgien. Ich werde krank davon, ich will nicht mehr hinhören, ich will los.

Schlecht vorbereitet, mit Straßenschuhen (je ein Loch) und dem kleinen Rucksack auf dem Rücken, voll mit dem Mac, Kabel, Büchern, Radio. Aber jetzt habe ich die richtige Wut im Leib, um meinen Schweinehund zu besiegen. Denn ich leide unter Höhenangst, hämmere mir ein, auf keinen Fall zurückzuschauen. Und ich schwöre, um jedem Vorwurf auszuweichen, keinen Kieselstein einzustecken, kein Stück Papier zu verlieren, keine einzige Spur zu hinterlassen.

Ich komme zügig vom Fleck, die raue Oberfläche macht es einfacher, bisweilen hilft tatsächlich die Kette, denn seltsam lau ist die Luft und seltsam plötzlich jagt der Wind. Unverzichtbar wird der Halt bei einem gemeinen 100-Meter-Abschnitt, der extrem schmal ist. Wer hier ausrutscht, landet erst tief unten wieder. Wann immer eine Hand frei ist, kämpft sie an der Nebenfront, der Fliegenpest. Ich überhole zwei tapfere Kinder und ihren tapferen Vater, bin froh, dass andere ebenfalls aufbegehren und auf ihr Recht pochen, sich am Leben zu fühlen.

Ich muss mir die Kraft einteilen, etwa 2½ Stunden sind für den Aufstieg vorgesehen. Hat man den Teil entlang der Absperrung geschafft, geht es raufrunter und hinter jeder Felsendüne glaubt man sich am Ziel. Leute kommen entgegen, auffällig ihre frohen Gesichter. Nach einer Stunde und 43 Minuten sind wir beide oben, mein Bleifass auf dem Rücken und ich. 348 Meter tiefer liegt Australien. Für jemanden, der mit Schrecken von der Spitze einer Staffelei zurück auf die Welt blickt, bin ich gerade ein Held. Ein glücklicher Held, denn über eine Minute lang bin ich allein, allein neben dem tonnenartigen Behälter, den die *Australian National Survey Society* aufgestellt hat. Sonst nichts, nur Luft, Wind und ein Himmel, unter dem die Wolken wie Luftschiffe treiben.

Und ein leises Lachen. Ich drehe mich und sehe hinter der nächsten Düne einen Frauenarm hervorlugen. Und natürlich bin ich taktlos und gehe auf ihn zu. Sekunden später weiß ich, dass ich es nicht hätte tun sollen. Denn ich sehe ein Liebespaar, er den Kopf in ihrem Schoß, sie ein Buch in der Hand, aus dem sie halblaut vorliest. Ich hasse meine Neugier und frage nach dem Titel, die beiden reagieren sanft: »Poroka z budo«, das ist, so höre ich, slowenisch und soll heißen: *Hochzeit mit Buddha*, geschrieben von Zhou Weihui. Ich ziehe meine in Ljubljana gekauften Zigarillos hervor, seit Jahren will ich wissen, was das *Kajenje ubija* auf dem Deckel bedeutet. »Smoking kills«, erklären die beiden kichernd. Na, das Übliche. Ich ziehe mich diskret zurück. Und rauche. Nur jetzt ein paar Nuancen weniger glücklich. Denn ganz oben auf dem Uluru verliebt sein und von einer Frau ein Buch vorgelesen bekommen, das ist der Gipfel des Glücks.

Am nächsten Morgen um 5 Uhr 15 aufstehen, fünfzehn Minuten später fährt der Minibus ab. Gestern gebucht und schwer bezahlt. Ich will den Sonnenaufgang sehen, nein, ich will sehen, wie die aufgehende Sonne den Uluru bestrahlt. Eine japanische Familie und ich teilen uns die Sitze. Um 6 Uhr 10 kommen wir an, stockdunkel. Ich frage den Fahrer, wann die Sonne auftaucht. »Seven twenty«. Ich frage verdutzt, warum wir eine Stunde und zehn Minuten zu früh da sind. Mit Blick auf unsere verschlafenen Gesichter folgere ich messerscharf, dass wir die Zeit lieber im Bett verbracht hätten. Der Fahrer: »If you don't like it, don't book the bus.« Das ist kein guter Satz so früh, ich frage ein drittes Mal, will diesmal wissen, ob ich mich verhört habe. Nein, habe ich nicht: »This is our way to make sure we have a place to park the car.« Jetzt verstumme ich, jetzt hat man nur zwei Alternativen, morden oder einknicken. Wir befinden uns auf einem Parkplatz so groß wie die Sahara und ich weiß wieder, dass geistige Auseinandersetzung nur stattfinden kann, wenn Geist vorhanden ist. Und doch, das Positive an der Geistlosigkeit: Man begreift sofort, wo man gelandet ist und tritt ohne Zeitverlust den Rückzug an. Sie bringt Ordnung ins eigene Hirn, sie schafft umgehend – ähnlich Durchfall oder akuter Gefahr – klare Prioritäten. Dummheit hat Vorfahrt, weltweit, auch im australischen Busch.

Um genau 7 Uhr 20 ist alles vergessen, auch die geprellte linke Ferse, die ich mir gestern beim Abstieg geholt habe. Das Wüstenlicht kommt und weckt warm und feuerrot den Uluru, fließt über ihn, von unten nach oben, zündet ihn an. Bilder, Farben, für die van Gogh sein zweites Ohr hergegeben hätte. Schönheit kann Kriege anzetteln und einem den Verstand rauben, ja die Sorgen, die Gedanken. Oder Weichlinge zum Heulen nötigen. Und an einen Lieblingssatz erinnern, den von Dostojewski: »Schönheit wird die Welt retten.« Nicht immer, aber jetzt.

Das habe ich gestern noch dem Berg versprochen, aus Dankbarkeit, trotz wundem Fuß, trotz zwei blutenden Zehen und Muskelkater: dass ich ihn einmal umrunde. So gehe ich am *Pulari Point* los, über zehn Kilometer sollen es sein, fast immer nah dem roten Felsen. Die Begeisterung für ihn nimmt noch zu. Keine Frittenbude, keine Bowlingbahn, kein Parkhaus und kein Minigolf wurden auf ihm, an ihm, neben ihn montiert. Er ließ sich nicht korrumpieren, er ist gigantisch und resistent geblieben. Er weigert sich, modern zu werden.

Vorbei an mehreren *sacred sites*, stets eingezäunt und mit Warnschild. Hier, so sagen sie, ruht auch die Regenbogenschlange, sie wacht über den *Mutitjulo*, eine Wasserstelle. Kommt ein Aborigine vorbei und hat Durst, so muss er – laut Märchenstunde – an den Fels schlagen und bestimmte Worte rufen. Und die Schlange hebt den Kopf und die Wellen schwappen rüber zum Wandersmann.

Strammes Gehen beruhigt. Aus meinem Weltempfänger kommt eine ganz unheilige Geschichte, ABC berichtet von Bruce Trevorrow, einem heute 51-jährigen »half-cast« Aborigine, Sohn einer schwarzen Mutter und eines weißen Vaters. Er gehört zu den *stolen generations*, jenen Generationen von »Mischlingen«, die zwischen 1910 und 1970 vom australischen Staatsapparat – rege von den Kirchen unterstützt – ihren Eltern gestohlen wurden. Mit Gewalt, Gewaltandrohung, mit Tricks. Zuletzt waren es 100 000 Gestohlene. Mindestens. Um sie in christlichen Missionen, staatlichen Institutionen und bei Pflegeeltern unterzubringen, fern von Zuhause. Sinn der Übung: »to breed out«, rauszuzüchten »das Schwarze, das Primitive, das Wilde«. Um sie somit im Laufe der Jahrzehnte »to whiten«, sie »weiß zu machen«. In Einzelfällen war die Entführung das kleinere Übel, denn das zerrüttete Elternhaus ließ nichts Gutes hoffen. Oder der eigene Clan hatte sie verstoßen. Oder die Mütter übergaben freiwillig ihre Söhne und Töchter. Aus Armut, aus Verzweiflung, aus Krankheit, aus Überdruss. Meist war das Stehlen der Kinder jedoch ein Verbrechen. Selbstverständlich wurden die Gekidnappten nicht strahlend weiß, sondern oft als Arbeitskraft (Arbeitstier?) und sexuelles Objekt geplündert und missbraucht. Und mit achtzehn »entlassen«. Viele sind an den erlittenen Traumata zerbrochen. Wie Untersuchungen belegen, kamen sie misslicher mit den Herausforderungen des Alltags zurecht als die Nicht-Entführten. Bruce Trevorrow ist nun der Erste, dessen Klage Erfolg hatte, der erste Aborigine, der – nach zehn Jahren Kampf – finanziell für das erfahrene Leid vom Staat entschädigt wird.

Nach der Wanderschaft, zum Teil durch Sand, bin ich nicht frischer. Ich war fleißig, mein Respekt vor dem Uluru zeigt sich in meiner Neugier. Das Ächzen meines Körpers ist nichts als Ausdruck von Bewunderung. Allein das Glück, ihn zu sehen, das größere Glück, ihn anzufassen, das unbändige Glück, sich schweißgebadet an ihn zu lehnen.

Ein paar hundert Meter entfernt steht das Cultural Center, eine Reihe flacher Gebäude, die stilvoll zur Landschaft passen. Hier verkaufen sie Krimskrams, aber auch ausgezeichnete Literatur zum Thema, einschlägige Videofilme laufen, ein Restaurant hat offen. Mit Kaffee und Muffin auf die Terrasse, das Glück hört nicht auf, ein paar Spatzen landen auf dem Tisch und wir teilen uns den Kuchen. Ich bin gerade als heiliger Francisco von Assisi unterwegs. Ich rauche, ein erschöpfter Leib kann eine Wohltat sein. Und der Uluru gehört jetzt mir. *Full stop.* Nach dem Frühstück zwitschern die Spatzen. Ich zwitschere auch, stumm, selig.

An der Rezeption komme ich mit Lindsey Horton ins Gespräch, er arbeitet hier als Ranger. Ein Weißer, der ausgesprochen warm und verständig über die Aborigines spricht. Er hat jeden Tag mit ihnen zu tun, denn paritätisch verwalten Weiße und Schwarze den Nationalpark. Er erzählt von Stämmen, die erst in den 70er Jahren mit der europäischen Kultur in Berührung kamen. Wie wagt man, von ihnen zu verlangen – nachdem sie 50 000 Jahre lang ein anderes Koordinatensystem im Kopf gespeichert hatten –, sich »anzupassen«? Lindsey ist verärgert über den Mutwillen, mit dem die Mehrheit fordert, dass andere, die wenigen, sich einordnen, sich unterordnen. Er erwähnt Arbeitskollegen, die ihre Versetzung hierher als Exil betrachten und die kein Gefühl der Langeweile dazu überreden kann, sich mit der fremden Kultur und ihren Besitzern auseinanderzusetzen. Die Wüste aussitzen und abends – »every evenig«, sagt Lindsey – via Telly und Grog wegdriften.

Zurück nach Alice Springs und umsteigen in einen anderen Greyhound. Inzwischen habe ich mit Fred Brophy telefoniert. Es ist so weit, die drei Wochen sind um, ich soll nach Mount Isa kommen und seinen Boys beim Boxen zuschauen. Das ist ein gewaltiger Umweg, denn ich muss zurück in den Norden, dann rechts rein nach Queensland, dann wieder zurück nach Alice, das macht insgesamt 30 Stunden Busfahrt, mit Warten auf Anschlussverbindungen knapp 50 Stunden. Aber versprochen ist versprochen. Und ich werde nichts bereuen. Ich werde Geschichten hören, die ich noch heute nicht fasse.

Der erste Abschnitt geht nach Tennant Creek. Der Fahrer hat sich eine neue Schikane ausgedacht, heute ist ab 23 Uhr das Benutzen der Leseleuchten verboten, »um niemanden zu stören.« Lesen stört! Dann geht er mit der Taschenlampe durch die Reihen, checkt, ob jeder angeschnallt ist. Angeblich würde die Polizei bisweilen die Busse anhalten, um nach Bier und Drogen zu suchen, »and everybody without a safety belt«. Die Schlaf-Ecke hinten für den Beifahrer (den es nicht mehr gibt) bleibt allerdings hell. Damit man von vorne aus sehen kann, ob sich jemand gesetzwidrig dort hinlegt. Ich frage nach und lerne, dass Ausruhen ein »health hasard« wäre, ein Gesundheitsriksiko. (Da der Schlafende, sollte ein Asteroid auf uns niedergehen, herausfallen könnte. Vermute ich mal.) Ich weiß, warum ich schon vor Jahren dem Klub der Fassungslosen beigetreten bin.

Um 2 Uhr früh in Tennant Creek, der Bus fährt weiter Richtung Darwin. Ich gehe über die Straße und läute im *Eldorado Motor*

Inn. Der Name stimmt, ein Dorado, der Nachtportier erinnert sich an meinen Anruf und schickt mich in ein sauberes Bett. Ich liebe die Begegnung mit Zeitgenossen, die souverän das Leben der anderen erleichtern. Keine Fragen jetzt, keine Formulare, nur ein Schlüssel, nur ein »sleep well«. So stinken die einen und so sorgen die anderen für den Swing.

Zwangsaufenthalt in dem 3300-Seelen-Dorf. Am Schwarzen Brett der Polizeistation steht, dass im Herbst 1935 Constable Birt in die Luft feuerte. Damit die Goldsucher losrennen und ihren *claim* abstecken. So kam der Ort in die Welt. Australiens letzter Goldrausch ist längst vorbei, heute geht ein anderer Rausch um. Bei einem kurzen Abstecher ins Krankenhaus erfahre ich, dass die Dialyse-Abteilung schwer beschäftigt ist. Immerhin haben sie hier einen *Walk of fame*, eine gewisse Ms. Rodeo hat vor Urzeiten ihren Händeabruck auf dem Trottoir hinterlassen und ein gewisser Les Lidell war *Citizen of the year 1988*. Seitdem keine Berühmtheiten mehr. Um die Mittagszeit verstrahlt das Nest einen eigenartigen Charme. Absolut niemand auf der Straße, die Paterson Street würde jetzt für eine Szene in einem Western taugen. So eine gefährliche Stille in der Luft, so ein Warten auf eine Entscheidung, einen Shoot-out. Aber in Tennant Creek wird nicht mehr geschossen, wohl nur gewartet, immer gewartet.

Neben dem Busbahnhof steht ein *Red Rooster*-Fast-Food. Man glaubt nicht, welche Überraschungen das Leben bereithält. Dort gibt es eine Klimaanlage, eine Steckdose, ein Behindertenklo (*privacy!*), einen Tisch, viereckig, stabil, wie handgemacht für einen Schreiber. Und nach ein paar Stunden gibt es Lance, er übernachtet mit seinem gigantischen Bauch auf der Wiese nebenan, im Schlafsack. Früher Programmierer, jetzt im Pensionsalter sucht er »nach Erleuchtung«. Auf dem Weg dorthin sind ihm ein paar einfachere Wahrheiten abhanden gekommen. Wie die (ewige) Wahrheit, dass Wohlgeruch das Miteinander erleichtert. Lance riecht nach tausend Nächten Zeltplatz ohne Wasser und Seife. Aber ich bin jetzt *outback-proof* und kippe nicht um. Und es lohnt sich, denn irgenwann schenkt mir der 58-Jährige einen bemerkenswerten Ausdruck: »Toyota-Dreaming«. Das würden die Aborigines heute tun. Denn immer stärker ließen sie sich vom Glitzer des weißen Mannes verführen. Gingen sie früher zu Fuß, so wollen sie jetzt ein Auto. Alle und für jeden Meter Entfernung.

Spätnachts einchecken in den Bus. Und ich lerne kurz einen außergewöhnlichen Menschen kennen. Umso außergewöhnlicher, da es sich um einen Greyhound-Fahrer handelt. Er spricht mit einem Aborigine, der schwankend einsteigt, fragt ihn ruhig, ob er *intoxinated* sei. Eine rhetorische Frage, denn noch nasse Urinspuren ziehen über das linke Hosenbein. Und erklärt ihm, dass er ihn nicht mitnehmen kann, auch aus Rücksicht auf die anderen Fahrgäste. Fragt ihn geduldig, ob er das einsehe und damit einverstanden sei. Und der Sturzbetrunkene murmelt Ja, der Fahrer schreibt das Ticket um, gibt es mit der Bitte (ja: Bitte) zurück, morgen trocken wiederzukommen. Das ist eine faire Lösung. Der gesamte Zwischenfall findet ohne hinterhältigen Ton statt, ohne Entwürdigung des andern.

Frühmorgens in Mount Isa, hübsche Stadt, Bergarbeiterstadt, Männerstadt. Drei von ihnen, behaupten sie hier, müssen sich *eine* Frau teilen. Reiche Stadt, Königreiche voller Blei, Zink, Silber und Eisenerz liegen unter der Erde.

Kurz nach zehn bin ich am Buchanan Park, hier liegt das Rodeostadion, der Jahrmarkt, hier haben Fred und seine Leute das *Boxing Tent* aufgestellt. Am Hinterausgang steht ihr *Camp*, hier kommen Freunde vorbei, hier wird gekocht, hier sitzen sie entspannt im Kreis und trinken – ich bin Zeuge, ich war da – ein knappes Tausend Dosen Bier pro 24 Stunden. Fred stellt mich supercool vor, ich bin der Typ aus Deutschland, der über ihn schreiben wird. Der kleine Nebensatz ist wichtig, denn obwohl alle jetzt wissen, dass ich Reporter bin (ich musste es Fred ja sagen, um an ihn ranzukommen), wird jeder bei mir beichten. Und ich werde wieder einmal staunen, wie rückhaltlos die Sehnsucht sein kann, alles preiszugeben. Jetzt kommen die harten Storys, die Outback-Epen, die filterlosen, die Männer nur Männern erzählen. Wir haben Zeit, die Kämpfe beginnen erst abends.

Jemand reicht mir ein Bier und Jack soll der Erste sein. Er ist drall, fleischig, 56 und »wurde von Fred gerettet«. So sagt er es. Saß genau die Hälfte seines Lebens hinter Gittern, von 1972 bis 2000. Weil er einen Nachbar, mit dem er seit Jahren um ein paar Quadratmeter Land stritt, über den Haufen geschossen hatte. Will man Jacks Version glauben, könnte man als mildernden Umstand anführen, dass der Mann auf langes, geduldiges Zureden nicht hören wollte. Der Dicke berichtet nicht ohne Stolz aus seinem Knastleben. Obwohl sich seine Familie von ihm abgewandt hat und er heute keine Ahnung hat, wo seine Brüder und Eltern leben, ob sie überhaupt leben. »I don't give a damn.«

Er war einer der Chefs im Zuchthaus. »Sonst überlebst du nicht.« Er fragt, ob ich wisse, wie es in solchen Anstalten zugehe, ob ich zum Beispiel die »quick soap position« kenne? Sie geht so: Ein neuer Gefangener betritt die Dusche, jemand lässt die Seife fallen, ein Zweiter fordert den Fremden auf, sie aufzuheben, und der Dritte kommt von hinten an ihn ran, drückt ihn gegen die Fliesen, penetriert ihn und ist bereit – sollte der Vergewaltigte es wünschen (!) –, ihn gleichzeitig zu masturbieren. Ein Willkommensritual, um unverzüglich die Verhältnisse klarzustellen. »Widerstand absolut zwecklos.« Wenn doch, dann unterschreibe man eine Aufforderung, sich zum Tetraplegiker zurichten oder einen spitzkantig gewetzten Löffel (es gab keine Messer im Besteck) in den Brustkorb rammen zu lassen. Noch in der Dusche. Ich frage Jack, wie er nach den 28 Jahren die Homosexualität wieder loswurde. »Just like that.« Sobald wieder Frauen zugänglich waren, wurde er wieder »fucking normal«.

Sagt's und steht auf, um die Fleischsuppe umzurühren. Denn Jack boxt nicht mehr, er ist der Koch der Mannschaft, hantiert mit den Wildwest-Töpfen, die über dem Lagerfeuer hängen, brutzelt Steaks und Würstchen, verteilt das Bier. Chris, seine Freundin, hilft ihm dabei. Sie war Zuchthaus-Wärterin. *Love is a many splendid thing.*

Der ganze Hinterhof taugt als Beichtstuhl. Irgendwann steht Blair Wilson neben mir. Er ist der Star der Truppe, »Cowboy« genannt, 32 Jahre, good looking, sympathisch, ungeschlagen im Zelt. (Sein Bruder Colin ist jedoch der bekanntere von beiden, er trat im April 2007 in Stuttgart gegen Oleg Platov um den *IFB International Continental Heavy Weight Title* an. Und verlor.) Hauptberuflich arbeitet Blair als *concreter*. Da Australien riesig ist, gibt es riesige Flächen zu asphaltieren. Die Geschäfte laufen, seine sechs Angestellten sind voll beschäftigt. Das muss sein, denn – er trinkt 26 Dosen während der nächsten sechs Stunden – allein knapp 3000 Dollar spült er hinunter, monatlich. Blair erzählt kein Wort von seiner kriminellen Vergangenheit. Er weiß nicht, dass ich inzwischen weiß, dass auch er einsaß. Überfälle, keine Leichen. Dafür spricht er – Fred hat es schon in Cracow angedeutet – von den »pretty girls«, den Boxer-Groupies, die hinterher auf die Helden warten. Um heldenhaft erbeutet zu werden. (Ich merke mir die Information vor, das will ich sehen. Ich beneide immer Männer, für die reihenweise Frauen ausharren.)

Paul gesellt sich zu uns, der Vater von Blair und Colin. Unter einem Vorwand führe ich ihn weg von seinem Sohn. Allein offenbart sich's leichter. Der 57-Jährige war beim *SAS*, dem *Special Air Service*, der Elitetruppe der australischen Armee. Einsatz in Vietnam, nach der Entlassung wird er Bankräuber, die Ausbildung dafür hätte nicht besser sein können. Er schwindelt rührend: »Ich bin der einzige Kriminelle in der Familie.« Sechsmal raubt er erfolgreich, beim siebten Mal platzt der linke Hinterreifen des Fluchtautos. Paul rennt davon, den Sack mit 127 000 Dollar auf dem Buckel. Auf Zurufe der Polizei will er nicht hören, sie feuern, er fällt wie ein Baum. Er bekommt sieben Jahre, die ersten sechs Untaten konnte man ihm nicht nachweisen. Als er rauskommt, ruft er Freund Fred an, den Resozialisierungs-Helfer aller Outback-Gangster. Und wird Boxer. Das war 1988.

Heißer Nachmittag, Leute kommen und gehen, Jack kocht und serviert die kinderklobrillen-großen Steaks, das Feuer knistert, ein Leben wie bei den Boy Scouts. Mit dem Unterschied, dass jeder seine Bierdose wie einen Tropf mit sich herumträgt. Manche der Halunken sind noch auf Bewährung frei. Egal, jeder will gestehen. Sicher der Alkohol, sicher der Wunsch zu protzen, sicher aber auch ihr leichtsinniger Umgang mit der Zukunft, ihr fröhlicher – ja doch – bewundernswerter Leichtsinn dem Leben gegenüber. Klar, irgendwie ist das auch schäbig hier, dreckig, drittklassig. Und irgendwie romantisch, sie tun, wozu sie Lust haben. Und natürlich wissen sie, dass sie eine andere Existenz hinter sich haben als der Daddy, der heute neben seiner Frau auf Seite eins des *Australian* abgebildet war, beide in Rotz und Wasser, weil die Zinsen für ihre Eigenheim-Hypotheken gestiegen sind. Für solche Dünnmänner haben sie nur ein höhnisches Mitleid übrig, im besten Fall ein dreckiges Lachen für die Bilder aus dem Familienalbum des artigen Malochers, der nie und nimmer den Mut hätte (die Unmoral schon eher), sich illegal am Gut anderer zu vergreifen. Das Normale, die emsig-todblöde Routine des Alltags, sie scheint ihnen das endgültige Todesurteil für ein Männerleben. Dann lieber Krimineller oder Boxer, oder beides, dann lieber Angst aushalten, Unsicherheiten, Schmerz und Niederlagen.

Noch zwei Geschichten. Zwei Letzte von einem Dutzend, das ich abgespeichert habe. Zuerst die witzige, als Vorbereitung auf die Hardcore-Story: Frank kommt – »Frank is my reborn christian name« – mit Gattin Maggie, beide mit Fred befreundet. Maggie ist eine patente Frau, sie erzählt sogleich, dass sie oft und vergeblich versucht habe, dem Gatten den lieben Gott auszutreiben. Nun, Franks Liebe zum »Allmighty« kam so: Er stiehlt sich ein Vermögen als Rinderdieb zusammen, wird zu erfolgreich, zu nachlässig, wird irgendwann gefasst. Im »Bunker« bearbeitet ihn die »christian Mafia« (laut Maggie) und Steve, so sein vorchristlicher Name, wird Adventist. Und bleibt es.

Ich frage Frank, ob er auf der Zellenpritsche alle Sünden bereut habe. Aber ja, alle. Da ich mich als Ex-Katho bestens in religiöser Scheinheiligkeit auskenne, bohre ich nach. Und tatsächlich, Frank grinst jetzt jungenhaft, ein paar Verfehlungen wollte er nicht sühnen, die gerissenste: Vor der Verhaftung gelang es ihm noch, das (viele) Beutegeld unter einem Wüstenbaum zu vergraben.

Diesen Papierhaufen hat Frank der Mafia nicht gestanden. Wohl ahnend, nein, wohl wissend, dass sie ihn konfisziert hätte. Zum gefälligen Eigenverbrauch. Wie auch immer, nach Absitzen der Strafe eilt der Beinah-Reuige via Luftlinie vom Gefängnistor zum Wüstenbaum. Und mutiert mit einem Spatenstich wieder zum reichen (kriminellen) Mitbürger.

Es kommt noch lustiger. Frank erwähnte zwischendrin, dass »Gott alles sieht«. Ich weise ihn darauf hin, dass er sich dann am *doomsday* – Jüngster Tag, Vergeltungstag – auf einiges gefasst machen darf. Der Allmächtige wird ihn sicher an den ausgegrabenen Dollarsack erinnern, den ungebeichteten. Und jetzt lacht Frank, es ist das fröhliche Lachen eines Ganoven, den keiner schreckt, selbst nicht die Gräuelmärchen verlogener Märchenerzähler.

Auch das ist nicht zu übersehen. Bücherratten, Kosmopoliten und verbissen um Erkenntnis ringende Intellektuelle sitzen hier nicht herum. Maggie fragt, wo ich wohne, ich antworte wahrheitsgemäß und Frank setzt eiskalt nach: »Paris, isn't that in Germany?«

Schon überraschend, wie viele Untaten, Lügen und Geheimnisse man an einem Nachmittag erfahren kann. Hector ist an der Reihe, seine Geschichte geht tiefer, sie macht unglücklich. Sie ist gnadenlos. Der Ex-Boxer sieht aus, wie man sich seinen Bodyguard wünscht. Einen Nacken wie Atlas, der die Welt trägt. Heute arbeitet er für Fred als *roady*, baut auf, baut ab, kann alles.

Und so war sie, seine (jüngere) Vergangenheit: Vor ein paar Jahren sitzt er in einem Pub an der Bar, lässt zwei Dollar neben dem Glas, geht auf die Toilette, kommt zurück und die Münzen sind weg. Sogleich verdächtigt er den Thekennachbarn des Diebstahls. Der verneint, beide sind bereits betrunken, ein Kampf um zwei Dollar beginnt. Und um Leben und Tod. Hector reißt den

Schürhaken aus dem Feuer, holt mehrmals aus, verfehlt mehrmals, Todd (so soll der andere heißen) weicht aus, bekommt das Eisen zu fassen, holt selbst aus, trifft zweimal die Schädeldecke seines Gegners. (Der 58-Jährige zeigt mir die Narben auf seinem rasierten Kopf.) Hector strauchelt. Und hält stand. Bis er mit einem herumliegenden Baseballschläger Todd umhaut und ihn mit dem Holzprügel würgt. Bis der mutmaßliche Zwei-Dollar-Dieb das Bewusstsein verliert. Was ihn rettet, denn Hector hält ihn für tot, lässt ab und verschwindet.

Todd erstattet Anzeige. Eine Untersuchung findet statt. Hector plädiert auf Notwehr. Nicht dumm die Finte, wären da nicht seine Fingerabdrücke auf dem Haken, die – plus Aussage des Überlebenden – ihn als Ersttäter überführen. Keine Notwehr, sondern das Gegenteil, der eindeutige Versuch, den anderen kaltzustellen, genauer, kaltzumachen. Im Rausch, im Vollrausch. Hector besticht rechtzeitig den zuständigen Polizeibeamten mit 1000 Dollar. Der Mann manipuliert den noch nicht veröffentlichten Bericht, die Klage wird abgewiesen, der Fall ist erledigt. Zwei Raufbolde schlagen sich die Köpfe ein, that's it.

Fast. Hector sinnt auf Rache, die zwei Dollar Biergeld und die 1000 Dollar Schweigegeld reuen ihn. Nach zwanzig Monaten ist es so weit, die Rachegedanken werden Wirklichkeit. Er lauert Todd an einer mit Bedacht ausgesuchten Stelle auf, überrumpelt ihn, wuchtet ihn an eine nahe, hüfthohe Mauer, presst den Rücken seines Opfers über die Kante, legt all seinen Hass und seine Stiernackengewalt hinein, und biegt und biegt so lange, bis er es knacken hört. Der Hass ist am Ziel, der Rücken bleibt unbeweglich liegen, Hector verschwindet. Ein zweites Mal.

Die lange Vorbereitungszeit zahlt sich aus. Sein Alibi ist wasserdicht, Freunde bestätigen, dass er die fragliche Zeit mit ihnen verbracht hat. Und die Attacke war so inszeniert (nachts und blitzschnell), dass der andere nie das Gesicht des Täters zu sehen bekam. Das reicht, im Outback allemal. Hector hat seinen Frieden gefunden, das verlorene Geld und die Woche Untersuchungshaft (beim ersten Fall) haben sich amortisiert. Ein Krüppel im Rollstuhl und ein Verkrüppler im Pickup gehen ihrer Wege. Ob sie sich noch erinnern, dass alles mit zwei Dollar begann?

Absurdes Leben. Wir sitzen noch immer im Pfadfinderlager, Dosen knallen, mal fünfzehn, mal zwanzig Männer und Frauen reden miteinander, gelöst, heiter. Der Geruch von Marihuana zieht vorbei. Hector streichelt jetzt den Hund (gehört zum Tross), streichelt die Kinder (gehören auch zum Tross), ist hundelieb, kinderlieb, menschenlieb. Warum erzählt er mir das? Das Verbrechen ist noch nicht einmal verjährt. Doch tief drin ein Gefühl von Schuld, von Unruhe? Oder einzig aus schamloser Geltungssucht? Für Augenblicke überlege ich, zur Polizei zu gehen, ihn anzuzeigen. Was für ein lächerlicher Gedanke. Sie würden mich auslachen und nach Hause schicken.

Mein Blick fällt auf Fred Brophy und ich begreife etwas, immerhin das, begreife es wieder. Fred ist ihr Übervater, der Boss, die einzige Autorität. Sie alle verdanken ihm, dem Provinz-Impresario, ihr zweites Leben. Kurioserweise musste er selbst nie in den Bau. Und doch, Fred ist gerieben wie kein anderer, jedem Fremden würde er das letzte Hemd abknöpfen. Aber hier, unter diesen Männern, herrscht ein strenger Moralkodex, die Moral der Männerfreundschaft. Vollkommen unerheblich, was einer getan hat, hier wird er beschützt, hier ist er zu Hause, hier wird keiner verraten. Das ist eine bombastisch-schöne Idee.

Um 19 Uhr 45 beginnt der Zirkus. Die Boxer stellen sich aufs Gerüst, das vor dem Zelt steht, Fred schlägt die Trommel, schreit und zieht an der Glocke. Und das Volk strömt aus allen Ecken der Dult heran. Fred ist ein Ass, er hat kein Wort erfunden, alles läuft, wie vor Wochen erzählt. Er preist seine Mannen an, einer heißt »Italian Stallion«, einer »Barramundi Kid«, einer »Black Flesh«, natürlich der »Cowboy«, daneben »The Cracow Heartbreaker« und »White Lightning«, zuletzt der »Mask Mauler«, der angeblich so hässlich ist, dass er eine Maske tragen muss, um die »Ladys nicht zu erschrecken«. Fred plärrt ins Mikrofon, reißt Sprüche, provoziert das Männervolk, indem er es auffordert, die mitgebrachten Girls festzuhalten, denn jetzt seien »die echten Kerle in Mount Isa eingetroffen«, erklärt die Bedingungen, tröstet die zukünftigen Verlierer, indem er vom blauen Auge als »Zeichen der Ehre« schwärmt, trommelt, bimmelt, ruft die Herausforderer zu sich aufs Podest, fragt sie, gegen wen sie antreten wollen, fragt nach ihrem Beruf, Ausfahrer, Bergmann, Schlosser, Farmer, Arbeitsloser, rasselt wie ein Conferencier, zählt die Amateure nach, sieben, zählt seine Profis nach, sieben, brüllt »O.k., let's see the show« und weist zum Eingang. Und ruckartig drängeln die Schaulustigen dorthin, wo Sandi steht, Freds Frau, die Money-Frau. Über dem linken Unterarm trägt sie eine Großmutter-Tasche – Logo: *Sandi Brophy's Boxing Troupe* – und in beiden Händen hält sie die Scheine. Zum Wechseln. Tickets gibt's nicht, Geld her, 10 AU$, in Windeseile wächst der Haufen im großen Beutel. Zwei Männerschränke neben Sandi sorgen dafür, dass alle brav zahlen.

Full House, die ersten Reihen sitzen am Boden rund um die Matte, der Rest steht, die Erde voller Sägespäne. Gäbe es kein elektrisches Licht, man könnte glauben, im Mittelalter gelandet zu sein. Vor den zwei Holzpfeilern, die das Zelt stützen, steht je ein Stuhl, für die beiden Kontrahenten. Das folgende Muster wiederholt sich und erzeugt immer aufs Neue eine geradezu kindliche Freude. Die Profis legen ihre Profibademäntel ab, die Amateure ihre Holzfällerhemden. Und mächtige Tattoos auf mächtigen Oberarmen kommen zum Vorschein, dazu wildes Körperhaar und randvolle Outback-Bäuche, bisweilen aber auch der ansehnliche Torso eines jungen Kerls, muskelfest, ziseliert, ästhetisch. Bandagen und Handschuhe anlegen, Fred, der Ringrichter, gibt kurze Anweisungen – »Nicht klammern! Nicht unter die Gürtellinie!« –, der Mundschutz wird verpasst, Ring frei zur ersten Runde, zur ersten Minute.

Gemäß den noblen Regeln der World Boxing Federation wird hier nicht gekämpft, aber sie kämpfen. Und die Zuschauer sind fast immer aufseiten des Verlierers. Weil er die Ordnung in Frage stellt, weil er mehr Schneid hat, weil er das größere, das schmerzhaftere Risiko eingeht. Und weil er Gelächter und Bombenstimmung auslöst: Mit Wucht ausholen und mit dem Bauch voraus ins Leere stolpern. Und bauchlanden. Auf dem falschen Fuß aufkommen und in die Ränge krachen. Und lachend wieder hochkommen. Boxen mit Catchen verwechseln. Oder dastehen und fünf, sechs, sieben Gerade kassieren und nicht umfallen, dabei umtost und gefeiert werden.

Wer dann doch auf der Fünf-Mal-Fünf-Meter-Gummiunterlage landet, in deren Mitte das Logo einer Biermarke steht, hart landet, wird ausgezählt und bekommt – wenn wieder auf den Beinen – von Fred die mit allen fünf Fingern gespreizte Rechte vorgehalten. Damit der von Kinnhaken und Promille Vernebelte »five« sagen kann. Schafft er das, darf er weiterverlieren. Geht er dreimal in die Knie, ist die Partie automatisch zu Ende. Selten fliegt das Handtuch, denn hier wollen sie zeigen, dass sie als Männer auf die Welt kamen. Verlierer o.k., aber keine Aufgeber, keine Memmen.

Das klingt befremdlich, aber die Raufereien haben etwas Völkerverbindendes. Auch Aborigines treten an. Doch nicht als *black on white* oder *white on black*, sondern einer gegen einen anderen. Sie hauen sich, sie prügeln sich, aber jeder wird fair – auch das ein Verdienst von Fred – behandelt. Für ein paar Minuten kommt hier im letzten Boxerzelt von Australien die Illusion auf, dass nichts als die eigene Leistung zählt. Mann gegen Mann, nicht Völkerhass, nicht Völkerschlacht, nein, nur zwei, die einander messen.

Eine Minute Pause. Freds Leute coachen auch die Gegner. Wasser auf die Köpfe, Spange raus, Mund spülen, Vaseline ins Gesicht schmieren (damit die Schläge abgleiten), Luft zuwedeln, schnelle Ratschläge: Hände vors Gesicht! Nie die Deckung vergessen! Warte, bis du nah genug bist!

Und einer der Frischlinge (aus dem Publikum) beherzigt das. Und sein Gegner, der Profi, beginnt zu wanken. Und da kommt Fred, der Ringrichter und Fuchs, ins Spiel. Ab jetzt nicht ganz so fair. Denn er muss zahlen, wenn der Fremde gewinnt. Doch nicht zahlen, wenn das Ergebnis nicht eindeutig ist, sagen wir, für Fred nicht eindeutig. Da jetzt ein Unentschieden ausrufen zu riskant wäre, fragt er – schön heuchlerisch – die 250, wer gewonnen hat. Und viele schreien für den einen und viele für den anderen. Das passt Fred bestens, das Durcheinander kann nichts anderes als *draw* bedeuten, punktgleich, sprich, kein Schein wird Sandis Geldkoffer verlassen. Und so endet unter fröhlichem Gejohle die erste Show.

Kurz nach 21 Uhr Rückzug ins Lager, jemand verteilt Bier und Eiswürfel, um die verbeulten Visagen zu beruhigen. Im Hintergrund leuchtet das Riesenrad, man hört das Knallen aus den Schießbuden, die Nacht ist hell, genau jener Ausnahmezustand, den sie in amerikanischen Filmen *romance* nennen. Die Welt ist gerade so, wie sie sein soll.

Eine knappe Stunde später beginnt der zweite Durchgang. Alles wie immer, wie eben, wie die letzten dreißig Jahre. Freds Sprüche, die aufgestellten Mannen, die Bimmel, die Trommel. Nur das Volk und die Herausforderer sind neu. So kommen die Belustigung, der Sturm auf Sandi und die Hatz auf wunderbare

Weise zurück. Tobend, lachend, Fäuste schwingend. Und diesmal mit zwei saftigen K. o.s für Freds *invincible ones*. Sogar der italienische Hengst muss in den Ringstaub.

Hinterher drücke ich mich unbemerkt davon, jetzt will ich es wissen, will die Damenschlangen sehen, die nach den Boys, den muskelschweißigen, hungern. Ich warte, die Massen haben sich inzwischen verlaufen. Aber die Schlangen kommen nicht, nirgends ein Ohnmachtsanfall, nichts. Ich umkreise zweimal Zelt und Hinterhof, wieder nichts. Nur eine offizielle Freundin, die ihren Boyfriend-Boxer abholt und zwei Ehefrauen. Alle drei warten eher friedlich und ohne Kreischen auf ihre (erschöpften) Männer.

Und dann doch. Vielleicht nicht ganz so bestechend wie damals in Cracow und heute in Mount Isa fabuliert, aber immerhin. Ich sehe einen der Preisboxer – aus Diskretion soll sein Name unerwähnt bleiben – die Tür zu einem Wohnwagen öffnen. Ich bin etwa vier Meter entfernt, unsichtbar in einem toten Eck, alles sehend. Er ist nicht allein, jemand steht neben ihm, die zwei flüstern erregt. Das Wenige, das ich von Mann und Frau in meinem Leben verstanden habe, lässt vermuten, dass die zwei sich keine zehn Minuten lang kennen. Das Ungeheure an der Situation ist natürlich nicht, dass die beiden sich nun anschicken werden, hinter der Wohnwagentür ein Schäferstündchen zu verbringen, nein, das Ungeheure ist die schmale Tür und die absolut ungeheuerlich fettschwappende XXX-Large-Lady, die nun mit Hilfe des jungen hübschen Burschen (Himmel, ich kenne mich nicht mehr aus in dieser Welt) die Schwelle zu übertreten versucht. Ich bin ab sofort skrupelloser Profi, denn wenn ich jetzt lache, wird die Superbusige mich zwischen ihren Keulen zerquetschen. Ich halte den Atem an. Die 150 Kilo wohl auch, denn erst als sie sich, die drei Zentner, seitwärts dem Rahmen nähern und gleichzeitig gezogen werden vom Hübschen, erst dann ist dieses einmal ganz andere Vorspiel überstanden. Sie ist drin, Tür zu. Auf das Keuchen und Schnauben der beiden kann ich verzichten, mit einer gewaltigen Verwirrung im Kopf trete ich den Weg zu meinem Hotel an.

Am nächsten Morgen gehe ich noch mal zurück zum Jahrmarkt. Eine perverse Neugier treibt mich. Ich weiß, es geht mich nichts an, aber die Suche nach Antworten ist nicht moralisch, sie ist amoralisch. Sie will wissen, basta. Und ich setze mich wieder ans Lagerfeuer und warte auf den 22-Jährigen, den ich gestern Nacht heimlich beobachtet habe. Und er kommt, er muss ja heute wieder boxen, und ich nehme ihn zur Seite mit der Bitte, ihn allein sprechen zu dürfen. T. ist ganz einverstanden und grinst nur, als ich ihm von meiner gestrigen Beobachtung erzähle. Keineswegs pikiert. Auch nicht, als ich ihn frage, wie es denn möglich sei, mit einer Frau solchen Kalibers zu schlafen, ich meine, *sorry for my indiscretion*, »rein technisch gesehen?« Und T. ist wieder nicht verstimmt, im Gegenteil, es scheint ihm Freude zu machen, einen Grünschnabel aufzuklären, einen, der nicht weiß, wo es langgeht. Und der Sexathlet, den ganz offensichtlich keine ästhetischen Ansprüche plagen, klärt auf: Für solche Fälle habe er immer ein paar Pfund Mehl bereitstehen, vermischt mit *Shirbit*, einem Limonadenpulver, das er zu gegebener Zeit auf den Bauch seiner Eroberung streut. Er sagt wörtlich: »Dort, wo ich den Bauch vermute.« Und da, wo das Mehlpulver feucht wird, da, wo die »Bläschen aufsteigen«, dort ist der Eingang, »then you get the right wrinkle«, dann bist du vor der richtigen Falte.

Outback, mon amour. Natürlich habe ich gezögert, bevor ich die Episode ins Buch schrieb. Dabei fiel mir Ludwig Wittgenstein und sein Satz ein: »Die Welt ist, was der Fall ist.« T. und seine

Donna sind der Fall. Einer von den vielen anderen. Sie sind die Tatsachen, die Welt. Die beiden erzählen uns etwas über Mann und Frau, über die Menschen. Über uns.

Beschwingt nehme ich im Bus Platz, Richtung Coober Pedy, das 22 Stunden ferne Ziel. Auch beflügelt von einer würzigen Marihuana-Zigarette, die mir Jim, einer der Roadies noch spendiert hat. Ich will nicht klagen, gute Storys und gutes Gras erhöhen das Lebensgefühl, beide steigen zu Kopf und reizen die Glückshormone.

Die Nachtfahrt wird angenehm, es gibt viel zu lachen, viel zu lernen. In der Zeitung steht, der Gefängnis-Chef von Gaza habe beschlossen, dass jeder Insasse, der sich einen Bart wachsen lässt und fünf Seiten aus dem Koran auswendig lernt, ein volles Jahr von seiner Strafe abgezogen bekommt. Das Hinreißende an der Dummheit ist, dass sie uns immer wieder überrascht. Sie erreicht Höhen und Abgründe, die wir ihr nie zutrauten.

Und daneben steht ein Interview mit Leonhard Cohen, dem kanadischen Sänger, der mit 73 aussieht wie alle 73-Jährigen aussehen möchten. Er redet über Schönheit, und dass er noch immer nichts Schöneres entdeckt habe als die Schönheit einer Frau. Angst und Nervosität würde sie in ihm auslösen. Aber es gebe eine andere Schönheit und die würde ihn nichts als beruhigen. Die Schönheit eines Tisches. Er achte sehr darauf, immerhin ist er Dichter, und Dichter verbringen einen großen Teil ihres Lebens in unmittelbarer Nähe dieses Möbels. Wie weise.

Und ich finde eine ausgezeichnete Kritik über Jacob G. Rosenbergs *Sunrise West*. Jenem Schriftsteller, von dem ich bereits vor Wochen gehört und dessen Buch ich inzwischen gelesen habe. Die Lobeshymne bestärkt mich nur in dem Wunsch, den Mann in Melbourne zu besuchen. 85 Jahre sein und so scharf, so analytisch denken können. Auf dem Cover des Buches sieht man Rosenberg, daneben seine Frau Esther, die sich bei ihm einhakt, 1948 in Marseille aufgenommen, kurz bevor sie mit dem Schiff nach Australien auswanderten. Ein schönes Paar, blutjung und elegant, beide. Man käme nie auf die Idee, dass sie Auschwitz, Dachau und Bergen-Belsen bereits hinter sich haben. Ich ertappe mich dabei, die Kritik zweimal zu lesen. Vielleicht hat es damit zu tun, dass mich wieder eine Sehnsucht nach *Sophistication* überkommt, nach Gedanken und Gedankentiefe, nach Zeitgenossen, deren dringendstes Bedürfnis einmal nicht die nächste Bierdose ist.

Und eine Radiosendung belebt. ABC bringt einen Text, der schlicht *Sex after divorce* heißt, und famos begabt von einer Schauspielerin – sie spielt die Geschiedene – vorgelesen wird. Die trauen sich etwas im staatlichen Rundfunk. Und nicht eine Zeile vulgär, nur dreist wahrhaftig und wirklichkeitstreu, hier ein Auszug: »Ach, Masturbation, was für ein ödes Unternehmen. Ach, One-Night-Stand, welch Risiko, einem Rüpel anheimzufallen. Ach, Massage, was für ein lausiger Ersatz für die Berührungen eines Mannes, der weiß, was ich will. Und ich will Sex, will spüren, will mich hingeben, will ihm zeigen, wie gut ich es kann. Verdammt, wer küsst mein unberührtes, ungeküsstes, sexloses Gesicht? Irgendwelche Vorschläge, girls?« Wäre das auf BBC gelaufen, man hätte vor lauter Beeps nichts mehr verstanden. Hier nicht, hier unterstehen sich Frauen, öffentlich zuzugeben, dass sie Gelüste verspüren. Bravo.

Morgens kurzer Zwischenstopp in Alice Springs, den Bus wechseln, nochmals 700 Kilometer nach Süden, immer auf dem Stuart Highway. Und ein Fahrer übernimmt das Steuer, der dazu beiträgt, den Lebenssinn aller Anwesenden zu erhöhen. Denn er legt eine DVD ein und kein *Bimbo-massakriert-Bimbo*-Streifen läuft, sondern ein klug gemachter, unterhaltsamer Dokumentarfilm über Down Under. Ich wetze sofort nach vorne, das will ich sehen. Und sehe superbe Bilder und höre einen sauber recherchierten Text über die Entstehung Australiens, seine Landschaften, seine Tiere, seine Völker. Und als roter Faden ein Klischee, aber trotzdem herzanrührend: Eine Känguru-Mutter und ihr Junges, dessen Kopf und vier Pfoten aus dem Bauchladen lugen. Man schmilzt, so sweet kann Liebe und Fürsorge aussehen. Und so blitzgescheit und hell kann man »Tele-Vision« einsetzen, wenn Leute dafür arbeiten, die noch etwas anderes treibt als Raffgier und nackter Zynismus.

Noch ein prinzipielles Wort, da Anmerkungen von mir zum Thema oft missverstanden werden. Fernsehen ist ein Medium, ein Mittel. Wie Geld. Weder gut noch schäbig. Die Frage ist immer, wie man damit umgeht. Mit Dollars kann ich Gift kaufen und vergiften. Oder Heilmittel und heilen. Nicht anders das Phänomen TV. Es kann uns etwas über den Reichtum der Welt erzählen, uns an Geheimnisse heranführen, uns eine Ahnung vermitteln vom sagenhaften Wissen der Menschheit. Wie der eben gesehene Beitrag. Die Sendung ist zu Ende und ich, der Zuschauer, bin drei Millimeter weniger ignorant als achtzig Minuten zuvor. Das Problem, das wir alle mit dem Fernsehen haben – alle, die sich vorgenommen haben, nicht als dumpf genudelte Weichbirne abzutreten –, ist so oft das gleiche: Es heilt uns nicht, es erzählt uns keine Geschichte, nein, es infiziert uns, es brutalisiert uns, es entmündigt uns, spuckt nach uns, mutet uns Deppen und Deppinnen zu, denen man im richtigen Leben ein Geldstück in die Hand drücken würde, damit sie einen nicht ansprechen.

Kurz vor 18 Uhr in Coober Pedy ankommen, Toni (»my name is Toni«) steht neben dem Roadhouse, dem Busbahnhof, und sagt, dass er Zimmer vermiete. Nur ein Eck weiter. Und sein Motel hat genau das, wofür der Ort berühmt wurde: *Dugouts*, jene Untergrund-Räume, die sie hier ab 1915 in die Erde trieben. Weil in diesem Jahr hier der Opal-Rausch ausgebrochen war und sich die Opal-Rauschsüchtigen mit dieser Art Behausung vor dem extremen Klima – bis zu 50 Grad im Sommer, eiskalte Winternächte – zu schützen suchten. Deshalb die ursprüngliche Bedeutung des Ortsnamens, den die Aborigines beisteuerten: *kupa piti*, weißer Mann im Loch.

Mein Bett liegt folglich im »Keller«, totenstill, kein natürliches Licht, die höhlenartigen Wände, nur die Löcher in der Decke, die *airvents*, stellen die Verbindung zur Oberfläche her, versorgen mit Luft. Noch heute, im Zeitalter von Klimaanlage und Zentralheizung, leben etwa die Hälfte der Bewohner in diesen (gemütlichen) Löchern.

Abendessen in John's Pizza Bar, John ist auch Grieche und ich sage ihm, dass ich seinen englischen Namen geschmacklos finde und ihn ab sofort »Agamemnon« nennen werde. Das gefällt ihm, er ist einverstanden. Auf seiner geheizten Terrasse darf man rauchen, gut essen, hinauf in die Sterne träumen. Und die Zeitung lesen. In den *Coober Pedy Regional Times* steht, dass die Regierung jeden der 22 Millionen wieder einmal zur Wachsamkeit aufruft: »Halte Australien terroristenfrei!« Eine Reihe Telefonnummern wurde noch abgedruckt, unter denen man »Verdächtiges« melden kann. Im Lokalteil geht es um lokale Terroristen, der Bürgermeister sucht nach *Domestic Violence Workers*. Um es mit denen aufzunehmen, die als Männer und Ehemänner häuslichen Terror veranstalten.

Coober ist ein ganz spezieller Fleck. Im gegenüber gelegenen *Cave Desert Hotel* hängt ein Schild an der Bar – für Australier völlig normal, für Fremde absolut witzig – mit dem Hinweis: »Das Haus stellt für Notfälle sofort eine Ambulanz bereit.« Promille-Notfälle, selbstredend. Wer hier rauchen will, sollte vielleicht mit Taschenrechner und Messlatte vorbeikommen, denn auf einem Aushang steht, dass »man sich nicht näher als 25 % von der Bar-Gesamtbreite dem Barmann nähern darf«. Als Raucher. Ich lasse mir das Beamtenenglisch erklären und erfahre, dass man – zum Beispiel – bei einer drei Meter breiten Bar einen 75-Zentimeter-Abstand (25 %) zum Angestellten einhalten muss.

Was sind das für Zeitgenossen, die so etwas ausbrüten? Tragen die ein Nashorn statt einer Nase im Gesicht? Sind das Ex-Kinderschänder, die nun als Gesetzgeber resozialisiert werden sollen? Oder Erwachsene, die bei der Geburt ein Schädeltrauma erlebten und heute nur noch mit Aufgaben betraut werden, die einen Mindest-IQ von minus 300 fordern?

Als ich nachts um die Häuser ziehe, ist kein Mensch mehr zu sehen. Das passiert in allen Dörfern und Kuhdörfern. Aber heute fällt mir ein Gedanke aus der Kindheit ein: dass ich damals glaubte, abends stürben die Leute und morgens würden sie wieder lebendig. Anders war mir die Leere nicht erklärbar. Dass ich selbst nicht starb, erschien mir nicht als Widerspruch.

Morgens ins Roadhouse zum Frühstück. Da Toni noch erwähnte, dass der Chef hier ebenfalls Grieche ist, habe ich nachts in meinem Mac gesucht, jenes Verzeichnis, in dem meine über die Jahre zusammengetragenen Lieblingsgedichte stehen. Und habe eine

Strophe aus Odysseas Elytis' *Dem kleinen Nachtwind* abgeschrieben, auf Neugriechisch. Hatte ich doch damals aus der zweisprachigen Ausgabe beide Fassungen gescannt, das Original und die deutsche Übersetzung. Der Dichter und Nobelpreisträger (1979) betrauert hier den Tod seiner Geliebten:

> Lebt wohl, ihr Gärten, Schluchten ihr, lebt wohl
> lebt wohl, ihr Küsse, Zärtlichkeit, lebt wohl
> Lebt wohl, ihr Klippen und du, heller Strand
> lebt wohl, ihr Schwüre für die Ewigkeit.

Nach dem Frühstück übergebe ich dem Manager, der sich ebenfalls einen banalen Allerwelts-Vornamen zugelegt hat, und den ich nach einem meiner Helden umgehend »Prometheus« taufe, die vier Zeilen. Aus reiner Berechnung. Weil ich wusste, dass der Grieche jetzt vor Ergriffenheit stammeln und nicht fassen wird, dass ihm einer in diesem »dusty shithole« – so Toni und Agamemnon – eine Nachricht aus seinem Land überbringen wird. Und so ist der Moment gekommen, ihn nebenbei scheinheilig zu fragen, ob er jemanden wüsste, der mir ein Fahrrad leihen könnte. Überflüssige Frage, eine Minute später bin ich mit Prometheus' Eigentum unterwegs.

Das werden interessante 48 Stunden. Coober Pedy, das staubige Scheißloch mit *Dusty Radio* (FM 104.5) als Lokalsender, hat was, hat vieles. Zuerst einen fantastischen Wind, der nur selten aufhört, über das Wüstenbrett zu brausen. Ich besorge mir einen Plan und trete an. Gegen die Böen. Denn seit ich Rad fahren kann, verfolgt mich das Gefühl, dass noch niemals ein Rückenwind hinter mir her war.

Den Friedhof suchen. Je größer ein Land, desto vager die Angaben. Auch wollen Hinweisschilder hier nichts bedeuten, längst hat der Wind sie in eine andere Richtung verbogen. Nun, wegen seiner Schönheit kommt hier niemand vorbei, ein armseliger Gräberverhau erwartet den Besucher. Viele Serben, Kroaten, Slowenen und Griechen liegen hier. Manche unter einem Kreuz mit Steinhaufen, manche unter einer Betonplatte mit Plastikblumen. Nicht viele der anwesenden Toten wurden älter als fünfzig. Aber keiner wurde gebettet wie Karl Bratz, der berühmteste deutsche Saufbold Mittelaustraliens, ersoffen im 43. Lebensjahr in einem Meer aus Hopfen und Malz. Selbst neben der letzten Ruhestätte steht ein Fass mit der Aufschrift *Have a drink on me!* Ein vorlauter Satz, denn setzt man die Pumpe in Bewegung, hört man nur noch Luft zischen. Sicher hatten Karls Kumpel die hundert Liter spätestens am Ende der Beerdigung weggekippt.

Ein Truck mit der Aufschrift *Explosives* kommt mir entgegen. Irgendwie passt das hierher. Ich bin auf der Suche nach *Crocodile Harry's* (sic!), noch einem Verrückten, weit draußen in der entgegengesetzten Himmelsrichtung soll er leben. Ich frage einen Coober Pedyier nach dem Weg und glasklar formuliert er die Antwort, wobei er die Hand Richtung Westen schwenkt: »Somehow down there.« Vor der Stadt kommt es mehrmals zu einer erstaunlichen Szene. Das Brausen ist jetzt so stark, dass das Fahrrad »steht«, ich nicht vom Fleck komme, keinen Zentimeter. Ich wünschte, mein Verleger sähe mich jetzt. Um sich einen Begriff davon zu machen, wie viel Schweiß ich investiere für so erschreckend wenig Geld.

Aber irren macht reich, ich verirre mich auf ein Opalfeld. Aus der scheibenflachen Wüste ragt alle zehn, zwanzig Meter ein *mullock* in die Luft, jene jetzt wertlosen Haufen Erde, die bereits nach dem Mineral durchsucht wurden. Und neben jedem Haufen gähnt ein Loch. *Don't walk backwards!*, steht irgendwo. Damit keiner der Rückwärtsgeher spurlos verschwindet. Hier sieht es gut aus. Die wild ziehenden Wolken, die Tiefenschärfe, das endlos weite Land bedeckt mit Hügeln und Schächten. Und menschenleer. Kein Wunder, dass in dieser Gegend einer der *Mad Max*-Filme gedreht wurde.

Weiter. Irgendwann verwechsle ich eine Flugpiste mit einer Straße, irgendwann muss ich durch ein steintrockenes Flussbett, irgendwann darf ich hinter einem Auto herkeuchen, dessen Besitzer mir ein Stück des Wegs zeigt, irgendwann bin ich vor dem Haus von Harry, der eigentlich Avid von Blumenthal hieß, aus Litauen stammte und hier – typisch Mad Harry – die *Democratic Republic of Crocodile's Nest* ausrief. Ein Zettel an einer der Türen unterrichtet Nachtwächter wie mich, dass ich zu spät komme, der 90-Jährige ist kürzlich verstorben. Auch er, so lässt sich auf einen Blick erkennen, galt als begeisterter Fan der australischen Volkskrankheit. Noch immer stehen Kisten und Schubkarren voll leerer Flaschen herum. Harry's Home sieht aus wie ein Steinbruch, ein ebener Platz umgeben von Natursteinwänden mit (verschlossenen) Holzverschlägen. Hinter denen wohl seine Gemäuer liegen. Büffelkopfskelette liegen herum, Blumentöpfe, fünf Schrottautos, auf Blech gemalte Pin-ups, ein Holzbrett weist zum *Shitatorium*, Kubikmeter Gerümpel rotten in jedem Eck, aufgehängtes Blechgeschirr klappert, Damen-Slips flattern, viele Damen-Slips. Harry, der Fantast. Zuletzt hat er in fünf Meter Höhe über einem Felsen eine vollbusige Indianerin aus Styropor installiert. Überlebensgroß. Sinnigerweise auf einem Auspuff reitend, der mitten durch ihre Styropor-Vagina führt. Man darf vermuten, dass Harry, *the lonely*, hier draußen viel Zeit für feuchte Träume hatte.

Rückweg. Wie es der Teufel will, ist der Wind wieder der Gegenwind. Dafür bekomme ich eine Fata Morgana geschenkt, eine echte. Denn irgendwo mittendrin steht das Wort *Golf course*, und ich biege ab, um vor dem hässlichsten Golfplatz der Welt zu landen. Nur die Greens sind grün, der Rest steinharte Pisten, ohne Baum, ohne Schatten. Ein Spieler kommt gerade, ich spreche ihn an und erhalte eine Broschüre, in der die lustigsten Sachen stehen: Nicht nur der hässlichste, auch der billigste Golfplatz befindet sich hier. Nur 90 AU$ (sechzig Euro) werden pro Jahr und Mitglied berechnet. Dafür 18 Löcher, auf denen Kängurus, Klapperschlangen und modernde Stollen im Weg stehen. Aber – und hier kommt die Sensation – der 1977 eröffnete Verein hat ein Abkommen mit dem exklusivsten, dem snobistischsten aller Vereine unter der Sonne unterzeichnet, mit St. Andrews. Dort, wo Sean Connery sein Handicap zu verbessern versucht, und ein Klubhaus sich erhebt, wo ein Kännchen Tee mit zwei Stück Sandkuchen sicher mehr kosten als 125 Pizzas aus Coober Pedy. Konkret: Wer hier im Outback dabei ist, darf kostenlos in St. Andrews aufspielen. Noch haben keine drei Prozent der hiesigen Cracks davon Gebrauch gemacht, aber allein die Vorstellung, dass sie könnten, wenn sie nur wollten (sich trauten!), macht sie glücklich. Ach ja, selbstverständlich dürfen auch die St.-Andrews-Spieler spesenfrei hier in der Steinwüste einputten. Das Angebot gilt seit Jahren, geduldig warten sie noch immer auf die ersten Freiwilligen aus Schottland.

Coober ist ein wundersamer Ort, in dem es keine großen Unternehmen mehr gibt, wo aber noch Hunderte von Glücksrittern nach Opal picken und schaufeln. Über eine Viertel Million Mal haben sie inzwischen die Erde angebohrt. Wie im richtigen Leben auch wurden ein paar von ihnen stinkreich. Und der Rest kommt über die Runden, noch immer fest an Wunder glaubend. Noch immer. An einem Platz wie hier, gottverlassen, weltverlassen, heiß, kalt und sturmverbraust, da sind sie besonders hellhörig, auch für das Wunderblaue, das ihnen vom Himmel herab versprochen wird. Viele Kirchlein stehen herum, jedes von ihnen ein Höhlen-Kirchlein, jedes mit eigenem Gottessohn.

Ich betrete die *Revival church*, die Wiederbelebungs-Kirche. Auch sie ins Erdreich gefräst. Gleich am Eingang liegen die Lebensläufe der von Jesus Geretteten aus. »Before« und »after« kann man sie bestaunen. Man sieht einen gewissen Otto Visser, der (vorher) an einem Lymphdrüsen-Krebs mit einer gewaltigen Ausbuchtung am Hals litt und (nachher) »von Jesus per Chemotherapie gerettet wurde«. Das ist natürlich verwirrend, da man erwartet hatte, dass Otto – eine Bildergalerie zeigt das langsame Verschwinden der monströsen Geschwulst – einfach mittels Niederknien vor dem Herrn Erlösung fand. Nein, eine Chemotherapie musste her. O.k., ein halbes Wunder, denn die meisten brauchen viele Pillen, um eine solche Beule zu besiegen, Otto brauchte nur eine einzige. Die anderen Wiederbelebten wurden von Aids geheilt, von Depressionen, von Hautkrebs. Damit keine Missverständnisse aufkommen: All die Mirakel stehen natürlich nur dem zu, der sich in der türkisblauen Badewanne, die adrett neben dem Altar steht, untertauchen und taufen lässt. Die Ungebadeten, die Badewannenlosen, können freilich lange auf des Herrgotts Segnungen warten.

Wo Geistlosigkeit regiert, ist der Geist nicht weit. *Underground Books* ist eine gut bestückte Buchhandlungs-Grotte, reich genug, um den Rest seines Lebens hier zu verbringen. Ich kaufe *Instructions for American Servicemen in Australia 1942*, ein praktisches Vademecum für die amerikanischen GIs, die während des Zweiten Weltkriegs auf dem Kontinent stationiert waren. Pfiffig geschrieben, mit einem klugen Blick auf die Unterschiede zwischen den beiden Nationen. Keine leichte Lektüre, denn wieder bereut man, nicht als US-Bürger auf die Welt gekommen zu sein. Ganz nonchalant wird man davon in Kenntnis gesetzt, dass »die bessere Kleidung, das bessere Gehalt und die angeborene Höflichkeit der amerikanischen Armeeangehörigen ihnen bei den australischen Frauen einen glamourösen (sic!) Reiz verschafften«. Dieses Selbstvertrauen, man möchte hyperventilieren vor Neid.

Den Rest des Tages verbringe ich in der Pizzabude. Zwanzig Kilometer Rad fahren gegen Staubwolken ist ein zweischneidiges Schwert. Es stählt die Muskeln und versaut die Lungen. Ich richte mich bei Agamemnon ein. Ich sage kurz die ersten vier Sätze aus der *Odyssee* auf (mehr kann ich nicht) und bin hinterher der König von Coober Pedy. Der Grieche schiebt den Tisch zur Steckdose und macht ab sofort »pssst«, wenn jemand zu laut redet. Meine humanistischen Gymnasialjahre hielt ich immer für Zeitverschwendung, welch Irrtum. Jetzt wird geerntet.

Vier Stunden darf ich schreiben. Das heißt für einen streng Ungläubigen einen (inneren) Raum betreten, in dem alles gut wird. Auch die grässlichen Geschichten, auch die Verletzungen, die sich die Welt für einen ausgedacht hat, auch die Bosheiten, die man selbst austeilt. Obwohl nie Hilfe von außen kommt, nimmer. Schon gar nicht von »oben«. Keine Visionen, kein göttliches Flüstern, keine Offenbarungen blenden. Noch nie wurde ein intelligentes Buch »geweissagt«. Der Schreiber, jener einsame Mensch mit dem einsamen Beruf, hat immer nur sich. Und eben die Sprache, den Passepartout, der für jede Wunde passt. Sie ist die einzige, bedingungslose Liebe, der er begegnen wird. Jede andere muss sich hinten anstellen.

Abends setze ich mich wieder auf die Terrasse. Ich komme mit Dag ins Gespräch, er ist Serbe, sein Vater kämpfte gegen die Nazis, dann gegen Titos Partisanen. So flohen beide am Ende des Krieges nach Australien. Die Mutter war bereits tot. Über Umwege landeten sie im Opal-Geschäft. Auf Dags Tisch stehen zwei Schachteln mit Insulin und Spritzen, er ist Diabetiker, er lobt das australische Gesundheitssystem. Leute aus über vierzig

Ländern leben heute hier. Warum so viele aus osteuropäischen Ländern? Dag ist sich nicht sicher, aber er vermutet, dass sie alle ein unbändiges Bedürfnis nach Freiheit verspürten. Und hier gab es Chancen und Freiheit zuhauf. Die harte Arbeit störte nicht. Und, lachend: »Coober war kommunistenfrei.« Ob er je nach Serbien zurückwill, jetzt als Rentner? Wieder das Lachen. »Klar, aber erst wenn alle Parteibonzen tot sind und Belgrad zur EU gehört.«

Szepi nimmt Platz, ein Ungar. Er legte sich 1956 mit den Russen in Budapest an. Und schaffte die Flucht nach Salzburg, erreichte ein Jahr später Melbourne. Mit 370 anderen Aufständischen. Mit ein bisschen Wäsche, der berühmten Zahnbürste, einer Tafel Rot-Kreuz-Schokolade und einem 100-Dollar-Gutschein. Er sagt, ich könne mir nicht die glückselige Dankbarkeit vorstellen, die sie alle der neuen Heimat gegenüber empfanden. Dankbar für ihr Leben. Noch heute. Wären sie verhaftet worden, hätten sie nur zwei Alternativen gehabt. Tod durch Erschießen oder Tod durch Versiechen in Sibirien. Da scheint sogar Coober Pedy ein Traumziel.

Frühstück bei Prometheus, ich teile den Tisch mit Allen, der in Monteurskluft dasitzt. Er trinkt fünf Tassen Kaffee, weil er gestern abgestürzt sei, sagt er, in die Tiefen eines Vollrausches. Aber das soll ihn nicht hindern, heute zur Arbeit anzutreten. Allen, vielleicht Mitte vierzig, hat so eine Ironie, so etwas Trockenes, das mir immer gefällt, immer Nähe zu jemandem erzeugt. Er erzählt, dass er mit einer »Intellektuellen« verheiratet war. Doch nach acht Jahren (immerhin) hörte die Ehe auf. »Well, I'm just a hard-headed bloke«, ich bin nur ein einfacher Kerl. »Weißt du, mit der Ehe ist es wie mit einer Opalmine. Du beutest sie aus, beide beuten sie aus und irgendwann fndet man nichts mehr. Er nichts an ihr, sie nichts an ihm. Und so verlässt man die Mine, zieht weiter, sucht nach einer neuen.« Nach der Ehe saß der freiheitsdurstige Wiederholungstäter wieder fest. Sieben Jahre lang in einem Brisbaner Zuchthaus. Für das unerlaubte Entfernen von Hifi-Geräten aus Großmärkten. Mit der Waffe in der Hand. (Und einem Maßband, denn Allens Spezialität war, »nach Maß« zu liefern, genau die Größe des Diebesgutes zu finden, die der Hehler wünschte.) Jetzt hat er Frieden, er suchte Arbeit in Coober Pedy, »because noboby knows me here«. Er lädt mich ein, ihn heute Nachmittag in der »community« zu besuchen, wo die Aborigines wohnen. Mit Kollegen renoviere er dort ein Haus. Ich sage mit Freuden zu.

Von Toni habe ich den Tipp und mit Prometheus' Fahrrad mache ich mich auf zu *Faye's House.* Der Wind ist morgens gnädiger, ich komme voran. Ich weiß es zu schätzen, denn ein fletschender Köter wetzt neben mir her und will meine rechte Wade probekosten. »Friede auf Erden«, las ich gestern bei den Krebs-und-Aids-Auferstandenen. Von wegen.

Vorbei am *Drive-in-cinema,* in dem alle Schaltjahre ein Film vorgeführt wird, vorbei an der *Public-noodling-area*, wo man keine Nudeln sucht, sondern – australisches Englisch hat seine Capricen – jeder ohne Erlaubnis nach Opal wühlen darf.

Steil oben ankommen und vor dem Tiefgebäude parken, für das Faye glatte zehn Jahre lang gebaggert hat, mit Spitzhacke und Vorschlaghammer. Denn vor einem halben Jahrhundert gab es noch keine *blower*, die maschinell die Wohnzimmer ins Erdreich bohrten. Colin, ein jovialer älterer Herr, führt mich herum, zeigt sogleich auf die lose an der Decke befestigten Zündhölzer. Die billigsten Seismografen im Land. Fallen sie zu Boden, ist Alarmstufe 3 angesagt, ein Erdbeben, ein Unheilssturm. Dann heißt es, im Laufschritt ins Freie jagen.

Faye war robust und gerissen, war opalreich. Sieben Zimmer schaufelte sie frei, um sich anschließend mit zwei anderen (alleinstehenden) Ladys und drei Hunden (für jede einen!) hier einzurichten. Angenehm kühl, trocken, kein feuchter Mief. Und voll möbliert, mit TV, Radio, Strom, Licht, Küche, Bar, Weinkeller, Betten, Sofas, Nachtkästchen, tadellos wie in jedem gutbürgerlichen Haushalt. Man streift hier entlang wie durch ein Mausoleum, Grabesstille. Dennoch, wenn der Wind aufdreht, wie jetzt gerade, dann hört man ihn durch die zehn, fünfzehn Meter langen Luftventilatoren sausen. Kein trautes Geräusch, eher bedrohlich.

Ms. Faye Nayler lebt heute als 75-Jährige in Adelaide, rüstig, geldsorgenlos und abstinent. Die beiden anderen Damen blieben auf der Strecke, eine schon hingestreckt vom Alkohol, die andere fast tot, aber zäh entschlossen, so hört man, es der Vorgängerin gleichzutun.

Colin, der hier als Hausmeister und Verwalter lebt, kennt sich aus. Die vom Bürgermeister verbreitete Einwohnerzahl von etwas über 2100 solle ich nicht glauben. Keiner glaubt sie, reine Maskerade. Jeder Einheimische weiß, dass sich mindestens 3500 in Coober Pedy herumtreiben. Hergetrieben aus der halben Welt. Ehemalige Zuchthäusler (welch Überraschung), die nicht erkannt werden wollen, entflohene Zuchthäusler, die nicht gefunden werden wollen, Ehemänner, die genug von Frau und Kindern haben, Ehefrauen, denen es ähnlich ergeht, Bankrotteure, die neu anfangen wollen. Die Polizei ist auf dem Laufenden, nicht über jeden, aber im Großen und Ganzen. Hier ist noch immer das Outback und man will die Suche nach dubiosen Subjekten nicht übertreiben. Recht und Ordnung ja, aber in Maßen. Vor fünfzehn Jahren brannte das Gericht, dann die Polizeistation, bis heute gibt es keinen Angeklagten. Verdächtige sicher.

Ich will Allen sehen. Ich fahre zur *community*, der Siedlung der Umoora-Aborigines. Über harsches, unwirtliches, ja unerbittliches Land. Jetzt orgelt der Wind. Normalerweise braucht man ein *permit*, um ihre Gettos (ich wüsste keinen anderen Namen) besuchen zu dürfen. Hier nicht. Kein Slum, sicher nicht, nur trübe, abgelebt. Die üblichen flachen Häuser, alles aus Wellblech, die Dächer, die Verschalung der Wände, sogar die Zäune. Zwischen jedem Blechhaus und Blechzaun gibt es eine geräumige Fläche, die man als Garten anlegen könnte, als Wiese für ein paar Bäume, ein paar Blumen. Aber nichts, nirgends, nichts. Nur die nackte braune Erde, nichts, was die Umgebung schmückt. Niemand zu sehen, wie ausgestorben. Bis ein junges Mädchen ein Blechtor öffnet und heraustritt, ich frage:

– Wo sind die Leute?
– In den Häusern.
– Warum?, mitten an einem sonnigen Tag?
– Es gibt nichts zu tun, es ist langweilig.
– Und was machen sie in den Häusern?
– Sie spielen Karten und trinken und schauen fern.

Ich bin überrascht von dem apathischen Ton der vielleicht 14-Jährigen. Als wüsste sie längst Bescheid. Nur der Wind und die Fliegen treiben sich auf den Straßen herum.

Kurz darauf finde ich Allen und die anderen Handwerker, plus den Boss, einen Serben. Eine Frau wohnte hier allein. Sie musste ausziehen, bekam eine kleinere Unterkunft zugewiesen. Hier soll eine Familie wohnen. Die Arbeiter sind Profis, vieles musste ausgewechselt werden, sogar die gesplitterten Fenster, die verrußten Decken. An ein paar Stellen lässt sich noch erkennen, wie abgewirtschaftet der Ort war. Aber was jetzt (wieder) kommt, sieht gut aus. Eine zentrale Klimaanlage für die vier geräumigen Zimmer, eine moderne Küche mit Elektroherd und Dampfabzug, ein großes Bad mit Heißwasserboiler, eine eigene Toilette, Einbauschränke, sogar neue Dachrinnen wurden installiert. Die Böden werden noch gebeizt. Wer hier einzieht, hat es fein, eine richtige Heimstatt. Alles bezahlt vom Staat.

Aber die Männer sind pessimistisch. Sie haben schon andere Häuser in der Gegend saniert. Halbwertzeit: längstens ein Jahr, dann wird aus Schöner Wohnen wieder eine Bruchbude, die endgültig zu Bruch geht, wenn nichts mehr niet- und nagelfest ist. Wie hier. Die sechs reden ohne gehässige Zwischentöne. That's the way it is. Aborigines, sagt Allen, wollen nicht »bewahren«, das sei ihnen fremd. Das Wort »Zukunft« fehlt in ihren Sprachen. Zudem werden Häuser im Handumdrehen zu Karawansereien umfunktioniert. Laufend reist Besuch an, der gesamte Clan zieht ein, zieht weiter, kehrt zurück. Komel, der Slowake, der fünf Jahre in Deutschland lebte, bevor er nach Australien auswanderte, bringt einen Vergleich, der für wieherndes Gelächter sorgt: »Schau«, sagt er, »den Aborigines mehr Disziplin beizubringen wäre genau so schwierig wie euch Deutschen den Zwang auszutreiben, jeden Tag die Stechuhr zu drücken.« Nicht schlecht.

Ich mag Coober Pedy. Wie ich alles und jeden mag, der mir was beibringt. »Wohlfühl-Oasen« will ich mir für mein Leben als 100-Jähriger aufheben. Dann, hoffentlich, halte ich auch jene aus, die sich ununterbrochen »wohlfühlen« müssen. Dann bin ich möglicherweise den Verdacht los, dass man an den Reichtum des Lebens nur rankommt, wenn man die unwohlen Zustände, auch die inneren, als Eintrittspreis akzeptiert. Wie Ängste, wie Muskelschmerz, wie Schlaflosigkeit, wie die Erkenntnis, oft keine Antwort zu wissen.

Am späten Nachmittag zieht ein violettes Licht über die Stadt. Wie es die Schönheit der Welt vermehrt. Ich treibe mich vor dem Supermarkt herum, nur ein paar Schritte vom Busbahnhof. Im *liquor store* hängen strenge Regeln aus, wann und wie viel an wen verkauft werden darf. Auch besagt das Gesetz, dass jeder Käufer »strikt« seine ID herzeigen muss, »... in the interest of the responsible service of alcohol«. Der Laden gehört Chinesen, ich führe mich als potenzieller Kunde auf, beobachte. Nicht eine einzige der Vorschriften wird respektiert, nie der Ausweis verlangt. Wie sagte Deng Xiaoping, der ehemalige Parteichef in Peking: »Es ist ruhmvoll, reich zu werden. Auch wenn andere dabei verrecken.« Den zweiten Satz sagte er nicht. Aber so haben sie es hier verstanden.

Draußen lehnen *les muristes* – so nennen sie in Algier die Arbeitslosen – an der Mauer, die Aborigines, die ihr Bier in Coladosen umfüllen, um der Heuchelei Genüge zu tun. Am Schwarzen Brett wird *Body Heat* angekündigt, ab morgen zieht sich ein Dutzend Stripperinnen im *Opal Inn* aus. Ein violettes Licht und hübsche nackte Frauen, Coober Pedy kann sich sehen lassen. Kurz vor 19 Uhr fährt der *MAPS* (*Mobile Aboriginal Patrol Service*) vor, eine Art Großraumtaxi, um die Mauersteher – manche liegen bereits – einzusammeln. Und in der Community abzuliefern. Mein Greyhound-Bus kommt.

Ruhige Fahrt, immer im Dunkeln, frühmorgens in Adelaide. Es gefällt mir sofort hier, obwohl es regnet. Aber Big Cities beruhigen mich. Ich bin kein Naturbursche, das Outback strengt an. Doch ich will nicht klagen.

Eine mittlere Sensation bahnt sich an. Seit 7300 Kilometern suche ich einen Schuster. Der Beruf scheint ausgestorben im Land, weil, so war mehrmals zu vernehmen, »Australier keine Schuhe reparieren lassen, sondern wegwerfen«. Hier in der Hauptstadt von South Australia weiß der erste Mensch, den ich frage, die exakte Adresse. Um 7 Uhr 20 stehe ich vor der Werkstatt, um 7 Uhr 25 kommt der Werkstattbesitzer. Ein Traum von einem Schuster. Er verspricht, die beiden Löcher verschwinden zu lassen, und sucht – es gibt eine Großzügigkeit, die versteht man nicht gleich – ein Paar brandneue Stiefel heraus. Die soll ich inzwischen – Regen! – tragen und in zwei Stunden wiederkommen.

Vorbei am riesigen Hallenmarkt, vorbei an Männern, die auf breiten Schultern die Schätze eines stinkreichen Landes tragen, vorbei an Frauen, die elegant einem Taxi entsteigen, wobei mir bewusst wird, dass ich schon lange keine Großstadt-Frau mehr sah, die elegant einem Taxi entstieg. Was für ein mondäner Anblick.

Frühstück im *Hungry Jack's*, an den Wänden hängen Bilder von James Dean. Sein schönes, misstrauisches Gesicht, auch die berühmte Aufnahme mit ihm aus *Giganten*, die Füße cool auf dem Armaturenbrett, die Pose des Siegers (der Öl gefunden hat), Text darunter: »Dream as if you'll live forever, live as if you'll die today.« Daneben die Fotos von Elvis Presley, der heute genau vor dreißig Jahren starb. Ich erinnere mich so deutlich an den Tag der Nachricht. Wie verschieden der Tod der beiden kam. Beide Ikonen, beide unsterblich. Aber Jimmy raste als 24-jähriger Rebell mit seinem Porsche Spider auf sein Ende zu, während Elvis, längst fügsam und angepasst, als drogensüchtiger, von Verstopfung geplagter Fettkloß von seiner Kloschüssel in Memphis fiel. Aber hier, im *Hungry Jack's*, ist die Geschichte gnädig, hier sieht man nur Elvis, the pelvis, die Sexbombe, *the Voice*, die Unglaubliches zur Steigerung des Glücksquotienten der Welt beigetragen hat, Überschrift: »Mothers, lock up your daughters.« So ungerecht geht es zu auf Erden. Some guys have all the luck.

Das Cover einer Illustrierten auf dem Tisch zeigt Catherine Deneuve, aufgenommen von Annie Leibovitz. Die Französin ist klug und schön. Das Interview beweist es einmal mehr. Andere Fotos zeigen Javier Bardem, den (hoch geschätzten) spanischen Schauspieler. Wie süchtig ich hinschaue, bin ausgehungert nach dieser Demimonde, diesen souverän inszenierten Lügen. Nicht, dass ich sie lange aushielte, aber ab und zu will ich der Wirklichkeit entkommen. Um mich von ihr zu erholen.

Der Fluchtversuch scheitert, wie vorhersehbar, er dauert nicht länger als ein paar Minuten. Die große Reportage im Magazin behandelt wieder ein Thema, von dem der Kontinent besessen scheint. Die anschwellende Fettsucht. Unglaubliche Zahlen werden genannt, Rekordzahlen, die von Rekord-Speckschwarten berichten. Stinkreich macht stinkfaul, bewegungsfaul. Steht da. Der Artikel – die hier abgelichteten ZeitgenossInnen ähneln nur von fern Madame Deneuve und Señor Bardem – hat was Verzweifeltes, aber auch Hilfsbereites. Als versuchten die Dünnen der Stadt die Dicken vor dem Explodieren zu retten. Inzwischen mussten die auf 130 Kilo geeichten Sitze der Busfahrer nachgerüstet werden. Auf 150. Ein interessantes Wort steht da, um das Phänomen psychologisch zu deuten: »Comfort eating«, umständlich übersetzt mit: sich vollstopfen aus Unglück. Damit ein bisschen Tröstung in den Leib kommt.

Es regnet noch immer. Beim Schuster vorbeischauen und die Kunst seines Handwerks bewundern. Mit neuen Füßen verlasse ich den Laden. Rüber in die (kleine) Chinatown. Hier gibt es überdachte Tische, ich will rauchen. Ich sehe einen alten Chinesen mit Haarzopf näherkommen, sofort bete ich, dass er mir jetzt konspirativ die Adresse einer Opiumhöhle ins Ohr flüstert. Nein, man darf Adelaide nicht überfordern. Grüner Tee ja, Opium sicher auch, aber nicht hier und jetzt. Dafür nehmen zwei Schwarze am Nebentisch Platz. Afrikaner, da sie Französisch mit einem bestimmten Akzent sprechen. Wir kommen ins Gespräch. Zwei Tutsi, sie haben Ruanda überstanden, leben und arbeiten jetzt in Australien. Man spürt ihre Begeisterung für die neue Heimat. Ich frage, was ihnen am besten gefällt, und sie rufen sofort und unisono: »La paix«, der Frieden.

Noch eine Szene, auch sie hebt das Lebensgefühl. Ich frage an der Rezeption eines Hotels nach der größten Buchhandlung, will Papier riechen und anfassen. Und die bildhübsche Rezeptionistin beschreibt den Weg dorthin, sagt: »And then you see two wonderful big balls, straigt in front of the bookshop.« »Two balls?«, antworte ich leicht ungläubig. »Yes, two wonderfully shaped balls«, wobei sie mit ihren gepflegen Händen zwei Rundungen in der Luft formt. Ich beiße mir auf die Lippen, kein Männergrinsen soll mir entkommen. Auch das ist Reisen. Vorher zwei treffen, die einen Völkermord überlebt haben, und nachher vor einer stehen, die kindlich weltabgeschieden die frivolsten Wörter ausspricht. (Für die Nicht-Anglophonen: Balls haben nichts mit Frauenbrüsten zu tun.)

Ich gestehe, das war das Aufregendste für die nächsten 26 Stunden, denn nun wird es kriminell, kriminell fad. Um 18 Uhr 40 zieht der *Indian Pacific* aus dem Bahnhof, der Zug, der von Sydney über Adelaide nach Perth fährt, ans andere Ende von Australien. Und zurück, jedesmal 4352 Kilometer. Er überquert dabei die *Nullarbor Plain*, die 1200 Kilometer breite Null-Bäume-Wüste. Einen Highway mitten hindurch gibt es auch, aber Greyhound hat den Service vor Jahren eingestellt. Da ich nicht fliegen will, weil ich etwas sehen möchte, bleibt keine andere Alternative. Jede Vorahnung trifft ein. Die gemein hässlich ausgestattete zweite Klasse, eine *Lounge*, die aussieht, als wäre sie in Nowosibirsk entworfen, dahinter eine Theke, wo man sich ein Essen abholen kann, das im todbleich ausgeleuchteten *dining car* dann jene Farbe bekommt, die in etwa seinem Geschmack entspricht. (Und das will was heißen für einen, der nichts von Speis und Trank versteht.)

Auf der Gangseite mir gegenüber sitzen zwei 90-Jährige, die mit offenen Mündern wie zwei Tote dasitzen. Vielleicht sind sie tot. Hinter mir ein fettes Proletenweib mit ihren Kindern. Man muss ihr zwanzig Worte lang zuhören, um zu wissen, wo ihre drei kleinen Töchter enden werden. In einem Proletenleben. Wie ein Roadtrain mit gewaltiger Luftverdrängung schwappt sie jede halbe Stunde an uns vorbei. Um Nachschub zu fassen. Ich lese in der teuer produzierten Broschüre der *Great Southern Railways*, dem Betreiber, dass ich mich gerade mitten im »ultimate adventure« befinde. Die alte Vettel Sprache, die für jede Lüge die Beine breit macht. Stolz wird noch farbenprächtig auf die *Golden Kangeroo Class* verwiesen, die Erste Klasse. Hermetisch von uns getrennt, kein Durchgang. Dort reisen die reichen 90-Jährigen. (Morgen werde ich zwanzig Ausreden erfinden müssen, um einen Blick erhaschen zu dürfen. Nicht eine Ausrede wert der Ausflug. Man blickt auf stilloses Geprotze.)

Nach dem Aufsagen aller (leider nie eintreffenden) Gefahren und aller Instruktionen, mittels derer wir sie besiegen könnten (leider nie dürfen), legt der Schaffner einen Film ein, dessen Anfangsdialoge sofort zum Einnicken verführen. Verstanden, der Schlaftrunk. Als es mir nochmals gelingt, die Augen zu öffnen, sehe ich, dass alle eingeschlafen sind. Alle überzeugt, kein »ultimatives Abenteuer« zu versäumen.

Die Nacht versitzen, wegdösen, wegsacken, irgendwann den Morgen erreichen und das Neonlicht-Frühstück einnehmen. Vor dem Fenster die baumlose Welt, nackt, platt, unfruchtbar, mit Bluebush (eine Akazienart) und Spinifexgras. Nicht mal ein Sonnenaufgang, nur hässlicher Himmel, hässliche Erde. Edward John Eyre, der Erste, der die *Nullarbor* 1841 durchquerte, beschreibt sie als »abscheuliche Abart«, als einen Platz, »der jeden mit schlechten Träumen überfällt«.

Kein Tier zu entdecken, die Eisenbahner-Bosse hätten zumindest ein paar Kängurus und Emus anheuern können, um uns aufzumuntern. Nichts. Flach, kahl, abstoßend wie faule Zähne. Ich will mich retten und träume, denke an andere Zugfahrten, an Peru, wo es so hoch hinaufging, dass die Schaffner älteren Passagieren mit Sauerstoffgeräten zu Hilfe kommen mussten, an Indien, wo Travestiten und Transsexuelle mit wirren, flirrenden Augen die Passagiere betörten, an Russland, wo Tanja, die transsibirische Schönheit, in unser Abteil kam und wunderbar singen und (unseren) Whisky leeren konnte. Und ich erschrecke plötzlich, weil ich begreife, dass ein (grausiges) Alter so aussehen muss: nicht mehr leben, sondern sich nur noch erinnern. Dieser Zug gibt einen Vorgeschmack auf jene toten Zeiten, die jeden erwarten, der nicht höllisch aufpasst. Und – nochmals plötzlich – ist alles gut. Keine Ahnung, wie lange ich verschreckt ins Leere gestiert habe. Gut, weil ich ab sofort einverstanden bin. Weil mir die beispiellose Fadheit eine Lektion erteilte, mir einen Blick in die Zukunft gönnte. Die mich einlullen und niedermachen wird, wenn ich mich nicht wehre. Mit Widerspenstigkeit, mit atemloser Neugier, mit dem ganz und gar heiligen Gedanken, dass mir nichts anderes gehört als dieses eine Leben.

Vieles wird besser. Am anderen Ende des Speisewagens sitzt ein Mann, der aussieht wie Gregory Peck als Kapitän Ahab in der *Moby-Dick*-Verfilmung, genau die Augen, genau der Bart. Natürlich kann ich mich dazusetzen. Angus ist Kiwi, Neuseeländer, lebt aber seit Langem in Australien. Auf seiner rechten Schulter liegt ein kleines Kissen. Er hat es in der Mikrowelle wärmen lassen, es soll eine gemeine Schwellung beruhigen. Etwas Chronisches. Über die Jahre ist er schwerhörig, nein, schwersthörig geworden. Spricht jedoch einigermaßen verständlich. »Übung«, sagt er. Er zeigt mir alle Gerätschaften, die er im Laufe der Zeit angeschafft hat, um dem Fluch der Taubheit zu entgehen. Er deutet auf sein linkes Ohr, wo sie ihm für 45 000 Dollar ein Hightech-Wunder eingebaut haben. Aber auch das taugt nicht viel, am besten seien noch immer sein Kopfhörer und ein Mikrofon mit Verstärker, das er dem Gesprächspartner hinhält. Trotzdem, meint er, ein bisschen Schreien könne nicht schaden. Also schreie ich ihn an. Da wir uns in der australischen Wildnis aufhalten, fällt es nicht weiter auf.

Und jetzt geschieht tatsächlich ein Wunder, denn der 61-Jährige behauptet, er könne Lippen lesen. Auch das habe er gelernt. Das will ich sehen, ich konfisziere alle seine Gerätschaften, schalte das linke Ohr aus, lehne mich zurück und spreche in einer Lautstärke, die selbst für einen gesunden Menschen kaum verständlich wäre. Ich erzähle Angus eine Nachricht, die ich kürzlich gelesen habe. Und das Genie dechiffriert sie von meinen Lippen, ich fasse es nicht, er gibt ziemlich genau das wieder, was ich gemurmelt habe: »Scotland Yard hat eine Frau zur Terroristenbekämpfung engagiert, die Lippen lesen kann. Damit sie sich in einschlägigen Bars und Pubs herumtreibt, um Verdächtigen auf den Mund zu schauen.«

Angus packt aus, hat auch in den USA, in England und Südafrika gearbeitet, war alles, auch Polizist, Gefängniswärter und Gefängnisinsasse. In dieser Reihenfolge. Weil er irgendwann, erklärt er, den Geschichten der Galgenvögel nicht mehr widerstehen konnte, ja, selbst reich werden, selbst nach fremden Scheinen greifen wollte. Und griff. War nach dem Reichtum und dem Zuchthaus Taxifahrer, Immobilienhai, Mechaniker, Seemann und Detektiv bei einer Versicherungsfirma, um Versicherungsbetrüger zu überführen. (Allein für einen solchen Lebenslauf muss man Australien lieben.) Jetzt arbeitet er an der Börse, spekuliert mit Devisen. Zahlen faszinieren ihn. Vor ihm liegt ein Buch über den italienischen Mathematiker Leonardo Fibonacci. Frühes 13. Jahrhundert, so höre ich. Ich schlage es irgendwo auf und sehe, dass Ahab die Formel $x^3 + 2^{x2} + cx = d$ rot umkringelt hat, rechts daneben ein Ausrufezeichen. Entweder ist Angus ein IQ-Hüne oder ein raffinierter Aufschneider von Gottes Gnaden.

Das Multitalent reist nach Perth, um seine Kinder zu besuchen, die Familie brennt, er muss löschen kommen. Einer seiner Söhne ist der Missratene, der Trinker, Junkie und Schläger, die Polizei beschäftigt sich wieder mit ihm. Und Angus wird löschen, auch diesmal. Er kann nicht umfallen, sagt er, er sei ein »Opportunist« im stets positiven Sinn, einer eben, der Gelegenheiten ergreift, kein Zauderer.

Um 10 Uhr 35 kommen wir nach Cook, dem einzigen Stopp auf der Strecke. Der Zug fährt noch, ich habe die Tür schon geöffnet, will so schnell wie möglich raus. Eine Schaffnerin hat die Nerven und kommandiert: »Be seated till the train comes to a complete stop.« Sie schaut mir dabei in die Augen und realisiert, dass ich zum ersten Mord in Cooks langer Geschichte bereit bin. Sollte sie auf ihrem Sadismus bestehen.

Abspringen, immerhin Boden unter den Füßen. Die moderne Oase wurde als Depot eingerichtet, um von hier aus die Strecke zu warten. Lebten früher 300 hier, sind es heute noch fünf. Fünf Permanente. In den Bungalow-Schachteln übernachten die durchreisenden Lokführer. Für Güterzüge, vor allem. Direkt im Zentrum haben sie einen *Evacuation Point* eingerichtet. Für den Fall, dass etwas passiert und die Bewohner sich an einem bestimmten Punkt versammeln müssen. Der Punkt ist überflüssig, hier passiert nichts. Früher ja, zwei Gefängniszellen aus Wellblech, heute leer und verwitternd, sollen daran erinnern. Vielleicht auch nur als Attrappe aufgestellt, um die Besucher zu beeindrucken.

Die einzige Sehenswürdigkeit ist der Souvenirshop, hier haben sie Witz, hier hängt an der Wand: »Jedes Arschloch, das klaut, bekommt eine Ladung in den Bauch und wird den Adlern zum Fraß vorgeworfen«, noch witziger: »Drei Millionen Fliegen können nicht irren, kommt nach Cook«. Die restlichen Lebewesen, so ist zu erfahren, sind ein Hund, zwei Katzen, 14 Hühner und 30

Dingos. Die Verkäuferin, eine der fünf nach Cook verbannten Zweibeiner, ist redelustig. Die fremden Gesichter geben ihr Auftrieb, standhaft behauptet sie, dass es ihr hier gefällt. In der Bücherecke liegen ein paar Schwarten aus. Das Anlesen der jeweils ersten drei Sätze verweist auf die literarische Flughöhe einer Jacky Collins. Ein Prachtband fällt besonders auf: *Arabian Nights – Story of desert passion.* Auf dem Cover ein halbnackter Beduine neben der weißen Frau mit üppigem Dekolleté. Man kann nicht einmal ahnen, welche erotischen Gewitter hier durch das Buch, sprich, durch das Beduinenzelt ziehen. Nun, Cook ist ein einsamer Ort, da ist unendlich viel Platz für zügellose Tag-und-Nacht-Träume voll brusthaargeschmückter Araber.

Die letzten Stunden. Erfreulich immerhin, dass ich nicht weiß, was mich am Ziel erwartet. Ich würde noch kleinlauter dasitzen. Angus erzählt zuletzt die Geschichte von seiner Landung am Melbourner Flughafen, als er aus Europa zurückkam und die Terror-Hysterie wieder einen neuen Höhepunkt erreicht hatte. Er wurde aufgefordert, die Abdrücke beider Zeigefinger abzuliefern. Ohne Ergebnis, der Beamte zu ihm: »You don't have fingerprints.« Worauf Angus ihm erklärt, dass das durchaus möglich sei, denn er habe lange und hart mit seinen Händen gearbeitet. Aber man könne ja seine beiden Mittelfinger versuchen. Und streckt die beiden in die Luft, gemein zweideutig, entweder »Fuck you!« oder »Nehmt doch die!« Worauf ihn der Zöllner aufforderte, sofort die Geste zu unterlassen: »Everything what we do here is recorded.« Angus erinnert mich an meinen dritten Lieblingshelden, Tyll Ulenspiegel. Der hatte auch keine Macht, aber mehr Grips als die Mächtigen, mehr Witz, um sie der Lächerlichkeit preiszugeben.

Kurz nach 20 Uhr Ankunft in Kalgoorlie, ein paar hundert Kilometer vor Perth gelegen. Ich steige aus. Hier brach 1893 ein gigantischer Goldrausch aus, ich will wissen, wie es hier zugeht. Dunkel und still, zumindest am Bahnhof. Die Straßen sind leer, aber einem der 30 000 Einwohner begegne ich. Er weiß die Richtung, in der er meine Unterkunft vermutet. Kurz nach Sydney habe ich angefangen, schon im voraus telefonisch zu reservieren. Zimmersuche ist in Australien ein Unternehmen für Leute mit Nerven. Das ganze Land scheint ununterbrochen unterwegs, jedes Leintuch grundsätzlich beschlagnahmt.

Ich komme zur angegebenen Adresse und wundere mich noch, wie sauber und gepflegt das Foyer aussieht, wie teuer für die Hütte, die ich erwartet habe. Bin wohl zu müde, um mich zu konzentrieren. Und so nenne ich der außergewöhnlich gutaussehenden Frau an der Rezeption meinen Namen, verweise auf die Reservierung. Und der schöne Mensch lächelt und meint lässig: »Sorry, Mister Altmann, but this here is a bordello.« Und reicht mir die Visitenkarte. O.k., ich bin im Langtree's-Country-Club-Puff gelandet. Nun, ich will auch lässig sein und frage, was ein Mädchen die Stunde kosten würde. »180«, die klare Antwort. Stillschweigend multipliziert mal zehn – bis zum 9-Uhr-Frühstück – macht 1800 Dollar. Ziemlich genau neunzigmal mehr als vorgesehen.

Wehmütig ziehe ich davon. In solchen Augenblicken habe ich immer denselben Traum: Ich sehe jemanden im Fluss treiben und um Hilfe schreien. Kaltblütig springe ich hinein und rette das Mädchen ans Ufer. Dort ist bereits ihr Vater eingetroffen, der zufällig ein saudischer Ölscheich ist. Folgender Dialog entsteht, er die überglückliche Tochter umarmend, ich noch immer tropfnass, der Scheich:

– What you want for saving my daughter?
 Ich druckse ein bisschen, scheinheilig schüchtern, dann:
– I want a Centurion Amex Card.

Herr im Himmel, wie oft habe ich die Antwort schon geübt. Eine *Centurion* ist nicht zu schlagen. Die snobistischste Kreditkarte der Welt. Nur wer imstande ist, für eine Viertel Million US-Dollar (Minimum) pro Jahr zu shoppen, erhält sie. Somit wäre mir erspart geblieben, was jetzt losbricht. Denn hundert Meter weiter liegt die Baracke, bei der ich vor drei Tagen angerufen habe, das *Golddust Backpackers* mit den ungeheuerlich erlogenen und erstunkenen Leuchtschriften: *VIP discount* und *Aircondition* und 5-*Star-Atmosphere.* Jetzt kommt ein Schwinger, auf den ich nicht vorbereitet war. Ich finde irgendwo eine Klingel und läute. Und der viereckige Pete schlurft heran. (An schönen Orten arbeiten die Schönen und an den hässlichen die nicht so Schönen.) Vorauszahlung obligatorisch. Verständlich bei dem Gesindel, das sich hier herumtreibt. Ich bekomme den Schlüssel von #25 und den Code, um die Haustür öffnen zu können, plus Petes Hinweis: »Last bed in town.« Ein grauenhaft wahrer Satz, wie sich bald herausstellen wird.

Und jetzt der Knock-out. Das Zimmer öffnen und einen Menschenstall betreten. Sechs Betten, je zwei übereinander. Ein säuerlicher Mief im Raum, so ein strenger, schon längst verdunsteter Männerschweiß fährt in die Nase. Keine Klimaanlage und die Fenster lassen sich nicht öffnen. Der vollgerümpelte Fußboden, kaum Platz, um sich auf den neun Quadratmetern fortzubewegen. Offene Rucksäcke und Sporttaschen, eine Gitarre mit drei Saiten, Turnschuhe, aus denen es verdächtig nach wochenlang ungewaschenen Füßen faucht, CDs, zerbrochene CDs, Kleenex, gebrauchtes Kleenex (man will nicht wissen, wofür), Zigarettenstummel, Werkzeug, Bierdosen, Limonadenflaschen, angebissenes Obst, halbe Hamburger, alte Pommes Frites, Ketchup-Flecken, deutlich markierte Unterhosen, Socken aus dem letzten Jahrhundert, Zeitungen, zerrissene Zeitungen, Zahnbürsten, verschmierte Zahnpasta, zwei umgekippte Aschenbecher.

Mein Bett suchen. Nicht gleich erkennbar, da alle sechs – muss ich es noch erwähnen? – versifften Matratzen überladen sind mit Schmutzwäsche, grindigen Wolldecken und Handtüchern, verklebt wie in katholischen Priesterseminaren. Ich will Abbitte leisten. Was habe ich früher auf den Neckermann-Touri gespuckt und den Backpacker als den wahren Helden des Reisens ausgerufen. Auch dieser Irrglaube hat sich inzwischen gelegt. Zu oft bin ich Rucksack-Rowdies begegnet, die um ein Uhr nachts die Türen knallen, morgens nicht den Mund aufbringen zu einem freundlichen »Good Morning« und meist verschissene Toiletten zurücklassen. Ich atme vorsichtig, nun denn, ich habe Hinterindien und den mittleren Kongo geschafft, so werde ich auch die Fünf-Sterne-Atmosphäre im Goldstaub-Hotel überleben.

Zurück in die Stadt irren. Knapp zwei Dutzend Fluchtversuche starten, um dem Übernachten in einem Raum mit fünf anderen VIPs zu entkommen. In achtzehn Hotels und Motels fragen, *nothing*. Ein hilfsbereiter Hillbilly ruft seinen Kumpel an, der Caravans vermietet, *nothing*. An einem Zaun hängt eine Tafel mit der Zeile: *Zimmer an alleinstehende Herren zu vermieten.* Gibt es einen Herren, der gerade alleiner steht als ich? Ich klopfe an, *nothing*.

Durch die verlassene, kalte Stadt. Eine rote Leuchtschrift über dem *Palace-Hotel* informiert über die letzten Ergebnisse der Börse, die letzten Preise für Gold und Nickel. Akkurat die Auskünfte, nach denen ich gerade leidenschaftlich Ausschau halte. Aus den Pubs die dröhnende Lustigkeit all derer, die augenblicklich lustiger sind als ich. Ich finde ein *Hungry Jack's*, ich esse und muss grinsen: *comfort eating*, jetzt bin ich mittendrin. Was Warmes in den Bauch laden, um sich weniger überflüssig zu fühlen. Um 23 Uhr 11 bin ich kühn genug und steige vollbekleidet, die Ohrstöpsel in Stellung und mit einem Schal um die Nasenlöcher in mein Hochbett. Zwei andere liegen bereits in ihren Kojen, entspannt sägen sie durch die Nacht. Von fern das Jaulen der Hunde. Mein Leben als Erfolgsstory, unübersehbar, unüberhörbar.

Am nächsten Morgen ist alles vergessen, die Sonne begrüßt jeden Frühaufsteher, ich finde ein brauchbares Café. Hinterher ins *Museum of the Goldfields*, dort erfährt man, dass Kalgoorlie nach einer Krise wieder »aus allen Nähten platzt«, so zulegen würden sie hier. Eine kleine Szene illustriert das vortrefflich: Wir betreten den Lift, wollen hinauf in den ausrangierten Förderturm. Die Plakette im Aufzug besagt, dass neun Personen zugelassen sind, sagen wir, neun »normale« Personen. So muss Tim, der Guide, drei *fatties* bitten (sicher hat er Übung darin), wieder nach draußen zu treten. Sonst bestehe die Gefahr, dass wir in den Keller krachen. Auch das stärkt die Freude am Reisen. Man erlebt Situationen, die es woanders nicht gibt. Man wird reicher, unbestreitbar. Ach ja, hier in »Kal« haben sie ein eigenes *gold squad*, eine Polizeiabteilung, die sich ausschließlich mit dem Diebstahl von Gold beschäftigt.

Nach dem Ritual des Bücherumarmens in einer lobenswerten Buchhandlung setze ich mich auf die Terrasse eines Bistros am Santa Barbara's Square, nicht ohne vorher die groß angeschlagene Gebrauchsanweisung zum Leben an diesem Platz gelesen zu haben. Aber lesen und das Geräusch des Springbrunnens genießen ist erlaubt. Nicht lange, ich bin wohl nicht sonderlich begabt fürs Genießen, irgendetwas in meiner Umgebung brennt nach Minuten an, fast immer. Sinnigerweise heißt das Café *Kaoss*.

Eine Aborigine setzt sich zu mir. Sie kann kaum reden, die rechte Backe ist geschwollen, die Fäuste ihres Mannes landeten gestern dort. Ich gebe ihr ein paar Dollar. Sie fragt nach Zigaretten. Ich zeige ihr die Zigarillos, die sie nicht will. Sie ist vielleicht vierzig und leicht betrunken. Wir reden, Small Talk. Bis ein Mann auf uns zukommt. Ihr Mann, schwer betrunken. Er streckt die

Hand aus und verlangt das Geld. Ich sage ihm, dass ich ihr die Scheine gegeben habe und er solle das bitte respektieren. Die Frau hält durch, rückt nichts heraus. Ihr Zuchtmeister zieht ab. Bis sie ihm nachzieht, keine Minute später. Und abliefert. Als Aborigine möchte ich nicht auf die (moderne) Welt gekommen sein. Und als Aborigine-Frau erst recht nicht.

In der Zeitung steht ein schöner Gedanke. Ein Wissenschaftler wird gefragt, ob er ebenso hartnäckig nach Erkenntnis suchen würde, wenn er wüsste, es gäbe niemand anderen auf der Welt. Nein, denn dann könnte er keinem davon berichten. Das gilt für Schreiber nicht anders. Wäre ich nicht sicher, dass der Leser mit gleicher Freude und Anteilnahme Geschichten hört wie ich, ich würde sie nicht aufschreiben.

Wie jene, die nun kommen. Um 13 Uhr 15 bin ich zurück in der Hay Street, wo das Luxus-Bordell steht und gegenüber der Saustall, der sich unter dem Pseudonym *Golddust* als Hotel ausgibt. Ich bin zurückgekommen, weil sich zwei weitere Eros-Center hier befinden und eines, das *Questa Casa*, um 14 Uhr eine Führung anbietet. Dort will ich geführt werden.

Fünf solide Ehepaare, gestandene Mittelklasse, und ich werden von *Madam* Carmel eingelassen, ins ebenerdig gelegene, schon vor über hundert Jahren wellblechgezimmerte »maison honnête«, ins ehrliche Haus, wie die Franzosen derlei Vergnügungsstätten trefflich bezeichnen. Goldgräber und Dirnen, das eine ist ohne das andere nicht denkbar. Wir zahlen jeder zwanzig Dollar und werden dafür vielfach entlohnt. Zuerst zeigt uns die Chefin die verschiedenen Räume, das typische Mobiliar eines Etablissements, viel Rosa und Rot, viel Spiegel und Bett, viel saugfestes Küchenpapier, Geltuben und Döschen voll farbenfroher Gummis. Déjà vu, ein alter Hut. Die Sensation sind die Erzählungen Carmels, die uns in eines der Zimmer zum Platznehmen bittet und loslegt.

Madam C. macht einen ausgesprochen gepflegten Eindruck, von geistiger Pflege zeugt ihr reicher Wortschatz. Vor vierzehn Jahren fing alles an, ihr Mann starb und sie fiel in eine zählebige Depression. So begann sie, wörtlich, »nach einem neuen Sinn im Leben zu suchen«. Sie stößt auf eine Annonce, die das *Questa Casa* in Kalgoorlie zum Verkauf anbietet. Sie kauft es und wird Puffmutter, kocht für die drei »working girls«, die hier tätig sind, sorgt für Sicherheit und heilt die allfälligen Attacken von Weltschmerz und Zukunftsangst. Vor nicht allzu langer Zeit, während der *containment policy*, lebten die vier hier 24 Stunden pro Tag, waren nicht befugt, in die Stadt zu gehen. »Um keine Unruhe zu schaffen«, so die offizielle Scheinheiligkeit. Unzucht ja, aber – da offiziell verboten – *contained*, abgeschlossen. Carmel weiß von Aufmüpfigen, die sich nicht daran hielten. Und ertappt und von der Polizei standrechtlich zum Bahnhof eskortiert wurden. Um Kalgoorlie auf Nimmerwiedersehen zu verlassen.

Das war nur Vorspiel, jetzt kommt das wahre Leben hinter verschlossenen Türen. Viele Männer treten hier ein, so die Bossin, um (auch) ihre homoerotischen Fantasien zu stillen. Wie die Sehnsucht, einen gewaltigen Dildo in sich zu spüren. Und Carmel führt, den Kunstpenis in ihren manikürten Händen, mit Eleganz vor, wie die Prostituierte damals – damals, als es um ein Haar zu einer Katastrophe gekommen wäre – der begehrten Attrappe ein ebenso gewaltiges Kondom überstreifte und ausgiebig mit Gleitöl einschmierte. Um das jetzt betriebsbereite Gerät schmerzfrei beim Kunden einzuführen. So weit, so erwünscht. Bis der Pornokeil »weg war« und eisiger Schweiß auf Marinas Stirn ausbrach. Das 30 (!) Zentimeter lange, faustdicke, faustharte Ding war davon, im Unterleib, im Schacht des vor ihr knienden Bergmanns verschwunden. Nun, die Profi-Frau behielt die Nerven und zog am letzten Zipfel des Präservativs, der noch herauslugte. Zog mit feinstem Fingerspitzengefühl und dem Bewusstsein derjenigen, die sich in der Nähe von Nytroglyzerin befindet, den Kolben – dabei dem Knienden immer wieder zurufend, sich keinen Millimeter zu bewegen – wieder nach draußen an die frische Luft.

Wir klatschen spontan Beifall, what a story! What a courageous girl!

Nächste Runde. Ein Kunde kommt und entschließt sich spontan nach einer Stunde Hurerei, das »Freudenmädchen« (na klar, sie muss ihm ja Freude bereitet haben) für eine weitere Stunde zu buchen. Doch habe er kein Geld mehr, sagt er, ob er nicht seinen Ring als Pfand dalassen könne? Um ihn später mit Cash wieder auszulösen. *No problem*, er zieht den Schmuck vom Finger, genießt nochmals sechzig Minuten Raffinement und Wollust, bedankt sich, lächelt und – geht zur Polizei. Um die »Entwendung seines Rings« anzuzeigen. Und drei Polizisten rücken an, finden das »Diebesgut« im Nachtkästchen von Rose, und wie überall auf der Welt glauben sie dem rechtschaffenen Bürger und nicht einer gutmütigen Hure.

Jetzt die skurrile, gespenstische Mär von Jerry, der sich entkleidet und aufs Bett legt. Und nicht mehr aufwacht. Einfach so, ohne Anfall, ohne Herzkrämpfe, ohne nach Luft zu schnappen. Die Ambulanz kommt und der Notarzt kann nur noch Jerrys Ende feststellen, ihn in die mitgebrachten Leichentücher wickeln und hinten aufladen lassen. Doch auf dem Weg zur Autopsie kommt die Leiche wieder zu Sinnen.

Und Carmel erklärt, wie ihr damals erklärt wurde: Solche Fälle gibt es, bis heute hat die Wissenschaft keine eindeutige Begründung gefunden. Ja, gab es früher so häufig, dass ein spinnöser Engländer im vorletzten Jahrhundert eine Klingel erfand, die man neben dem Grab befestigte und per Schnur mit dem Toten im Sarg verband. Für den Fall, dass einer nur scheintot war und wieder aufwachte, sprich, den Friedhofswärter über seine Wiedererweckung informieren konnte. Um rechtzeitig der Gruft zu entkommen. Daher auch der Ausdruck *deadringer* in der englischen Sprache. Da alle Deadringer-Glocken gleich aussahen, ist ein »Deadringer« eine Person, die einer anderen ungemein ähnlich sieht. In einem Puff kann man schlau werden, auch das noch. Seit 25 Jahren kenne ich das Wort und seit heute weiß ich, woher es kommt.

Ach, wie begierig wir elf an den Lippen von Carmel hängen. Wie Kinder hocken wir da, bitte, bitte, die nächste Geschichte. *Here we are.* Jetzt tritt Floor auf, eine Holländerin, die ihren gewalttätigen Ehemann verlassen hat und jedes Jahr einen Monat lang im *Questa Casa* aushilft, »as a part time hooker«. Und in einer Nacht den Kalgoorlie-Rekord aufstellte: Siebzig erlöste Männer. Das so Verwirrende ist die Tatsache, dass die Ex-Hausfrau nicht sonderlich attraktiv ist, sogar Zimmertüren weiter viel Attraktivere zur Verfügung stehen. Warum also? Carmel vermutet, dass die 43-Jährige etwas ausstrahlt, das diesen einfachen Arbeitern, die keine *social skills* besitzen, um zu Eros und Sinnenlust zu verführen, dieses unbezahlbare Gefühl von Verstandensein und Hingabe vermittelt.

Na klar, auch hier tricksen sie. Wie Jasmine, die bald 60-Jährige, die sich ihren Freiern als »Frau von Mitte dreißig« vorstellt. Da neben jedem Bett ein Dimmer installiert ist, um das Licht im Notfall bis auf Outback-Finsternis herunterzufahren, hat sich noch keine ihrer Herrenbekanntschaften beschwert. Zudem wanken die meisten betrunken herein. Carmel erzählt auch von den jungen Dingern, die nicht kapieren, dass – statistisch gesehen – die Laufzeit eines Hurenlebens eher flüchtig ist, erzählt von den weisen Nutten, die klug anlegten und heute – weit weg in einem anderen Eck Australiens – als Hausbesitzerin (oder Häuserbesitzerin) ihren verdienten Lebensabend verbringen. Von keinem belästigt, von keinem an die Vergangenheit erinnert.

Irgendwann ist die Zeit vorbei, aber wir bekommen aus aktuellem Anlass noch eine letzte Begebenheit erzählt, die jüngste, die extravaganteste, die gefährlichste. Vor drei Wochen läutete eine Frau, sie ist an diesem Tag der einzige Gast, der um eine Führung bittet. Wie uns zeigt Carmel ihr die Räumlichkeiten, demonstriert, erläutert. Die Besucherin bedankt sich nach den zwei Stunden, steigt in ihren Wagen auf der gegenüberliegenden Straßenseite, startet und fährt hochtourig und kerzengerade in das Blechpuff hinein. Einen halben Meter scharf an Carmel vorbei. Jetzt verstehen wir elf plötzlich, warum die Vorderseite notdürftig mit Spanplatten kaschiert ist, warum es im Gang und in der Küche aussieht, als hätte eine Granate eingeschlagen. Das Werk der Fremden. Die Polizei rätselt, die Kamikaze-Frau gab einen verklemmten (!) Fuß am Gaspedal zu Protokoll. Das muss sie sagen, meint der Questa-Casa-Anwalt, damit die Versicherung zahlt. Carmel – viele Jahre geschult in Eifersucht, Maskerade und Heuchelei – ahnt etwas anderes, auch zeigen Indizien in diese Richtung: Die *businesswoman* aus Perth hat wohl erfahren, dass ihr Freund bisweilen hierher kam. Um sich kurzweilig von der Freundschaft zu erholen. Somit war die Autobombe ein Akt der Rache.

Wie auch immer, heiteren Gemüts gehen wir auseinander. Zum Abschied bekommt jeder von uns eine Visitenkarte. Für den Fall, dass. Man sieht einen Schraubenschlüssel – des Bergarbeiters wichtigstes Werkzeug –, überzogen mit einem Kondom, Text: »Protect your tool.« Clevere Werbung ist ein Zeichen von Intelligenz.

Am späten Nachmittag sieht Kalgoorlie am besten aus. Lange Schatten ziehen über die Hannan Street, die Hauptstraße mit den breiten Vordächern über dem Trottoir. Die hübschen Fassaden erinnern an die gute alte Zeit, in der viel gemeuchelt und gemordet wurde und die Stadt, einst aus dem Wüstensand gestampft, zu einem der größten Goldexporteure weltweit aufstieg.

Abends wird es dann trostlos, wie immer in der Provinz. Kein Nachtleben, kein Glitzer, kein Betrieb, nur die zum Bersten gefüllten Pubs, wo sie pro Minute tausend Liter Bier durchlaufen lassen. Ich wage mich in *Paddy's Ale Pub*, wo vierzehn TV-Monitore plus ein Riesenbildschirm hängen, fünfzehn verschiedene Sportsendungen flackern. Aufregender allerdings die *Skimpies* (die Knappen), jene Mädels an der Bar, die in Slip und Büstenhalter oder in Slip und ohne Büstenhalter den Kerlen nachschenken. Beneidenswert, wie australische Männer der Reizüberflutung standhalten. Aus allen Himmelsrichtungen werden sie bombardiert und keiner verliert die Contenance. Rechts der Tür steht ein *Alcohol Breath Tester*, für einen Dollar kann man in einen Strohhalm blasen und im Nu erfahren, wie voll der Tank ist.

Wie ein Hund trotte ich durch die leeren Straßen. Will den Augenblick hinauszögern, in dem ich zurück auf die verlauste Matratze muss. Warum trete ich jetzt nicht in einem Hollywood-Film auf, wo mir ein Skimpy vom nächsten Balkon zuwinkt, eindeutiger Aufruf, neben ihrer warmen Kalifornienhaut die Nacht zu verbringen. Aber immerhin, ich bekomme eine Gnadenfrist. Ein Café hat offen, das *Monty*. Hier kann man es ohne 2,8 Promille im Kopf aushalten. Ein Stoß Zeitungen liegt herum. Ich will lesen, bis ich einen Satz gefunden habe, der mich aufmöbelt. Ich saufe eben Buchstaben. *Comfort reading*. Und da ich ebenso hündisch davon abhängig bin wie andere von anderen Suchtmitteln, saufe ich eben so lange, bis ich genug habe. Und nach eineinhalb Stunden ist es so weit, ich lese ein Interview mit Art Garfunkel, er sagt da: »Gewiss, ich habe mir schon lange zur Aufgabe gemacht, doch noch ein schöner Mann zu sein. Schöne Zeilen zu singen und dabei ein schöner Mann zu sein.« Ist das nicht umwerfend? Diese harmlose Eitelkeit, die schön sein und schöne Zeilen singen will. Um die Freude in der Welt zu vermehren. Der schleudere den ersten Stein, der das nicht möchte. Jetzt traue ich mich. Garfunkels *Since I don't have you* piepend mache ich mich auf den Weg in die Folterkammer.

Der Morgen ist glorios. Denn meine zweite und letzte Nacht liegt hinter mir. Auf und davon ins Frühstücks-Café. Neben mir sitzt ein älterer Herr, er sieht den Rucksack und fragt nach meinen Plänen. Nach zwei kurzen Antworten drehe ich das Gespräch um, er soll erzählen. Robert scheint die Unhöflichkeit nicht zu bemerken und fängt an. Er war Teil des australischen Bataillons, das am 18. 8. 1966 im vietnamesischen Long Tan schwer unter die Räder kam. Er hat überlebt, wird Ingenieur, wird erfolgreicher Geschäftsmann, wird Antikommunist, wird nebenberuflich Pentacoastal-Prediger, wird – das Herz des Menschen bleibt auf immer unerforschlich – jetzt um 11 Uhr zur *Sunday School* gehen und *Intelligent Design* unterrichten. Jene von christlichen Fundamentalisten, den Kreationisten, verbreitete Blödelei, die radikal die Evolutionstheorie negiert und behauptet, dass ein *creator* die Welt »kreiert« hat. (Das Wort »intelligent« ist natürlich in diesem Zusammenhang eine satirische Perle.) Rigoros vermeiden sie in ihren offiziellen Statements das Wort »Gott«, um nicht mit der US-Verfassung zu kollidieren, die kategorisch die Trennung von Kirche und Staat vorschreibt (zumindest auf dem Papier). Denn mit Macht versuchen die Geiferer, Einfluss auf den amerikanischen Schulunterricht zu nehmen, wollen durchsetzen, dass gleichberechtigt neben Darwins Lehre – wenn sie ihn schon nicht abschaffen können – ihr obskures Gebräu vom Werden der Welt gelehrt wird. Die Zurückgebliebensten unter ihnen – Robert zählt dazu – erzählen den 6-Jährigen, dass die Welt vor 6000 Jahren erschaffen wurde, in sechs Tagen. Und dass sich der Schaffer am siebten Tag ausruhte.

Ich frage pro forma – ich habe mich kurzzeitig mit der Pseudo-Wissenschaft beschäftigt, darüber gelesen –, welcher Religion dieser Gott angehört. Und Robert, schon höllisch verblödet: »He's a Christian god, of course.« Ich berichte dem 62-Jährigen, dass der Ausdruck *intelligent design* 1989 in dem als Schulbuch gedachten *Of Pandas and People/Von Pandabären und Menschen* zum ersten Mal offiziell eingeführt wurde. Ich berichte ihm nicht, dass ich das Machwerk gern umbenennen würde in *Of Sheep and Shepherds / Von Schafen und Schafhirten.* Denn zuallererst hat der Himmelsvater Millionen Schafinnen und Schafe zur Weide geführt. Auf dass sie nachblöken, was andere ihnen vorblöken. Natürlich diskutiere ich nicht mit dem Irrlicht, Blindwütige sehen nicht, sie tappen im Dunkeln. Früher habe ich argumentiert. Selbst blöd. Das nervt nur, vermittelt am Ende immer das Gefühl, mit dem Dorfdepp unterwegs zu sein. Heute tue ich das genaue Gegenteil, bekenne sofort heilfroh, einen Gleichgesinnten getroffen zu haben, bin Feuer und Flamme und frage Robert, welchen Beweis ich anführen könnte gegen dieses Häretiker-Pack, das impertinent darauf besteht, dass Erde und Kosmos sich via Evolution entwickelt haben. Und der so freundliche Dorfdepp, studierter Akademiker und Kriegsveteran, schenkt mir einen Satz, der sicher zu den albernsten des Neuen Testaments gehört. Von Paulus (Nietzsche über den »Heiligen«: »Ein Genie in Hass«), der in seinem ersten Brief an die Korinther, Kapitel 1,27, schreibt: »But god has chosen the foolish things of the world to confound the wise ...« (Aber Gott hat das Törichte in der Welt erwählt, um die Weisen zuschanden zu machen ...) Schlagartig bin ich wieder hochgestimmt. Dummheit nervt, aber so weltbewegende Dummheit kann enorm amüsieren. Herzlicher Abschied, »two brothers in arms«, meint Bruder Robert noch, »say good-bye to each other.« Ich schultere mein Gepäck, kämpfe gegen einen Lachanfall und wische hinaus.

Nachmittags nach Perth. Ich dachte immer, nur Greyhound-Fahrer martern mit ihrem Reglementierungs-Wahn, nein, unser Mann vom *Goldfields Express* übernimmt jetzt die Spitzenposition. Hier zahlt man nicht für den Platz, hier zahlt man, um gefoltert zu werden. Obwohl zwei Drittel der Sitze nicht besetzt sind, soll ich zurück zu der auf dem Ticket markierten Nummer. Ich nehme grundsätzlich keine hirnlosen Anweisungen entgegen. Da ich zudem inzwischen gelernt habe, wie man mit aufgeblasenen Hasenfüßen umgeht, erkläre ich dem Hasenfuß, dass ich hier sitzen bleibe. In diesem schwelend agressiven Ton, der eine weitere Diskussion nicht ratsam erscheinen lässt. Das wirkt, wir starten.

Nun folgen per Lautsprecher die ersten 31 Gebote, bei Annäherung an eine Raststätte folgt die zweite Lawine: Achtung, am rechten Schalter das Klolicht ausschalten! Achtung, nicht barfuß den Bus verlassen! Achtung, nicht barfuß den Bus besteigen! Achtung, die Kaffeetasse im Schnellimbiss ist heiß! Achtung, der Wind bläst! Achtung, die ATM-Maschine steht direkt neben den Softdrinks! Achtung, dort kann man sich gleich die Windeln herunterladen! Achtung, die dreifarbigen Schnuller liegen direkt neben der Kasse! Okay, das ist gedichtet, die Windeln und die Schnuller habe ich dem Schwadroneur in den Mund gelegt. Aber in ein paar Jahren sind wir so weit.

Kurz vor 22 Uhr kommen wir an. Beim Aussteigen frage ich den Fahrer, warum er acht Stunden lang blutrünstige Filme – die dritte Zumutung – gezeigt hat. Und der kleine Sadist: »To keep you occupied.« Wie einleuchtend, so geht man mit Schafen um.

Intelligent design all over. Weit und breit niemand, der uns mit Denken in Atem halten will.

Alles vergeben, als ich das Hotelzimmer betrete. Ein Paradieszimmer. Wie ein Gekreuzigter lege ich mich bäuchlings auf das Doppelbett. Ohne die Erinnerung an die Golddust-Klitsche wäre der Genuss halb so spektakulär. Wohlgeruch, Stille, ja überwältigt von der Aussicht, dass im Nebenraum eine Badewanne wartet. Damit ich jetzt zwei Stunden lang im warmen Wasser liegen, rauchen, lesen und einer US-Sextherapeutin im Radio zuhören kann, die auf den amerikanischen Puritanismus anlegt und darauf verweist, dass es in ihrem Land über hundert Wörter für *pain* gebe, aber keine zwanzig für *joy*. Und zwischendrin die Deutschen lobt, denn einer von ihnen (Gräfenberg) habe den G-Punkt entdeckt, dessen Aktivierung bei Gott zur *joy of life* beitrage.

Ich darf mit der beruhigenden Gewissheit einschlafen, dass ich ab 6 Uhr 45 nicht losrennen, nicht Reporter sein und nach Storys jagen muss. Dass ich stundenlang sitzen bleiben und mich mit dem vergnügen darf, was noch entschiedener zur Anhäufung von Hochgefühl, Ganzheit und Lustsausen beiträgt: die deutsche Sprache. Haben wir je etwas Eleganteres erfunden? Wie viele G-Punkte müssen her, um es mit ihr aufzunehmen?

Perth ist die Hauptstadt von *Western Australia*, dem größten Staat des Kontinents, größer als Texas und Neuseeland zusammen. Und die 1,4-Millionen-Metropole sieht gut aus, hat Küsten-Flair, hat eine blaue Sonne, hat Männer und Frauen, die sich selbstsicher zwischen den Wolkenkratzern bewegen. Wie alle Großstadt-Neurotiker mag ich eine Umgebung, die fiebert, nervös ist, vif. Und ich finde ein Café, das *Dome*, wo es aussieht wie in Wien, sprich, wo man nur der Gewohnheit wegen für den Kaffee zahlt, aber im Grunde die Dollar hinlegt, um bleiben zu dürfen. Zum Nachdenken, Plaudern, Lesen, zum Sitzen und Schauen. Und wo keine Rednecks rülpsen und alle männlichen Gäste, auch die Bauchträger, sich mit zugeknöpftem Hemd an den Tisch setzen.

Perth, ich fühle es, wird mich beschenken. Und das erste Geschenk heißt Otis, der in einem Reisebüro arbeitet, das Busfahrten durch die *Nullarbor* anbietet. Da ich irgendwann zurückmuss, schaue ich mich rechtzeitig nach Verbindungen um. Otis am anderen Ende der Leitung ist betont freundlich, sagt gleich, dass gestern, leider, leider, der Bus nach Adelaide abgefahren ist und der nächste erst wieder in vier Wochen vorgesehen ist. Ich bedanke mich, will aufhängen, als Otis laut dazwischenruft und ohne die geringsten Anzeichen eines epileptischen Anfalls meint: »Ich sehe gerade, dass für übermorgen ein Bus von Adelaide nach Perth geplant ist, interessiert dich der, willst du den buchen?«

Sind das nicht Glanzpunkte des Reisens? Diese Begegnungen der dritten Art? Ich hüpfe wieder vor Freude von einem Bein auf das andere. Was ich immer tue, wenn mir etwas widerfährt, was ich nicht glauben würde, wäre ich nicht selbst dabei gewesen.

Nächster Anruf. Und nun passiert etwas ganz Ähnliches. Und vollkommen anderes. Ich wähle eine aus Europa mitgebrachte Telefonnummer. Wieder von Freunden, die hier eine ferne Verwandte haben. Und ich rufe die Ferne an, jemand hebt ab, ich stelle mich vor und Inne S., die nie von mir gehört hat, absolut nichts weiß über mich, sagt, nachdem ich erklärt habe, von wem ich ihre Nummer habe: »It's wonderful to hear from you, Andreas, yes, we must meet.« Und ohne ein überzähliges Wort zu verlieren, gibt sie mir die Adresse des *Burswood Casinos* durch. »Wednesday at 4.30 pm, is this ok for you, Andreas?« Absolut o.k., nichts ist selbstverständlicher, als eine wildfremde 77-Jährige am helllichten Nachmittag zwischen 1500 Einarmigen Banditen zu treffen. Voller Begeisterung hänge ich ein. Wieder die dritte

Art. Später fällt mir ein, dass ich auch so sein will als Greis. Ohne Misstrauen, sonnenklar im Kopf, neugierig auf andere.

Schöne Tage in Perth. Auf der letzten Busfahrt hat mir jemand den *King's Park* empfohlen. Könnte ich den Mann wiedertreffen, ich würde mich vor ihn hinknien und für den Rat bedanken. Die 400 Hektar sind auch ein Geschenk, aus drei Gründen: der überwältigend schöne Garten, die außergewöhnliche Weise, mit der hier der Kriegstoten gedacht wird und der Blick in den Abgrund delirierender Bürokraten. Damit soll der Besuch beginnen, er sorgt für Fröhlichkeit. Umso besser, da man bald von einem ganz anderen Gefühl heimgesucht wird.

Am Eingang steht eine große Tafel mit den *Park Regulations*, wer nachzählt, kommt auf 71 Verbote. Schon schnelles Gehen – »not more than nine km/h« – ist untersagt, geahndet werden ebenfalls alle, die sich hier »unerlaubt verheiraten«, nicht anders als jene, die beim »Zerstören von Blumen *ohne Erlaubnis*« ertappt werden (»ohne Erlaubnis« ist kaum zu toppen). Gipfel unstaatsbürgerlichen Verhaltens ist jedoch das »unlawful impersonating of the Park Manager Officer«, sprich, keiner soll hier vorbeikommen und so tun, als wäre er der Chef. Wie antwortete Günter Grass auf die Frage, was er als Diktator zuerst abschaffen würde: »Das deutsche Beamtengesetz.« Das deutsche nur? Der Mann hat keine Ahnung.

Das Schönste des riesigen Geländes sind die zwei Avenues, flankiert an beiden Seiten von hohen Eukalyptusbäumen. Am Fuß eines jeden Stamms verweist eine Plakette auf einen jungen Menschen, der im Ersten Weltkrieg fiel. In Italien, in Frankreich, in der Türkei, in Ägypten, in Deutschland. Australien hatte – proportional zu seiner damaligen Bevölkerung von fünf Millionen – öfter zu trauern als jede andere Nation. 65 Prozent aller Soldaten wurden entweder verwundet (über 150 000) oder getötet (über 60 000), alles Freiwillige.

Einfühlsame Idee. Sich mit Hilfe eines Baums auf jemanden zu besinnen geht viel näher, als vor einem kalten, viereckigen Stein zu stehen. Zudem sind die Alleen von einem Märchenwald umgeben. Hier fünf von vielen Namen:

Arnold H. Leave, killed in action, aged 21,
planted by his uncle
Franck Leslie Halle, died of wounds, aged 23,
planted by his mother
J. Shaw Anderson, killed in action, aged 19,
planted by his father
Charles D. Jones, killed in action, aged 20,
planted by his father
William Davis, killed in action, aged 33,
planted by his friend

Irgendwann fange ich haltlos zu heulen an. Und weiß nicht einmal, warum. Es gibt wohl Augenblicke, da hält man die Welt nicht aus. Ich setze mich, lehne mich an. Gut, dass niemand in der Nähe ist. Die gestrigen Fernsehbilder fallen mir ein, Nachrichten aus Bagdad und der Schmerzensschrei einer Mutter, die sich nach vorne beugte, als wollte sie ihre toten Kinder schützen. Den Schrei muss man gehört haben. Man wird ihn vergessen, aber nicht morgen, nicht übermorgen. Wie das Brüllen einer Gefolterten. Mir ist, als wären Bild und Ton erst jetzt bei mir angekommen. Vielleicht war ich gestern zu müde, um sie »wahrzunehmen«, sie als Wahrheit einer Mutter zu begreifen. Der Baum tut gut, ich flenne und er scheint ganz einverstanden.

Ein Teil des King's Park ist ein botanischer Garten, über 2500 Pflanzenarten wuchern hier. Aber er sieht nicht klinisch aus, Wiesen gibt es, Wasser sprudelt, in einem Teich paddeln Küken, Jogger ziehen vorbei, seltsamerweise von keinem Blaulicht verfolgt, obwohl sie mit weit über neun Kilometer pro Stunde unterwegs sind. Familien picknicken, auch Aborigines. Ein paar Halbwüchsige spielen Frisbee, wieder gesetzwidrig, aber ein eklatanter Mangel an Aufsichtspersonal, so scheint es, trägt gerade zur Sinnlichkeit des Lebens bei. »Ordnung ist das halbe Leben, Unordnung die andere Hälfte«, sagen sie weise in Afrika.

Ich liege im Gras und höre Radio. Neben der Erfindung des Papiers, des Fahrrads und des Macs ist ein Weltempfänger die viertgrößte Entdeckung. Die Schriftstellerin Jay Griffiths erzählt auf ABC, wie sie zu ihrem Beruf kam. Auf höchst originelle Weise. Der 5-Jährigen fällt zum ersten Mal ein Namenszug auf dem Cover eines Buches auf. Sie fragt die Mutter, was das zu bedeuten habe. Nun, das sei der Name der Person, die das Buch geschrieben hat. Welch unglaubliche Neuigkeit für Jay, denn bisher hatte sie immer geglaubt, dass Bücher wie Früchte, wie Luft, wie der Schnee zum Universum gehörten, einfach da waren, von Gott geschaffen. Jetzt begriff sie, dass man sie »machen« konnte. Und so enstand in ihr der Wunsch, ein *writer* zu werden, eben Gott.

Ich greife voraus, aber ich will das Hochgefühl keinem vorenthalten. Zurück in Paris habe ich Griffiths' Buch gelesen: *Wild: An Elemental Journey.* Die Schriftstellerin war eine Entdeckung für mich, als ein anderer Mensch erreicht man das Ende der 374 Seiten.

In Perth kann man viel über das Land lernen. Ein »Skandal« bricht gerade aus. Wahlkampf-Zeiten, John Howard, der aktuelle Premierminister der Liberalen, gegen Kevin Rudd, den Kandidaten von Labour. Wie überall wird nach Schmutzwäsche gefahndet. Und die Regierung wird fündig, findet heraus, dass ihr Gegner vier Jahre zuvor (!) einen New Yorker Stripclub besucht hatte.

Das ist, wie sie im Outback sagen würden, »just chicken shit«, bedeutungslos. Der Skandal ist natürlich nicht Peeping Tom Rudd, der nackten Russinnen beim Ausziehen zuschaute, sondern Rudd, der nun sofort zu buckeln anfängt, sich sofort öffentlich entschuldigt und um Vergebung bei seiner Frau nachsucht. Was für ein Männchen. Und sofort wogen Fragen über Fragen durchs Land. Waren die Damen nackt? Halbnackt? Hat Rudd angefasst? Oder hat sich der Christ und Kirchgänger gar zum Lapdance ins dunkle Eck verzogen?

Aber nun kommt das Australien, das ich liebe, das eben nicht die nach protestantischem Sado-Masochismus stinkende Clinton-Lewinsky-Affäre nachstellt, sondern seinen eigenen Weg geht. Denn rasch erkennt ein Großteil der Presse das immense Satire-Potenzial, das in diesem Kinderpopo-Ausflug steckt. Unter dem genialen Titel »Kevin alone in New York« wird aus allen Rohren auf die moralisch Hochgerüsteten gefeuert. Scharf und fidel wird darüber diskutiert, ob Rudd nun »faktisch« gesündigt habe oder nur in Gedanken gesündigt. Oder in Tat und Gedanken gesündigt? Ja, ob Sündigen in Manhattan doppelt schwer zählt? Die ganze Latte letzter moraltheologischer Fragen wird ausgeleuchtet. Man sieht grausam erheiternde Cartoons, sieht Rudd – in Anspielung auf den krokodilstränennahen Clinton, der 1998 von drei »Gottesmännern« flankiert um »geistlichen Beistand« bat – sieht Kevin im »Oral Office« sitzen und dieselbe Hanswurstiade der Welt vorführen. Ja, Auszüge aus den (fiktiven) »heimlichen Tagebüchern« von Therese, Rudds Frau, werden vorgelegt, in denen sie davon spricht, wie sehr sie von ihrem Gatten gelobt wurde. Hat sie doch die New-York-Story lanciert. Um sein biederes Image – Rudd sieht aus wie ein Staubsauger-Vertreter aus Malmö – aufzupolieren. Denn Australier lieben Virilität, lieben einen echten *bloke*, einen richtigen Kerl, »who has blood in his veins«. Ein Journalist schreibt, und man könnte ihn küssen dafür, dass man – mit Blick auf das künftige *first couple* – durchaus verstehen kann, wenn der eine oder die andere sich bisweilen nach aufregenderen Exemplaren umschaut.

The End. Happy Ending. Damit ist die Affäre erledigt. Erstickt unter dem Gelächter der Zuschauer. Standing Ovations, bravo Australia, encore!, encore!

Auf dem Kontinent haben sie noch andere Herausforderungen. Zurzeit rauscht die Geschichte von Clare Oliver durch den Blätterwald. Die junge Frau plagt Hautkrebs, der Lieblingskrebs im Land, die Ärzte geben ihr noch fünf (!) Tage. Aber die (fast) 26-Jährige will die Zeit nutzen, um in den letzten 120 Stunden ihres Lebens Aufmerksamkeit zu erregen. Sie lächelt in alle Kameras, lässt sich ausfragen, erklärt ihre Sucht nach Solarium-Bräune für die Krankheit verantwortlich, ruft zum Kampf dagegen auf, verweist auf ihre kommende Geburtstagsparty. Im Eilverfahren wird sie zur Vorkämpferin gegen den Solarium-Krebs gehypt. Herostrat fällt mir ein, der vor knapp 2400 Jahren den Tempel der Artemis anzündete und auf die Frage, warum er das tat, antwortete: »Ich wollte berühmt werden.« So war der Grieche das erste Blitzlichtluder. Der Tod, die Todesstrafe mögen drohen, egal, ich will ins Rampenlicht, ich will ein paar Atemzüge lang die große amorphe Masse verlassen, ich will wer sein, ich will sein.

In derselben Zeitung steht ein Interview mit dem in Australien sehr bekannten Schauspieler Ernie Dingo. (Wim Wenders hat ihn vor Jahren für seinen Film *Bis ans Ende der Welt* engagiert.) Man erfährt, dass vor fünf (wieder fünf) Tagen sein jüngerer Bruder Murray bei einem Verkehrsunfall – kein Witz: auf dem Weg zu einer Beeerdigung – ums Leben kam. Und heute, fünf Tage »nach dem schrecklichen Verlust« sehen wir den Berühmten in einem feinen Restaurant sitzen und »über den schrecklichen Verlust« reden. Mit diesem Ausdruck im Gesicht, den sie im Englischen gemein ehrlich *look-at-me-grief* nennen: Schau mal, wie ergriffen ich bin. Dingo muss zwar nicht selbst sterben wie Miss Oliver, hat aber immerhin einen Bruder, der starb. Also her mit den Medien.

Bin ich zynisch? Nein, nur wieder mal fassungslos. Die Schamfrist – das ist jene Frist, in der man unfotografiert bleibt – ist verschwunden. Ich warte auf die Technik, die uns in Echtzeit zur »tiefen Trauer« dazuschaltet: »Mister Smith, sorry, Ihr Sohn wird gerade im Irak geköpft, was sagen Sie dazu?«

Robbie Williams hat das Thema in seinem Song *Advertising Space* behandelt, das Lied über jemanden, der sein Gesicht, seine Seele, sein Alles der Welt verhökert, noch auf dem Totenbett: »... there's no dignity in death / to sell the world your last breath.«

Ich denke an die Mutter in Bagdad, höre wieder den Schrei dieses einsamen Menschen und stelle mir vor, dass die Irakerin fünf Tage später, schick gestylt für den Fototermin, im Bagdad-Café sitzt und – »I'm still under shock« – über den Sprengkörper plaudert, der über ihre drei Kinder kam. *Just bad dreaming*, denn sie wird nicht kommen und sie wird nicht plaudern.

Am frühen Abend sitze ich im Dome-Coffeshop, mein Büro in Perth. Und diesmal ist kein still Tippen, diesmal zieht Feuer durch meinen Kopf. Ich werde mit einem Problem konfrontiert, das seit ein paar Jahren weltweit um sich greift und logischerweise auch in Australien ein Thema ist. Ein heißes. Relativ harmlos fängt es an. Ich lese in der Zeitung über den Besuch von Missis Wafa Sultan in Sydney. Die Syrerin, Ex-Muslimin, Ärztin und heute in den Staaten tätig, mahnt jeden, nicht zwischen moderaten und fundamentalistischen Moslems zu unterscheiden. Denn der Islam sei a priori – man müsse nur den Koran genau studieren – »evil«. Schön wär's, denkt man, wenn es nur den Islam gäbe und keinen anderen Wahn und Wahnsinn in der Welt. Im Übrigen muss ich der Araberin widersprechen. Mein Gemüsehändler, mein Schuster, mein Flickschneider, mein Crêpes-Bäcker, mein Kaffeehaus-Patron, alle meine Pariser Moslems sind witzig, unbewaffnet, freundlich und nie von der Versuchung geplagt, mir den heiligen Allah einzureden. Seit Jahren gehen wir lässig miteinander um.

Zurück zum Dome, nun wird es konkret. Ein Moslem-Paar nimmt am Nebentisch Platz. Er leicht korpulent und vollkommen unauffällig gekleidet, vielleicht dreißig, sie vollkommen eingemottet von Kopf bis Fuß. Ich fahre sofort runter auf *zero tolerance.* Wäre ich hier Besitzer, ich würde die beiden darauf hinweisen, dass der Karneval vorbei ist und wir uns schon seit Monaten wieder zivilisiert kleiden. Der Aufzug ist eine Beleidigung. Für alle, auch für die Umgebung. Aberwitzig, nein, obszön, wie die Frau jedes Mal die Gesichtswindel hochheben muss, um die Teetasse zum Mund führen zu können. Schöner Mund, schönes Gesicht. Vielleicht ist das der Grund, warum ihr Eigentümer sie versteckt. Jeder Schluck ein Akt der Erniedrigung. Und wer hat Schuld? Natürlich sie, das dumme Weib, das sich erniedrigen lässt, statt dem Wohlgenährten das nächste Stuhlbein über die Dunkelbirne zu brennen. Ich frage mich, was einen solchen Zorn in mir auslöst? Ich denke an die afrikanischen Mamans in Paris, die sich ganz anders kleiden als die Europäerinnen. Weil es ihnen gefällt, weil sie sich so schön finden. Und nicht, weil sie »gottgefällig« sein wollen. Auch sie mit Kopfschmuck, Kopftuch, Turban, aber bunt, aber offen, aber menschenwürdig. Frauen, die zum Reichtum der Welt beitragen, ja nebenbei beweisen, dass es noch andere Einfälle gibt als die von Prada und Dolce & Gabbana.

Es ist der Zorn über die Macht von Religion, über die Macht, mit der sie Gehirne beschmutzt (nicht wäscht), Zorn über die Narrheit, die hier machtvoll zum Ausdruck kommt. Sicher hat der Herr Gatte gestern abend nochmals im *holy book* nachgeschaut, um sich, sagen wir, bei Vers 38, Sure 4 zu stärken: »Die Männer sind den Frauen überlegen (...), diejenigen, deren Widerspenstigkeit ihr fürchtet, warnt sie, verbannt sie in die Schlafgemächer, schlagt sie.« Und so sei es. Weil Mohammed, der Analphabet, via Gabriel, dem Erzengel, von Allah, »der Quelle alles Guten« (Al-Barr) und dem »Ehrverteiler« (Al-Mu'izz), »zu Medina geweissagt« bekam, dass man Gattinnen zu Zeiten verprügeln und demütigen muss, sitzt jetzt eine Vogelscheuche neben mir, die eigentlich als Frau geboren wurde, aber als Burka-Kasper ihr Leben hinter sich bringen muss.

Wie sagte Romain Gary, der französische Schriftsteller: »La plus grande puissance spirituelle de tous les temps, c'est la connerie avec un grand C«, frei übersetzt: Die größte spirituelle Kraft aller Zeiten ist die heilige Dummheit.

Am nächsten Tag wäre ich um ein Haar Gott in Perth begegnet. Einem richtigen. Denn beim Frühstück lese ich, der reine Zufall, dass Hank B. Marvin seit zwanzig Jahren hier lebt. Hank war vor langer Zeit mein Gottvater, der größte lebende Gitarrist aller Zeiten. Ein Übervater, der allen anderen Göttern – Jeff Beck, Eric Clapton, Mark Knopfler – Schauder der Bewunderung einjagte. Er war der Boss der *Shadows*, jener Mann, der die Mutter aller Gitarren-Soli komponiert hatte: *Apache*. Und je talentloser ich es einübte, desto uferloser stieg die Anbetung für einen Mann, der ich nie sein konnte. (Kurze Zeit später hat meine von mir gegründete Band mich fristlos entlassen.) Aber ich blieb Hank treu, eben als Ex-Bandleader und Käufer seiner Platten. Und jetzt sind wir beide in Perth. Das Schicksal ruft.

Ich mache mich auf die Suche nach Gott. Verzweifelt, denn Hank, der heute 66-Jährige und noch immer Erfolgreiche, hat in dem Interview auch davon gesprochen, dass er inzwischen – jetzt festgurten – ein »Zeuge Jehovas« geworden sei. Und in seiner Freizeit von Tür zu Tür geht und anklopft, »um die frohe Botschaft zu predigen«. Er suchte Antworten, sagte er noch, und jetzt habe er sie gefunden. Ich muss ihn sprechen, jetzt mehr denn je, ich will auch Antworten. Von ihm, dringend.

Ich führe 57 Telefongespräche, mit Zeitungen, mit Labels, mit Zeugen Jehovas, streiche durch die Cafés des Viertels, dessen Name (Leederville) als einziger Hinweis in dem Bericht erwähnt wurde, gehe ins dortige Rathaus, keiner weiß was, keiner rückt eine Information heraus. Doch einer, im *Café 130* erbarmt sich ein Kellner, sagt, dass ein Freund von ihm »*the* expert of music and music business« sei, er wird ihn anrufen, ich soll in einer Stunde wiederkommen. Nach fünfzig Minuten bin ich zurück und bekomme die Adresse der *DJ-Factory*, des Musikladens, wo Experte Sam Pizzata regiert.

Und Sam, enger Freund von Hank, verspricht, ihn zu kontaktieren und ihm von mir zu erzählen, dem Anbeter und ehemaligen Solo-Gitarristen A. A., der ihn unbedingt treffen will, nein, muss. Ich eile sogar eigens zum nahen Glücksbrunnen im atemberaubend schönen Russel Square, wo Bäume stehen, die nur noch in Cinemascope-Filmen auftreten, und werfe eine 2-Dollar-Münze hinein, mit dem schnell geflüsterten Wunsch: »Lieber Brunnen, bitte lass mich Mister Marvin treffen.«

No way. Als ich mich umdrehe, beugt sich ein einheimischer Hundesohn über den Rand und fischt das Geld heraus. Ein Zeichen des Himmels, das ich erst hinterher begreife. Als ich zum vierten Mal Sam bedränge, ist es das letzte Mal: Gott ist in Sydney, um seine neue CD *Guitar Man* vorzustellen. Ich bin für Minuten deprimiert, dann passiert etwas Sonderbares, fünfzig Schritte weiter: Die Absage erlöst mich. Urplötzlich. Vielleicht ist es klüger, so die rettende Idee, wenn man seinen Idolen nicht über den Weg läuft. Träume könnten platzen.

Ich bleibe in Northbridge, der hipsten Gegend in Perth, Cafés, Bars, verliebte Schwule, verliebte Junge, verliebte Alte, Violett-Haarige, Ganzkörper-Tätowierte, faule Bettler, fleißige Bettler, flüchtige Marihuana-Schwaden, die Sonne auf den Terrassen und eine Brise, wie sie nur durch Städte zieht, die nicht weit vom Meer liegen. Ich bestelle einen Kaffee und lese nochmals den Bericht über Hank B. Marvin. Und schlagartig fällt mir auf, dass der Mann nichts zu sagen hat. Nur dünne, liebe Sätze. Keine Zeile, die pocht, die ausholt und trifft. Sodass man getroffen dasitzt und sie nachflüstert. Hank ist brav und proper und sechsfacher Familienvater, never drugs, never booze, never dirty girls, nie ein zertrümmertes Hotelzimmer, immer das beflissene Genie, das seit geraumer Zeit nebenberuflich als Bergprediger durch die Nachbarschaft tourt und aufsagt, »was im Buche steht«. Never mind. Kein Sprachgott, eben ein Musik-Gott. Voller Dankbarkeit will ich mich daran erinnern.

In der Nähe meines Hotels gibt es ein Deli, das die ganze Nacht geöffnet ist. Neben dem Eingang hat der Besitzer Fotos verschiedener Individuen aufgehängt, mit ihren Namen darunter. Die kleine Ausstellung heißt: Das sind Ladendiebe!

Heute ist der Tag, um Inne S. kennenzulernen, die Wildfremde. Ich bin zwei Stunden eher im *Burswood Entertainment Complex*, will mich umschauen. Australier, heißt es, seien krank vor Spiellust. Sieben Restaurants gibt es, acht Bars, einen Nachtclub, zwei Luxushotels, ein Convention-Center, ein überdachtes Stadion. Und das Casino, immer offen, nie zu, nie. Von Roulette, Black Jack, Money Wheel, Texas Hold'Em, Baccarat, Three Card Poker, Keno plus Wetten auf Pferderennen, Hunderennen plus plus plus, alles vorhanden. Auf einer gigantischen Fläche. Und in jeder Toilettenkabine eine Box, deren Sinn ich nicht gleich erfasse.

Bis ich die Aufschrift lese: *Community Syringe Disposal Unit*, verstehe, hier können die Junkies ihre benutzte Nadel entsorgen. Wie fürsorglich. Warum den Ruinierten nicht eine umweltbewusste Umgebung bieten? Vorhanden natürlich auch die Mauscheleien zwischen Betreiber und servilen Politikern. Immer wieder gerät ein Deal an die Öffentlichkeit. Geld lockt, bis zu einer Million Dollar Gewinn machen sie in diesem Casino. In 24 Stunden.

Hier kann man lachen und weinen. Per Rollstuhl, auf Krücken, mit einer dreifüßigen Vorrichtung für schwerst Gehbehinderte, mit dem Blindenstock, ja mit dem Blindenhund ziehen sie hier herein. Blindwütig auf der Suche nach Money, kein anderer Gott kann sie zu mehr Anstrengung verführen als die Aussicht auf den *next jackpot*. Und sie setzen sich vor die 1500 *coin operated game machines*, müssen nicht einmal mehr am Arm des Banditen ziehen, Knöpfe drücken genügt. Und sitzen und drücken und trinken und mampfen und – verlieren. Meistens, fast alle. So könnte auch ein Altersheim aussehen, wo sie Gerätschaften aufgestellt haben, um die Insassen vom Selbstmord abzuhalten. *Born to be wild* hängt als Spruch irgendwo, und darunter sieht man die verwelktesten, die abgewirtschaftetsten Figuren, die eine Großstadt zu bieten hat. Ich frage eine Frau, nicht mal fünfzig, und sie gibt die passende Antwort auf die Frage warum: »What else could I do?« Sie könnte noch die *Problem Gambling Hotline* anrufen, auch sie flimmert allerorts: »Just try 1800-622-112«. Das ist makaber und unheimlich komisch.

Die Jüngeren sitzen um die Roulette-Tische. Hier gilt wieder die Outback-Kleiderordnung. Fleischberge, die mit ihren halbnackten Bäuchen die gestapelten Jetons vor sich umwerfen. Kloschüssel-Millionäre, die aus ihren Hosentaschen die Bündel zerren. Dicke Mädchen, die um ihre dicken Leiber eine *Birthday*-Schärpe tragen. Alle erstaunlich beschäftigt: Neu setzen, Grog gurgeln, glasig SMS lesen und alle fünf Minuten zuschauen, wie die Croupiers – hier sagen sie übrigens nicht: »Rien ne va plus«, sondern in alter Cowboy-Manier: »Hands back!« – mit beiden Händen die falsch platzierten Chip-Haufen einstreichen und in einem großen Loch verschwinden lassen.

Der Schock wäre geringer, hätte ich nicht die vielen Bilder im Kopf. Aus James-Bond-Filmen, aus Gangster-Movies, in denen Göttinnen mit mondän lackierten Fingern auf Rot und 23/26 und 30/33 setzen. In denen Halbgötter neben ihnen sitzen und mit einem schier unsichtbaren Flickern in den Augen mit der Schönen flirten. Der Geruch von Unterwelt, von Geheimnis und Eros lag in der Luft. Hier nicht, hier riecht es nach Bier. Aber was kann die Wirklichkeit dafür, dass ich keine Ahnung von ihr habe.

Inne S. kommt, pünktlich um halb fünf. Eine winzige, eine uralte, eine blutjunge Frau mit weißen Haaren und einem umwerfend warmen, ironischen Lächeln. Wir wissen beide absolut nichts voneinander, aber nach drei Stunden weiß ich mehr, genug jedenfalls, um mich an diese Inderin bis ans Ende meiner Tage zu erinnern. In Australien liegen Gold und Edelstein, Kohle, Eisenerz und Uran für die nächsten tausend Jahre. Und Geschichten. Sie reichen für eine kleine Ewigkeit. Sie müssen nur – wie die Bodenschätze – gehoben werden, müssen aus den dunklen, geheimnisvollen Stollen eines menschlichen Gedächtnisses ans Tageslicht. Damit andere voller Staunen und Verwunderung davon erfahren.

Wir brauchen eine Viertelstunde, um Vertrauen zu schaffen. Dass ich in Indien gelebt habe, verstärkt die Nähe. An ihren Bewegungen lässt sich erkennen, dass sie mit dem Ambiente vertraut ist. Sie sagt: »Hierher kommen die Alten, die einsam sind, nichts zu tun haben und Geld besitzen. Manche verbringen ihr Leben hier«, Pause, dann, »ich kam auch hierher, bisweilen jeden Tag.«

Läuft ein Gespräch gut, dann kommt bald der Augenblick, in

dem der andere, hier der Reporter, nicht mehr antreiben muss. Der Moment ist da, Inne erzählt.

1930 in Indien geboren, als 15-Jährige heiratet sie einen 38 Jahre älteren Mann, guter Mann, mit dem sie zwei Kinder hat. Als er stirbt, ist sie 31 und arbeitet als Sekretärin in einer Druckerei in Bombay. Sie wird die Freundin von B., ihrem Arbeitgeber, der verheiratet ist. Auch er ein guter Mann. Die Verhältnisse sind klar. B. hat eine Ehefrau, hat Söhne und Töchter, ist »traditionell«, wird nie die Familie verlassen und nie Inne die Heirat antragen. Und nie wird sie ihn darum bitten. »Ich wollte kein Unglück über die andere Frau bringen.«

Sie bringt keines, sie lebt wunderbare, heimliche Jahre mit B., sie wohnen in zwei verschiedenen Häusern, gehen in den jüdischen Klub, um Rommé zu spielen, gehen aus, lieben Gesellschaft, Martini und hitzige Gespräche über den Lauf der Welt. Beide sind Christen, aber nur auf dem Taufschein.

Kurz nach ihrem 46. Geburtstag legt die Dramatik zu. Ein holländischer Geschäftsmann nimmt an einem der Essen mit Freunden teil, ein gewisser Chris K., 47 Jahre und hoch qualifizierter Ingenieur, der weltweit Projekte leitet. Die beiden werden einander vorgestellt. Nichts weiter. Scheinbar. Als K. nach Den Haag zurückkehrt, ruft er eine Bekannte an, bittet um Innes Telefonnummer. Die er nicht bekommt. K. ruft oft an, oft vergeblich. Die Bekannte hält Inne, die von K. nichts wissen will, auf dem Laufenden. Sie ist klar im Kopf, sie liebt B., sie wird geliebt, warum also dem Sirenengesang eines anderen lauschen?

Der Ingenieur muss wieder nach Bombay, wieder nimmt er an einem gemeinsamen Essen teil. Jetzt erhält er die Nummer, eher aus Versehen. Und ruft Inne an, von allen Telefonen, in deren Nähe er sich in Europa, Asien und Australien befindet. Innes Kopf bleibt klar, sie hört zu und sagt dann: »Thank you for calling.« Der Anrufer (Holländer!) fängt an, Blumen zu schicken, nein, Blumenmeere, bald versorgt die Adressatin die Nachbarschaft damit. Aus Platzmangel. Die Flut besticht sie, ändert aber nichts. Sie will ihr Glück mit B. nicht riskieren.

K. fliegt nach England zu Innes Mutter, will sie als Bundesgenossin gewinnen. Das gelingt, die Mutter ruft die Tochter in Indien an, spricht mit ihr, gibt den Hörer weiter an K. Und der Dummkopf sagt zu dieser starken, unabhängigen Frau, dass er ihre Mutter um Erlaubnis gebeten hat, ihre Tochter zu heiraten. Das war die falsche Rede an jemanden, der ein Leben lang eigenständige Entscheidungen getroffen hat. Sie lässt den Freier wissen, dass sie keine Mutter braucht, um herauszufinden, ob sie jemanden liebt oder nicht. Und legt auf.

K. ist ein Marathon-Mann, er beginnt Briefe zu schreiben. Nicht wie wir anderen Sterblichen, nein, acht, neun, zehn Blätter lange Briefe, vorne und hinten beschrieben, mindestens zweimal die Woche. Und irgendwann erwähnt er wieder, jetzt ohne mütterlichen Beistand, dass er davon träumt, ihr Mann zu werden. Und jetzt, jetzt ja, nach all den Monaten voller Reden am Telefon, nach der monatelangen Blumenschwemme, nach den Tausenden, Abertausenden geschriebenen Wörtern, nach all den Gefühlen, Ahnungen, Möglichkeiten, jetzt sagt sie: »O.k., komm nach Bombay und lass uns reden.« Und K. kommt und überreicht ihr schon im Taxi einen Ring. Den sie nicht annimmt, sie will nüchtern bleiben, will nicht gekauft werden.

Zur Erinnerung: Es geht um eine Frau, die in ein paar Jahren fünfzig wird, die kein Geld hat, bereits Mutter von zwei Kindern ist, durchaus apart erscheint, aber von keinem je mit einem Bollywood-Vamp verwechselt wurde.

Sie reden, nichts als reden. Noch hat nicht der Anflug einer erotischen Annäherung stattgefunden. Das ist keine Liebesgeschichte, das ist ein Märchen aus dem 19. Jahrhundert. (Gestern sah ich eine Anzeige zu Speed-Dating: »Meet your soul mate in five minutes!«) Sinnigerweise wird sie während dieser Tage krank, hohes Fieber, Schüttelfrost, K. weicht nicht, pflegt sie gesund. Jetzt strauchelt sie, der Quantensprung passiert, sie sagt: »Ich kann nicht mit B. reden, das schaffe ich nicht.« Und K., souverän wie ein Filmheld: »Lass mich mit ihm sprechen, von Mann zu Mann.« Und die beiden Männer treffen sich und K. erklärt. Erklärt sich sogar bereit, bei B. ein *security money* zu hinterlegen, falls er sich als nichtsnutziger Mensch erweisen sollte und seinen Verpflichtungen Inne gegenüber nicht mehr nachkäme. B., auch ein Held, spürt wohl, dass die fünfzehn Jahre Glück zu Ende sind, meint: »Alles, was Inne will, ist gut.«

Am 7. Dezember 1976 heiraten sie, leben in Den Haag, ziehen nach dreizehn Jahren nach Perth. Dort ist es wärmer, auch näher zu Indien, auch praktischer für K., der jetzt vor allem in Australien arbeitet. Die Ehe floriert, Inne ist eine brillante Gastgeberin, hat Geist und Witz, führt das herrschaftliche Haus, organisiert wieder die Abende mit den Freunden, schenkt noch immer reichlich Martinis nach. Bis der Teufel sich meldet und ihr vom neuen Casino flüstert. Und die Schneeweiße deutet von unserem Platz im *Joker-Café* auf einen Roulette-Tisch, wo das Teufelswerk seinen Anfang nahm.

Die Sucht kommt schnell, ohne Zwischenstufen, von Null auf süchtig. Oft jeden Tag. Inne, der Spieltrieb-Junkie, sagt den Satz, den alle sagen, die dabei waren: »Ich konnte nicht anders.« Ein Satz mit Folgen. Die Zweisamkeit gerät ins Schleudern, das Paar schreit sich jetzt an. K. versucht, ihr den Dämon auszutreiben. Erfolglos, natürlich. Trotz dramatischer Szenen, trotz mehrmaliger handfester Evakuierungsversuche, weg von der Kugel, raus aus der Spielhölle. Doch K. verliert nie die Contenance. Inne erwähnt, dass er ihr kein einziges Mal vorgeworfen hat, »sein Geld« zu verbrennen. Nie, seine Wut richtete sich immer gegen den Dämon, war nie die Wut eines Besitzgierigen.

Das geht zwei Jahre, dann sorgt die Hörigkeit für klare Verhältnisse. Sie zerbricht die Ehe, die beiden lassen sich scheiden. K. bleibt der Held, der er immer war, und sie die Frau, die keinem wehtun will. Er besorgt ihr ein Haus, die Einrichtung, das nötige Auskommen. Und sie zockt nicht ab, keilt nicht um mehr, obwohl vom Anwalt dazu angestachelt, unterschreibt die Scheidungspapiere. K., der Mann, der nie allein sein kann, findet eine neue Frau, und Inne S., die jetzt 62-Jährige, findet zurück zum *Burswood Entertainment Complex.* Um in wenigen Monaten auch das neue Haus dem Casino zu schenken. Sie muss in eine engere Bleibe ziehen. Die Zeichen stehen auf Absturz. Eine abgebrannte Rentnerin nachts an einem Roulettetisch, das lässt ein böses Ende schwanen.

Von wegen. Sie schafft die Teufelsaustreibung, bekommt sich so weit in den Griff, dass nur noch seltene Attacken sie foltern. Das Hündische ist weg. Inne kann nun auf die großen Einsätze verzichten (muss wohl), kauert sich nur noch vor einen der 1500 lichterblitzenden Opferstöcke, die diskreter und langsamer den Kunden leerrauben.

Sagt's, zwinkert mit den Augen und nimmt mich an der Hand. »Sorry, I've got just one of these attacks«, geht zielstrebig auf ihren Stammhocker zu, zieht wie nichts einen Plastikbecher voller Dollar-Münzen aus ihrer Handtasche und beginnt ohne weitere Umwege, den Einarmigen Banditen, der nur noch Bandit, aber nicht mehr einarmig ist, zu füttern.

Es wird wahnwitzig lustig, denn die Greisin mit ihrem extravaganten Charme erklärt mir nebenbei, welche Knöpfe man drücken muss, um »highly probably« eine Gewinnkombination zu erreichen. Ich Narr nehme den Kampf auf und erzähle ihr von Untersuchungen über einschlägige Wahrscheinlichkeits-Theorien, die alle beweisen, dass am Ende des Tages nur einer hier verspielt: der Spieler. Absurdes Theater bricht aus, als ich nun laut aus der Broschüre vorlese, die ich bereits bei der Ankunft mitten im Casino ausliegen sah, Titel: *Can you win, really win, on a poker machine?* Natürlich kannst du nicht, denn hier steht es, weiß auf rot, intelligent und unmissverständlich formuliert: »Moderne elektronische Poker-Maschinen werden von Computer-Programmen kontrolliert (...) Jedes Mal, wenn Sie mit einer Poker-Maschine spielen, kontrolliert der Computer, welche Symbole erscheinen. Sie können nichts tun, um das zu beeinflussen. Die Entscheidung des Computers ist *vollkommen* zufällig und kein Symbol trägt die Wahrscheinlichkeit in sich, öfter zu erscheinen als ein anderes.«

Ich mache gerade eine beachtliche Erfahrung: Alle Fakten liegen vor uns und eine Vernagelte kann nicht hinhören. Wir haben die Daten und wir haben Innes Wirklichkeit. Beide dokumentieren nichts anderes als ein Desaster. Doch die Vernagelte grinst nur, sagt eiskalt: »I don't believe you.« Ist das nicht hinreißend, dem Irrsinn leibhaftig zu begegnen?

Es kommt noch besser, jetzt legt Inne den Overdrive ein. Nicht weit von ihrem Sitz blinkt es: *Werde Sofort-Millionär!* O.k., zugegeben, sofort ging Inne heute nicht pleite. Immerhin braucht die Frau, die diesem Casino sicher schon eine halbe Million gespendet hat, knapp zwei Stunden, um die neunzig Dollar loszuwerden. Ich sage kein Wort, verkneife mir ein schnödes »I told you so!«, und Inne sagt nur »bad luck«, zwinkert wieder mit den Augen und lädt mich zu Tee und Kuchen ein.

What a woman. In ihrer Nähe streckt man die Waffen. Auch die Moralkeule. Etwas ganz Reines bewegt sie, etwas, was keiner, auch die Welt nicht, korrumpieren kann. Sie gehört zur Rasse der Stehaufmännchen. Sie verliert und steht wieder auf. Sie ist 77 und zockt. Sie ist winzig und hat das Lächeln einer Märchenfee. Als wir auseinandergehen, fällt mir auf, dass sie niemanden denunziert hat. Jedes Wort über ihre drei Männer war warm. Ist das ihr Geheimnis?

Bevor ich Perth verlasse, habe ich noch eine Rendezvous mit Jim und Paul. Das kam so: Als ich nach Hank B. Marvin suchte, redete ich am Telefon mit verschiedenen Zeugen Jehovas. Bis ich mit Jim telefonierte, er kannte den Musiker von gemeinsamen Veranstaltungen. Das Schöne an Missionaren ist, dass sie immer Zeit haben. Um eine Seele zu kapern, um sie vollzustopfen mit ihren Wahrheiten. So vereinbarte ich mit ihm ein Treffen, um 11 Uhr vormittags, Ecke Hay Street/Plain Street, ein Katzensprung von meinem Hotel.

Und Jim kommt. Als Verstärkung hat er Paul mitgebracht. Da sie beide mit weißem Hemd auftreten, denke ich sofort an zwei Mormonen. Die genau so unterwegs sind. Aber ich beruhige mich, die beiden haben keine verpickelten Gesichter. Was ja bei Religiösen oft als Hinweis taugt auf praktizierende Masturbanten. Pickel als Ausdruck von viel Heimlichkeit und viel Schuldgefühl.

Wir drei mögen uns, von Anfang an. Und so sitze ich in der Mitte der Parkbank (den Rucksack darunter), Jim links und Paul rechts. Mir fallen die blassen Weiblein vor deutschen Bahnhöfen ein, immer still und unverdrossen den *Wachturm* haltend. Schon als Kind habe ich nicht verstanden, wie man so geduldig seine Lebenszeit verschleudern kann. Jim und Paul sind ähnlich sanftmütig. Keiner spricht das Wort Hölle aus, keiner will mich missionieren, ich muss nichts kaufen, nichts unterschreiben, nichts schwören, keiner droht mit Verdammnis. Ihr Allah heißt Jehova, aber der will keine Ungläubigen schlachten, im Gegenteil, sie predigen Einvernehmen, sie verweigern den Wehrdienst und glauben, dass »die letzten Tage« der Menschheit gekommen sind (das glaube ich bisweilen auch), aber nur, »um durch ein irdisches Paradies ersetzt zu werden« (das glaube ich nie). Wie einlullend fester Glaube sein kann, wie friedensstiftend. Nicht einmal will ich hinterlistig widersprechen, auch nicht, als sie den munteren Blödsinn vom wissenschaftlichen Beweis aller Aussagen in der

Bibel verkünden. Wissen ist Macht, aber nichts wissen macht nichts. Der Spruch gilt in allen Sprachen, überall.

Zum Abschied bekomme ich eine schmale Druckschrift und einen himmlischen Satz geschenkt: »Next time, please, call our local Kingdom Hall.« Versprochen, dann will ich auch Hank endlich treffen und – kniend, nein, bäuchlings – zuhören, wenn er mit seiner Fender Stratocaster *Apache* durch die hiesige Königreich-Halle jagt. Dann ist Gott auferstanden und ich habe ihn geschaut. In Perth.

Mit dem Greyhound weiter nach Norden, entlang der Batavia-Coast. Im starken Kontrast zur Ostküste kam hier die Natur noch gnädig davon. Viele Kilometer lang keine Bunker, keine Resorts, keine architektonische Trostlosigkeit. Nur von den Göttern choreografierte Wellen für Surfer. Ich will nach Geraldton, ich frage Tom, meinen Aborigine-Sitznachbarn, ob er es kenne. »O yeah, it's a big city.« Auf dem Land ist das eine typische Antwort. Alles über 500 Einwohner und zwei Ampeln ist dort »big«.

Auf der Toilette eines Rasthauses steht ein Apparat mit Kondomen, aufgeklebter Werbespruch: »Wenn sie eine Seufzerin ist, dann wird sie nun zur Schreierin. Und wenn sie eine Schreierin war, dann werden jetzt die Bullen anrücken und dich verhaften.« Das ist gut, der Mann hat sich was einfallen lassen. Nicht »gefühlsecht«, nicht »hautnah«, nicht noch fader, nein, lustschreiende Weiber, die vor dir, dem Kondom-Hengst, nur noch mit Hilfe der Polizei in Sicherheit gebracht werden können. Bravo.

Noch ein Nachtrag, ich schreibe ihn auf wie einen Triumph. Während der Fahrt lief bis zur Kaffeepause der Fernseher. Unsere tägliche Dosis Verrohung. (Dank meiner Ohrstöpsel kaum vernehmbar.) Zufällig entdeckte ich neben der Taste für die Leselampe einen anderen Schalter, einen, um die Lautstärke zu regulieren.

Vorher nie gesehen. Auf dem Weg hinaus aus dem Bus drehte ich als Letzter alle Knöpfe auf Null. Als wir nach zwanzig Minuten weiterfuhren, lief der Kasten immer noch, aber stumm und – jetzt die sensationelle Verblüffung – keiner beschwerte sich, keiner wollte die Verrohung zurück. Man darf wieder hoffen.

Am späten Nachmittag in Geraldton, der großen Stadt mit den 25 000 Einwohnern. Wohlwollen auf den ersten Blick. Denn zwei »Dinge« passieren, die jedem Reisenden das Leben erleichtern. Erstens, ein warmer Mensch tritt auf und zweitens, vor Dunkelheit sehe ich noch einmal die schöne Welt. Ich frage jemanden auf der Straße nach dem Weg und der Mann antwortet klug und hilfsbereit, fast gütig. So einen brauche ich jetzt. Ich weise auf ein Café ein paar Schritte weiter. Ob ich ihn nicht zu etwas einladen dürfe. Ich bin wie immer gewinnsüchtig und lauere auf eine Story. Der vielleicht 60-Jährige sagt, dass er nicht viel Zeit habe, er warte auf seine Frau, sie wollen zu Freunden. Aber da sie hier vorbeimüsse, warum nicht.

Adrian, dessen polnische Eltern vor den Deutschen nach England flohen, kommt in London zur Welt, nach dem Krieg. Aber das Exilland war um diese Zeit noch trister als heute, also wandern sie in die Staaten aus. Die Eltern als (heimliche) Sozialisten und Staatenlose, der Sohn als englischer Bürger. Mitte der 60er müssen sie weiter, denn die drei wollen auf keinen Fall, dass Adrian – jetzt *permanent resident* – zum Vietnam-Krieg eingezogen wird. Da die kanadische Botschaft, schon voll mit Deserteuren, keine Anträge mehr annahm und die australische Botschaft direkt daneben lag, sind sie nach Australien ausgewandert. Er, Adrian, kann nur das Beste sagen, das Land gab ihm die Möglichkeit zu studieren, gab ihm ein neues Leben, gab ihm eine Frau. Und Linda kommt und sagt, dass sie ihren Mann seit vierzig Jahren kennt und nicht einen Tag mit ihm bereue. Ich frage den Heiligen nach seiner Kraftquelle und die Antwort kommt eher verlegen: »Vielleicht bin ich ein übrig gebliebener Kommunist, ach bullshit, was weiß ich.«

The kindness of strangers. Nur: Gibt es eine kommunistische Freundlichkeit? Freilich nicht. Genauso wenig wie eine religiöse. Siehe meine Pariser Moslems, jeder höflich, ja herzlich. Ich vermute, diese Herzlichkeit ist ein Gen und dem Gen scheint es vollkommen egal, ob es in einem Kommunisten, einem Katholiken oder in einem Islam-Getreuen sitzt. Es ist da, will sich verausgaben.

Jetzt kommt das Schöne. Ich gehe zum Strand, ein Hafenstrand. Am Ende der Welt, am Horizont, treffen sich gerade der Indische Ozean und ein dunkler, gewitterdrohender Himmel. Und mittendrin die feuerroten Strahlen der Sonne, die letzten, die sich über Wasser halten. Möwen ziehen vorbei, lautlos. Nur das Schwingen in der Luft, nur das Geräusch kleiner Wellen. Ich schließe die Augen und beginne zu zählen. Bis es knallt, ein Hund vor mir steht und bellt. 87 Atemzüge lang war die Welt perfekt, Augenblicke unwidersprochener Einheit und Versöhnung. Ich finde, das war rekordverdächtig lang.

In Geraldton befindet man sich ab 21 Uhr allein auf der Straße. Ich überlege, was ich unternehmen könnte. Mir fällt nichts ein. Ein Pub hat offen, aber zum Koma-Saufen will ich mich erst als Alzheimer-Patient anmelden. Wenn ich vergessen habe, dass ich nur ein Leben habe. Dann doch eine Idee. Ich checke in mein Motel ein und bitte um ein Zimmer mit Fernseher. In der Zeitung las ich das heutige TV-Programm, ich will jetzt *Desperately seeking Sheila* sehen, will wissen, wie verzweifelt sie im australischen Hinterland nach Frauen suchen. Ein erklärender Bericht daneben – Überschrift »Rural Romeos« – ließ durchblicken, dass es auf den riesigen Farmen im Outback einsam zugeht. Die weibliche Bevölkerung wird inständig gebeten, nach der Ausbildung (in der Stadt) wieder zurückzukehren, ja, *Balls in the Bush* werden veranstaltet, um die Damen zum Tanz zu bitten. Tanzabende als Eheanbahnungs-Events. Auch Bauern-Romeos haben ein Gefühl für Schicklichkeit.

Hier der Plot. Die Kamera begleitet vier Männer – einen nach dem anderen – und schaut ihnen zu, wie sie sich auf ein Treffen mit zwölf, wohlgemerkt zwölf Frauen vorbereiten. Sie werden interviewt, man sieht die Farmer bei der Arbeit, man zeigt, wie sie – im Kreise ihrer Familie – die Videobänder begutachten, die das Dutzend Sheilas vorstellen, zeigt die anschließende Diskussion über das Gesehene. Deftige Diskussion.

Schnitt, jetzt sind die sechzehn in einem feinen Hotel untergebracht, hier soll das Finale ablaufen. Nun finden auch Interviews mit den Frauen statt. Was sie sich erwarten, warum sie teilnehmen. Ach, viel »unhappiness« und »lonely tears« haben sie bereits hinter sich, da nie »Mister Perfect« dabei war. Zwei, vielleicht drei der zwölf sehen gut aus, die vier Männer nicht gut, nicht hässlich, eher »normal«. Das ist ein Pluspunkt, denn das Auftreten manierierter Skelettfrauen und steil toupierter Schönlinge wäre noch mühsamer zu ertragen, wäre zudem gegen die Spielregeln des Reality-TV. Irgendwann spricht jemand in der Runde das Wort »bizarr« aus, aber ansonsten finden sie es o.k., dass hier vier Männer auf Brautschau mit zwölf potenziellen Bräuten gehen.

Schnitt, jetzt sitzen je drei Frauen an einem Tisch – abends, direkt neben dem Swimmingpool, Kerzenschein – und je ein Mann setzt sich dazu. Eine Stimme aus dem Off erklärt uns (wie überraschend), dass man sich jetzt kennenlernen wird. Man hört sogar ein paar Originalschnipsel, erfreulicherweise wird es nicht vulgär. Man kichert viel, sicher auch aus Nervosität.

Schnitt, nein, keine Kameras wurden in Duschen und Betten installiert, dafür direkter Übergang zum nächsten Morgen. Und jeder der Männer nennt – so einfach kann Leben sein – seine Wunschpartnerin. Und die setzt sich zu ihm. Bis auf eine, die vierte, die will nicht, die sagt: »Ich habe keine Gefühle für dich«. Kein Problem, der Abservierte aktiviert Plan B, das wäre Frau B. Und die hat Gefühle. Und kommt zu ihm.

Schnitt, der Letzte. Man sieht die »vier Siegerinnen« – die acht Besiegten treten nicht mehr auf – beim Abrauschen zur einsamen Farm mit den »vier Busch-Jungesellen«. Je ein Paar in eine andere Richtung. Fortsetzung folgt, Australien möchte natürlich wissen, ob »die folgenden drei Wochen das Leben der acht verändern«. *Damn it*, da bin ich nicht mehr im Land.

Sonntagmorgen, ich will nicht aufstehen. Oder nur aufstehen, um vor der Rezeption in den Wagen einer Schönen zu steigen, die mich auf ihre Latifundien entführt. Ich will endlich ein Leben wie im Fernsehen führen. Der Reiseblues liegt gerade neben mir und will nichts wissen von Geraldton. So muss ich über Strategien nachdenken, um mit ihm fertig zu werden. Dabei fallen mir zwei Männer ein. Mein Verleger, den nichts weniger interessiert als mein Blues, und der Schweizer Schriftsteller Nicolas Bouvier, auch er barsch und ungerührt. Sein Tagebuch-Eintrag ist ein »Letzte-Hilfe-Satz«, um damit in Notzeiten den Dämon Selbstmitleid kaltzustellen: »Man reist nicht, um sich mit Exotismus und Anekdoten zu schmücken wie einen Weihnachtsbaum, sondern auf dass die Route einen federt, durchwalkt und schleudert.«

Geraldton soll keiner verschlafen. Wie gut, rechtzeitig anzutreten. Ich suche einen Ort für Kaffee und Spiegelei und komme an der *Cathedral* vorbei, die Frühmesse schallt gerade. Ich gehe hinein und es ist, als hätte der Herrgott persönlich das Timing übernommen. Denn kein pastorales Säuseln ist zu hören, sondern ein junger Mann steht vorne und redet. Wie ein Kluger und nicht wie ein Zombie, der zweitausend Jahre alte Sprüche nachleiert. Er erzählt von einer Schulaufgabe, in der die Kinder nach den sieben klassischen Weltwundern gefragt wurden. Und während alle mehr oder weniger richtige Antworten aufschrieben, notierte eine: »Sehen, hören, fühlen, berühren, schmecken, lieben, lachen.« Was für ein schöner, origineller Gedanke. Der noch mit einem tatsächlichen Lacher belohnt wird. Denn der Pfarrer meint, dass diese Tätigkeiten ein »wake-up-call of Jesus« seien. Was immer Hochwürden damit sagen will, auf jeden Fall geht nach dem Verweis auf die göttliche Verbindung irgendwo ein Handy los und man hört als Klingelton die *Overtüre* aus der Wilhelm-Tell-Oper von Rossini. Schmissig und flott, und man hört sie laut und lange, denn der Besitzer ist offensichtlich schwerhörig und braucht Zeit, um den Weckruf von Jesus zu registrieren. Und jetzt passiert das Wunder von Geraldton, denn alle lachen, lachen in einer Kirche. Das war noch nie, aber ich war dabei, ich bin Zeuge. Geblendet wie einer, dem Übernatürliches widerfahren ist, tapse ich hinaus, kichernd, noch immer lachend, voller Freude über mich, über jeden, der mit allen sieben Weltwundern – wenn er sie nur als solche begreift – leben darf.

Ich finde ein Café, Frühstück, die Morgenzeitung. Ein paar Tische weiter sitzen zwei Freundinnen und eine erzählt der anderen von ihrem Beziehungsstress. Das Übliche, er der Böse, sie die Gute, ich höre weg. Bis ein Satz auftaucht, der in dem Zusammenhang erstaunlich klingt: »This is the last chance I'll give him.« Deshalb erstaunlich, weil das vielleicht 35-jährige Superschwergewicht – ich will es milde formulieren – nicht zu jenen gehört, die letzte Chancen zu vergeben haben. Immer wieder beneidenswert die Begegnung mit Leuten, die sich einen Dreck um die Spielregeln kümmern.

Ein Sonntag in Geraldton, dem Küstennest, hat etwas zu bieten. Obwohl sich um 11 Uhr vormittags nur sieben Fußgänger das

Zentrum teilen. Vorbildlich rege geben sich jedoch die australischen Streitkräfte, die mittendrin eine Kaserne aufgestellt haben. Eine Dorf-Kaserne mit ein paar Wellblechhütten und Wohncontainern, hier ist die *Army Reserve – Geraldton Cadet Union* zu Hause. Jeder, der vorbeikommt, kann sich neben dem Manöverplatz hinstellen und – ergötzen. Ich habe Glück, der Sonntagmorgen-Drill wird gerade exerziert. Sieben Gefreite üben Gleichschritt, Stechschritt, Hacken zusammenschlagen. Eisern trampeln sie, wenn eine Stimme sie anbrüllt. Eisern kommen sie zum Stillstand, wenn sie wieder brüllt. Eisern heben sie den rechten Knobelbecher seitwärts, um ihn laut Heeresdekret 14-BZ, Absatz 32a, Klausel 08/15 vorschriftsmäßig und von einem imposanten Knall begleitet gegen den Absatz des linken Knobelbechers zu knallen. Man sieht das verhaltene Behagen im Gesicht des Brüllers, wenn ein Knaller besonders gut gelungen ist. Anschließend wird das »ordnungsgemäße Raustreten« aus dem 7-Mann-Pulk geübt. Da hapert's noch. Mit welchem Bein beginnen? Wie viele Schritte tun bis zum Links-Abbiegen? Wie weit abbiegen? Wann ist der rechte Augenblick, um zum Stillstand zu kommen? Und wann endlich wieder die Hacken aneinanderknallen und dabei gleichzeitig die flache Hand zum Gruß an die Stirn reißen? Das Trainieren des Raustretens dauert länger als das gemeinsame Marschieren. Das soll keinen wundern. Den Haufen zu verlassen war schon immer beschwerlicher, als haufenweise loszubrüllen.

Die Beziehungen zwischen Australien und Deutschland sind ausgezeichnet. Trotzdem sollte man als »German« vielleicht nicht mit der Flagge über dem Bauch hier vorbeispazieren. Im hiesigen *Western Australia Museum* gibt es einen eigenen Saal, in dem eine nationale Tragödie ausgestellt ist. Am 19. November 1941 kommt es hier vor der Küste zu einem Seegefecht zwischen dem deutschen Hilfskreuzer Kormoran und dem australischen Kriegsschiff

Sydney II. Durch einen Bluff – die Kormoran gibt sich als holländisches Handelsschiff aus – täuschen die Deutschen die feindliche Besatzung, kommen näher. Um 17 Uhr 30 beginnen die Feindseligkeiten, um Mitternacht liegt das Ergebnis vor. Beide Schiffe zerstört und gesunken, alle 645 Mann auf australischer Seite *missing*, 79 deutsche Tote und 314 Überlebende, die auf Rettungsbooten davonkommen und als Kriegsgefangene enden. Die noch heute offene Wunde: Weder das Wrack der Sydney II noch ein einziger der Vermissten wurden bisher gefunden. Auf einem Hügel steht das *Sydney-Memorial*, ganz unmartialisch, eine Rundmauer mit allen 645 eingravierten Namen, daneben die Statue einer Frau, *The waiting mother*. Keiner stört beim Blick auf das schöne Land, das schöne Wasser, keiner beim Nachdenken über die Taten des Krieges.

Unten in der Stadt gibt es das *Old Geraldton Gaol*, wo sie von 1858 bis 1984 das Verbrecher-Gesindel aus der Umgebung internierten. Weiße und Schwarze, in Zellen wie aus dem Mittelalter. Auch ein Teil der Deutschen wurde hier inhaftiert. Heimlich, denn die Angst ging um, dass die lokale Bevölkerung sie lynchen würde. In modernen Zeiten wird hier niemand mehr aufgehängt und keiner mehr ausgepeitscht. Dafür haben wir nun andere Strafen. Nicht minder furchterregend. Ich entdecke sie beim Stöbern in dem Souvenir-Laden, der sich heute in dem Gemäuer befindet. Ich kaufe eine Postkarte, auf der ein Cartoon abgebildet ist. Man sieht ein Knochengerüst in Frauenkleidern auf einer Parkbank sitzen, Text darunter: »Waiting for the right man«. Bin ich wieder in Europa, werde ich den Gag kopieren und als Warnruf verschicken an alle, die ich diesbezüglich für gefährdet halte. Auf dass sie aufwachen und mit uns anderen Männern, den Nicht-So-Richtigen, den Nicht-So-Perfekten, vorliebnehmen.

Beim Hinausgehen fällt mein Blick noch auf ein Gedicht, das an der Wand hängt. Es muss ins Buch, denn auf ironisch-poetische Weise verweist es auf Widersprüche:

A Message from the Blackman

Dear white fella
Just a coupla' things you oughta know:
When I born – I black
When I grown up – I black
When I sick – I black
When I go in sun – I black
When I scared – I black
When I die – I black

But you white fella:
When you born – you pink
When you grown up – you white
When you sick – you green
When you go in sun – you red
When you cold – you blue
When you scared – you yella
When you die – you purple

And you got the hide to call me coloured!

Am frühen Abend, es ist bereits dunkel, mache ich mich auf den Weg zum *Batavia Backpackers Hostel*, ich habe dort eine Verabredung. Als ich ums letzte Eck biege, höre ich jemanden gräulich schreien. Seltsamerweise denke ich sofort, eine Frau wird attackiert. Jemand ruft mir aus einem Auto zu, ich solle nicht über die Straße gehen, »just a bunch of alcoholics, no worries«. Ich denke, der Typ spinnt, zudem schreien Betrunkene anders. Ich gehe. Auf der anderen Seite, auf einem Parkplatz, kniet ein Mädchen, Modell Hippie mit Rasta-Frisur, und brüllt. Kniet und brüllt wie ein Tier. Hinter ihr steht ein Polizeiwagen, neben ihr zwei Polizisten, ebenfalls kniend. Sie scheinen die Frau zu kennen, denn sie sprechen sie mit dem Vornamen an, reden ihr zu, sich zu beruhigen, alles werde gut, aber jetzt müsse sie mitkommen. Sie öffnen die Hintertür zu ihrem vergitterten Kübelwagen und versuchen Kate, die weiterbrüllt und sich wehrt wie eine verwundete Katze, an Armen und Beinen zu fassen. Sie packen an (mit Handschuhen), aber ohne Gewalt, immer bemüht, sie nicht zu verletzen. Kaum haben sie Kate im Käfig, klammert sie sich mit den Händen am Schloss fest, unmöglich, die Tür jetzt zu schließen. Also wieder raus mit ihr, sie auf den Bauch legen und Handschellen anlegen, wieder der Versuch, sie im Wagen unterzubringen, noch immer der rasende Widerstand. Es wird noch verwirrender. Aus dem Nebenhaus eilt ein junger Mann, der die Frau ebenfalls zu kennen scheint, auch er redet beschwichtigend auf sie ein. Und irgendwann ist die Tür zu, mit Blaulicht fahren sie davon, mit Kate, dem Tier, das aus ihrem Käfig hinaus in die Welt brüllt. Ich gehe zum Nebenhaus und läute an einer Glocke, unter der »Roselia-House« steht. Sonst nichts. Jemand öffnet und erklärt nicht unfreundlich, aber knapp, dass es sich hier um eine *drug rehab institution* handelt, eine von der Regierung finanzierte Klinik für Suchtkranke. Nun, Kate hat noch einen weiten Weg vor sich.

Lisa wartet bereits, sie wohnt im *Batavia Backpackers*, sie hat die Szene ebenfalls beobachtet. Wir gehen ins *Tides of Geraldton*, ein Restaurant, das noch offen hat. Ich habe die Frau gestern im Bus kennengelernt. Nachdem das Kommunikationsmittel Fernsehen still war und Kommunikation wieder möglich. Sie saß zwei Reihen vor mir, mit Block und Stift und zeichnete. Welch passabler Vorwand, sie anzusprechen. Lisa ist Malerin, stammt aus Melbourne, wohnt aber zurzeit hier, um tagsüber in einer Akademie nackte Männer und Frauen zu malen, will die Technik der Aktmalerei vertiefen. Ich schaute auf die Blätter mit den gerade skizzierten Eindrücken und bildete mir ein, dass sie einen eigenen Blick habe.

Ein Dinner mit einer Frau, der ihr gutes Aussehen nicht reicht, und die deshalb beschlossen hat, ihr Leben zusätzlich mit einem gut aussehenden Hirn zu verbringen, verschafft nichts als Freude und Einsicht. Natürlich reden wir über das vor Minuten Gesehene. Die Szene, sagt sie, sei nicht die erste, die sie erlebt habe. Die Polizei kommt immer dann, wenn ein Patient berserkert und »gemeingefährlich« wird. Lisa weiß, wovon sie redet. Sie verbrachte gerade eine Woche in Perth bei ihrer Freundin, Ex-Patientin im Roselia-House. Meg war ab sechzehn Heroinjunkie, hat anschließend zehn Jahre lang die Existenz eines Menschen geführt, der bereit war, keinem Verhängnis auszuweichen. Mit 21 wird sie Mutter eines Kindes, dessen Vater zwei oder drei Tage nach der Entbindung verschwindet. Meg taumelt von einer Entziehung zur nächsten Spritze. Und wieder zurück zum Glauben, dass ihr noch geholfen werden kann. Zwischendurch wird sie vergewaltigt und zwischendurch lebt sie mit »boyfriend Alan« zusammen. Auch er ein Fixer, der sie jedoch nicht anrührt (Heroin vertreibt die Lust), sie stattdessen mehrmals mit der Schere am Brustkorb erwischt (Narben) und ihr an guten Tagen nur ins Gesicht schlägt (Narbe unter dem rechten Auge). Einmal kommt sie zurück in ihr Appartment und muss feststellen, dass es leergeräumt ist. Sie dreht um und fährt mit dem Auto zur nächsten Polizeistation, um den Einbruch, ja das vollständige Verschwinden ihres Besitzes zu melden. Auf der Fahrt gerät sie in eine Verkehrskontrolle. Sie muss aussteigen und zu Fuß weitergehen. Sie besitzt keinen Führerschein. Wochen später wird sie zu *community work* plus Geldstrafe verurteilt. Meg, »the walking desaster area«, so Lisa.

Aber die junge Frau ist stark, seit über drei Jahren clean. »Dank schierer Willenskraft«, erzählt Lisa. Sogar länger von der Droge befreit als von Alan, dem Scherenstecher. Die Sucht nach ihm hat sie erst vor ein paar Monaten abgelegt. Ich frage Lisa, was bestimmte Männer an sich haben, dass sie auch dann noch geliebt werden, wenn sie ihrem Liebesobjekt mit spitzen Gegenständen und rechten Geraden zusetzen. Manche, Männer wie Frauen – darf man so denken? –, wollen missbraucht werden. Anders ist nicht zu erklären, warum man jene nicht umgehend verlässt, die einen entwürdigen.

Nach dem Essen lade ich die gescheite Australierin, die irgendwann mit ihrer Kunst Geld verdienen will, zu einem Strandbesuch ein. Viel mehr Aufregungen gibt es nicht. Wir machen aus, dass wir waffenlos, ja wehrlos aufbrechen, Messer und Gabel auf dem Tisch liegen lassen und wie Mann und Frau miteinander umgehen, die nur Gutes im Sinn haben. Das Glück verfolgt uns. Der Mond leuchtet und nirgends ein bellender Hund. Der Sand ist noch warm von der Hitze des Tages. Wieder ist die Welt, wie sie sein soll.

Weiter. Nochmals zwei Stunden mit dem Bus Richtung Norden und frühabends in Kalbarri ankommen. Fischerdorf und (vorletzte) Ruhestätte für wohlhabende Rentner, die entschlossen die Grundstückspreise in die Höhe treiben. Ansonsten still, friedhofsstill. Nur die Wellen. Die letzte Dramatik, eine ungeheuerliche Dramatik, fand vor 378 Jahren statt, etwas außerhalb des Ortes. Und deshalb darf keiner Kalbarri übersehen. Hier in der Nähe fand der erste Massenmord statt. An Weißen. Gemetzelt von Weißen. Die Geschichte muss erzählt werden. Auch Deutsche und deutsches Handwerk waren daran beteiligt. Die Story berichtet von allem, was Menschen ausmacht. Von ihrer Würde, ihrer Güte und Tapferkeit, von ihrer Niedertracht und Bestialität.

Hier die Vorgeschichte, die zum 15. November 1629 geführt hat. Ende Oktober 1628 verlässt die Batavia holländisches Gewässer, Ziel sind die *East Indies*, das heutige Indonesien, damals eine Kolonie der Niederlande. Um in Batavia, der damaligen Hauptstadt, zwölf wuchtige, randvoll mit Silber und »Geschmeide« gefüllte Kisten abzuliefern. Ein Vermögen, ein Märchenschatz. Das fünfzig Meter lange Segelschiff war das nagelneue Prunkstück der *Verenigde Oostindische Compagnie*, der damals mächtigsten Handelsflotte der Welt.

Unter den 350 an Bord gab es auch fünfzehn Frauen. Eingeschmuggelt. Die Soldaten, meist deutsche Söldner, sowie Seeleute und Handwerker teilten sich das Unterdeck. Rohes Gesindel und rohe Zustände, insgesamt vier Latrinen, dazu der Platzmangel, die Hitze, die Feuchtigkeit, der Gestank, die Ratten, das Ungeziefer, die verdorbene Nahrung und die sadistische Disziplin, die – welch wüste Zeiten – Homosexualität mit dem Tode bestrafte. Die Elite lebte nicht in feinen, aber feineren Umständen, sogar ein »Nachttopf-Service« stand zur Verfügung. Wie sich zeigen sollte, waren die etwa fünfzig feinen Herrschaften nicht weniger verroht als jene, die sie kommandierten. Natürlich gab es unter ihnen, wie bei jenen zwei Stock tiefer, eine Minderheit, die sich unterschied.

Es stinkt von Anfang an. Die vier Namen der Hauptdarsteller gingen in die Geschichte ein: *Commandeur* Francisco Pelsaert steht auf schlechtem Fuß mit seinem Steuermann Ariaen Jakobsz und einem dubiosen Apotheker namens Jeronimus Cornelisz, der sich während der Reise mit Jakobsz verbündet. Alte Feindschaften, alte Ressentiments. Von allen drei begehrt wird die junge Aristokratin Lucretia van der Mijlen, deren Schönheit, so heißt es, einen »desaströsen Eindruck« auf ihre Umgebung ausübte. Sie war unterwegs zu ihrem Mann, einem Beamten der Kolonialmacht.

Am 3. Juni 1629 passiert, was nicht hätte passieren dürfen. Die Batavia rammt ein Reef, keine 60 Kilometer vor der Küste. Man wusste von der *Terra australis incognita*, aber es gab keine Karten, zudem war es Nacht. Als sich am Morgen trotz intensiver Anstrengungen herausstellt, dass das Schiff nicht zu retten ist, stürmen ein paar Dutzend die Vorratskammern, stehlen den Tabak, betrinken sich, mästen sich, feiern den Untergang der Welt. Etwa fünfzig sind bereits ertrunken, der Rest hat Glück (wenn es denn eines ist), die *Abrolhos Islands* befinden sich ganz in der Nähe. Eine Inselgruppe, die zehn Jahre zuvor von einem Holländer entdeckt worden war. Die Überlebenden werden auf ein Eiland geschafft, 400 mal 200 Meter, das unter dem sinnigen Namen »Batavias Totenacker« berühmt werden sollte.

Pelsaert sieht nur eine Lösung, um die (geringen) Überlebenschancen für alle zu nutzen: Mit dem lausigen, zehn Meter langen

»Rettungsboot« versuchen, die über 3000 (sic!) Kilometer entfernte Stadt Batavia zu erreichen, den Außenposten der Kompanie. So stechen in der vierten Nacht vierzig der handverlesen besten Seeleute plus zwei Frauen, ein Baby, Skipper Ariaen Jakobsz und der Kapitän in See. Schwer überladen. Heimlich.

Das ist die Geburtsstunde eines Monsters. Jeronimus Cornelisz reißt das Kommando über die Gestrandeten an sich, umgibt sich mit einer Garde bemühter und talentierter Schlächter und beginnt zügig, die Bewohner seines Inselreichs zu dezimieren. Ertränken, totknüppeln, erdrosseln, zerhacken. Drei Motive befeuern ihn: überflüssige Esser zu eliminieren, die Schatzkisten zu heben und das Boot zu kapern, das (voraussichtlich) aus Java zurückkehren wird, sprich, als reicher Mann in die Freiheit zu segeln. Vieles gelingt ihm, 125 Morde an Mann, Frau und Kind gehen auf sein Konto, er zwingt sogar die schöne Lucretia in sein Zelt, auf seine Matratze. Sie muss wohl, denn die ihr von Cornelisz angebotene Alternative lautete Vergewaltigung durch seine Soldateska.

Pelsaert, der Held, kommt nach dreieinhalb Monaten zurück und tritt in einem Augenblick auf, der in ein Drehbuch gepasst hätte: Während in den Mittagsstunden des 17. September 1629 wieder die Henker mit Musketen gegen die nur mit Prügel und Äxten bewaffnete »Zivilbevölkerung« der Mini-Insel antreten, um ein für alle Mal den Widerstand zu brechen, genau in jenem Moment, in dem der Kampf endgültig verloren scheint, taucht Pelsaert mit einem schnellen neuen Schiff am Horizont auf.

Kurzer Prozess. Jeronimus Cornelisz wird gefoltert – niederländisches Gesetz verlangt ein Geständnis – und verstümmelt. Als seine beiden amputierten Hände neben dem Holzblock liegen, wird er gehenkt. Noch in der Luft zappelnd ruft er: »Rache, Rache!« Sechs Komplizen werden ebenfalls standrechtlich zum Tode verurteilt und exekutiert. Am 15. November verlässt Pelsaert die Abrolhos-Inseln. Mit neun wiedergefundenen Silberkästen, siebzig Überlebenden und sechzehn kettengefesselten Schindern.

Und jetzt kommt der Clou, und deshalb verlangt Kalbarri einen Pflichtbesuch.

Am nächsten Morgen mache ich mich auf den Weg. Da ich früh unterwegs bin, bin ich ohne Eile. An einer Restauranttür steht *Breakfast*, das ist eine gute Nachricht. Ich trete ein und darf wieder bezeugen, wie nah Tragik und Schwachsinn nebeneinander liegen, ich frage:

– Good morning, could I have a cup of coffee, please?
– For breakfast?
– No, for dinner.
(Die Antwort war nicht zu unterdrücken, sorry.)

Gut, dass ich der Fassungslose bin. Diese Grundhaltung hilft, um cool in jeden Abgrund starren zu können.

Ich wandere die acht Kilometer, bis ich vor einem Schild stehe, das auf den *Wittecara-Creek* verweist. Nach ein paar Schritten rechts ab gelangt man zu dem Gedenkstein, der an einen höchst denkwürdigen Tag erinnert. An jenen 15. November 1629, an dem Pelsaert plötzlich beschloss, zwei der sechzehn Missetäter nicht in Batavia abzuliefern, sondern sie hier – er nannte den Küstenabschnitt »Roode Houk«, roter Felsen – an Land auszusetzen: den Soldaten Wouter Looes und den sehr jungen Jan Pelgrom. Sie bekamen etwas Wasser, eine Tasche voll (falschem) Schmuck und kleine hölzerne Spielsachen, »Nurenbergen« genannt, nach der Stadt, in der sie hergestellt wurden. Als Tauschware, sollten sie auf Ureinwohner stoßen. Es gibt keine Aufzeichnungen darüber, warum sich Pelsaert dazu entschied, die beiden bereits zum Tode Verurteilten hier zu »entlassen«. Aus Milde? Looes hat nach Zeugenaussagen versucht, das Morden zu bremsen. Aber Pelgrom? Der Teenager hat Cornelisz angebettelt, auch töten und hinrichten zu dürfen. Vielleicht sein Alter? Eher unklar. Ganz klar und wissenschaftlich nicht zu widerlegen: Die zwei waren – aberwitzigerweise ausgerüstet mit Spielzeug aus Nürnberg – die ersten europäischen Siedler in Australien.

Hier sieht es gut aus, ein Bach fließt, Bäume geben Schatten, die starke Sonne wird durch den Wind gemildert. Die Möglichkeit zu überleben war real. Wie zu erwarten, gibt es keine weiteren Spuren von dem Duo, keine schriftlichen Nachrichten. In Geraldton sprach ich mit Andrew Pascoe, einem Journalisten, der für das dortige Lokalblatt arbeitet. Er hatte einen interessanten Artikel über aktuelle Untersuchungen australischer und holländischer Wissenschaftler veröffentlicht, die per DNA-Proben nach einer Verbindung forschen zwischen den beiden Verbannten (sowie anderen, späteren Schiffbrüchigen) und den seit Jahrhunderten hier ansässigen Aborigines. Das ist ein delikates Unternehmen, denn die in dieser Gegend lebenden Nhanda-Ureinwohner sind untereinander zerstritten. So begrüßen die einen das Unternehmen, da es beweisen soll, dass sie schon immer hier lebten. Während die anderen fürchten, dass das Ergebnis nur zu weiteren Streitereien führen wird.

Ich gehe die hundert Meter zum Strand, niemand, nur ein Paar, das andächtig vor den hohen weißen Wellen steht. Nur ihre schönen Körper und ihre Kleidungsstücke auf dem Sand. Sonst nichts. Kein Picknick-Korb, kein Wohlstands-Gerümpel, nur Mann und Frau, das Meer und der Himmel. Ich ziehe diskret vorbei zum »roten Felsen«. (So genannt, da die anderen Formationen eher hell und ockerfarben waren.) Ein Poster lockt, ein Immobilien-Hai kündigt an, dass er bereit ist, die Landschaft mit »Motel units« zu verunstalten. Mir fallen die Meldungen aus Griechenland ein, wo griechische Haie die Wälder anzündeten, um endlich ihre Betonschachteln aufstellen zu können. Wobei das Wort »Hai« deplatziert scheint, denn selbst Raubtiere schwimmen bisweilen an der potenziellen Beute vorbei, ohne sie aufzufressen. Die Schönheit der Erde, sie taugt wohl nichts, man kann sie auf kein Konto überweisen, sie will ums Verrecken keinen Profit abwerfen.

Die Flut kommt, ich setze mich auf eine höher gelegene Plattform des Felsvorsprungs. Um zuzuschauen, mit welcher Geduld die Gischt Löcher in das Kliff nagt. Ich rauche, mit Genugtuung registriere ich, dass der Blick auf die Wunder der Welt keinen Eintritt kostet. Noch keinen. Und ich habe Zeit, darüber nachzudenken, was ein Raubmensch, der jetzt neben mir säße, empfinden würde. Ob *eine* Herzkammer in ihm noch zugänglich wäre für die Wohltaten nutzlosen Glücks. Oder ob alle schon verbarrikadiert sind von der geilen Aussicht, das nutzlos Schöne abzuschaffen und als Banknote in Umlauf zu bringen.

Schwieriger Rückweg. Im Radio kommt die Meldung, dass man sich jetzt für Geburtstagspartys *security personnel* anmieten kann. Bisweilen denke ich, die Welt spinnt. Oder denke, ich spinne. Wie jetzt gerade. Weil ich denke, mich verhört zu haben. Nein, habe ich nicht. Kurz darauf berichtet ein Reporter von Mister Michael Vick, einem Football-Profi aus Atlanta mit einem 150-(hundertfünfzig!)-Millionen-Dollar-Vertrag, der als Bestie vor Gericht steht. Auf seiner Farm veranstaltete er Pitbull-Kämpfe. Alle Hunde, die verloren, wurden aufgehängt oder ertränkt. In der Untersuchungshaft hat der Quarterback – der mit fünf Jahren rechnen muss, aber weiß, dass scheinheilig inszenierte Auftritte das Strafmaß erheblich reduzieren – »Jesus entdeckt«. Ja, sich »Jesus übergeben und ihn um Vergebung gebeten«. Von einer Aussage, jemals ein Tier um Verzeihung gebeten zu haben, ist nichts bekannt.

Ich bin schlecht gelaunt und betrete einen Shop, suche die Kühltruhe und gehe mit einem Magnum-Eis aus dem Laden. Ohne zu zahlen. Als Ausrede fällt mir ein, dass ich meine Reflexe checken muss, betreibe ich doch gerade Feldstudien, will mich schließlich in die zwei Holländer hineinversetzen und herausfinden, wie man in freier Wildbahn ohne Geld überlebt.

Der Begriff Wildbahn stimmt, ein paar Hundert Meter weiter bin ich schon wieder Holländer, denn zwei Hunde stürzen auf mich zu, groß wie Kälber. Auf eine halbe Armlänge kommen sie ran. Ich schreie sie an, mache kindische Drohgebärden, wohl alles nutzlos, wäre nicht gleichzeitig ihr Besitzer aufgetaucht, um sie zurückzupfeifen. Sicherheitspersonal für Spaziergänger, auch darüber könnte man nachdenken.

Die Köter überraschen nicht, ich befinde mich mitten in einer Pensionärs-Siedlung. Jedes Haus mit einer imposanten Satelliten-Schüssel auf dem Dach und von einem hohen Zaun umzingelt. Für Minuten weiß ich nicht, wen es schlimmer erwischt hat. Die beiden hier ausgesetzten Meuterer oder die Männer und Frauen, die sich in Kalbarri hinter schwerem Wellblech verschanzen.

Am nächsten Morgen den langen Weg zurück nach Perth antreten. Einen verregneten Tag lang in einem Bus sitzen ist nie verlorene Zeit. Einer der unschlagbaren Vorzüge des Lesens ist seine Mobilität. An keine Steckdose muss ein Buch angeschlossen werden, ohne Fernbedienung kann man es öffnen, nie stört ein Rauschen oder verdächtiges Surren. Es ist da, allzeit bereit.

Doch ich lese nicht eine Seite, die es mit der Sendung aufnehmen könnte, auf die ich zufällig am frühen Nachmittag im Radio stoße. Eine Journalistin spricht mit Helen Prejean. Ich bin sofort hellwach, als ich erfahre, dass sie die Autorin des Buches *Dead man walking* ist, die Grundlage des gleichnamigen, mit Sean Penn und Susan Sarandon gedrehten Films. Die Geschichte eines wegen zweifachen Mordes verurteilten und auf dem elektrischen

Stuhl hingerichteten Mannes. Wer den Streifen gesehen hat, ging nicht tot, aber halbtot nach Hause.

Miss Prejean ist eine katholische Nonne, die 1939 in Louisiana geboren wurde und seit über zwanzig Jahren ihre Energie in den Kampf gegen die Todesstrafe investiert und gleichzeitig den wahren Tätern, den vermeintlichen Tätern, den Angehörigen der Opfer beisteht. Kein Balsam in ihrer Stimme, kein Erlöserton, keine Ergriffenheit über das eigene Tun. Erzählt, wie sie Männer zur Hinrichtung »begleitete«, spricht über die von bodenloser Trauer zerstörten Eltern eines ermordeten Kindes, über deren bodenlosen Hass und seligsten Wunsch, selbst Henker zu sein und »den Hebel zu ziehen«. Sagt, dass sie jede Regung versteht, auch die Raserei der Rache. Aber dass auch die tausendste Befriedigung der Vergeltung nicht helfen wird, mit dem Verlust fertig zu werden, dass auch das hundertste Abspielen des Exekutions-Videos den geliebten Toten nicht zurückbringen wird. Der Platz, auf dem er saß, und das Bett, in dem er schlief, bleiben leer. Sie, die weiterleben, müssen eine »spirituelle Reise« antreten, müssen in einen Bewusstseinszustand reisen, der sie irgendwann dazu befähigt, den Tod des anderen zu akzeptieren, und – die nächste Reise, die noch unglaublichere – dem Urheber der Pein zu verzeihen. Das Außergewöhnliche an diesem Gespräch ist Helen Prejeans Weigerung, die Zuhörer mit Verprechen auf göttliche Belohnungen zu nerven. Sie bleibt durchgehend irdisch, alles, was sie anbietet, ist weltlich, ist immer eine Geschichte über uns.

Das ist das Grandiose an der Liebe. Seit Millionen Jahren kommt sie ganz ohne Gott aus, auch ohne Glauben, ja ohne jede Weltanschauung. Sie ist rabiat eigensinnig. Sie *ist*.

Das kleine Mädchen, das von den sieben Weltwundern – sehen, hören, fühlen, berühren, schmecken, lieben, lachen – sprach, hat eines vergessen, das achte: bewundern, ja noch eins, das neunte: beneiden. (Jemanden um etwas beneiden, was für ein Kompliment, ja oft nur ein Synonym für bewundern.)

Vielleicht muss ein Reisender, öfter als andere, von Frauen wie Sister Helen erfahren. Weil er gefährdeter ist, unsicherer, in weniger vertrauter Umgebung sich bewegt. Sobald er von ihnen weiß, stellt er sie in seinem Olymp auf. Als lästige Mahner, als Beneidenswerte, die ihm vormachen, was an Reichtum und Tiefe möglich ist.

In Perth einchecken. Bei der Gepäckkontrolle stehen 18-Jährige, die der Welt gerne ein Drittel ihres Hinterns zeigen. Nicht bei allen unbedingt zeigenswert. Hinter mir Frauen, die mit schwarzen Kartoffelsäcken ihre Körper und Gesichter verhängen. Ich würde gern wissen, wessen Hirne – entweder vom Gekreisch vulgärer Werbung oder vom Blabla »göttlicher Überlieferung« – intensiver manipuliert wurden.

Das wird eine besondere Nacht. Nach dreieinhalb Stunden Flug um 1 Uhr früh ankommen, um 2 Uhr 20 endlich auf der Kings Street nach meiner Absteige suchen. Das muss die wöchentliche Saufnacht in Melbourne sein, denn die derbsten Weiber – fett, laut, kotzend – der westlichen Hemisphäre torkeln über den Bürgersteig. Tatsächlich kaum Männer zu sichten. Wohl irgendwo als Bierleichen auf der Strecke geblieben.

Ich finde meine Unterkunft, läute. Wie bei Backpackers nicht anders zu erwarten, öffnet niemand. Trotz des Hinweises auf einen 24-Stunden-Service bei meiner (zweimaligen) telefonischen Reservierung. Ich suche einen öffentlichen Apparat, um die neben die Tür geklebte Mobil-Nummer anzurufen, »in the case that nobody opens«. Aber keiner hebt ab. Wieder zurück, wieder läuten, warten, hämmern. Bis ein Gast herauskommt und verspricht, die zuständige Schlafmütze zu wecken.

Trouble is my middle name, die Prüfungen hören nicht auf. Die Schnarcheule will mich in einen Schlafsaal stecken (weiß einer Höllischeres?), obwohl ich einen *single room* gebucht habe. Man könne nicht nachschauen, so die Erklärung, welcher Raum frei sei, da der Computer nicht funktioniere. Ich werde noch grämlicher als vor zwanzig Minuten. Deprimiert schon der Anblick von Hässlichkeit, so haut einen die anschließende Begegnung mit Dummheit endgültig k. o. Folglich spreche ich ab sofort eine Spur gereizter. Das hilft. Die Pfeife hat den Mumm und öffnet behutsam ein Zimmer. Und siehe, es ward frei. Ich frage den Nachtwächter noch, warum niemand ans Telefon ging, als ich die ausdrücklich dafür vorgesehene Nummer wählte. Er:

– Der Computer ist kaputt.
– Aber ich habe doch ein Handy angerufen, völlig unabhängig von einem Computer.
– Das gleiche Problem, der Computer ist kaputt.

Der Rest ist Schweigen, ich lege mich ins Bett. Der grölende Pöbel von der Straße, zwei Stock tiefer, erinnert mich daran, dass heute kein Glückstag zu Ende geht.

Am nächsten Morgen ist alles anders. Sogar die Kotzflecken sind verschwunden. Melbourne, die Knapp-vier-Millionen-Hauptstadt des Staates Victoria, macht alles wahr, was ich von anderen in Form von Preisreden und Lobeshymnen gehört habe. Die Sonne strahlt und der erste Mensch, der mir um 8 Uhr 31 begegnet, sagt nicht »How is it going, mate?«, nein, er redet wie alle, die einen Grundkurs in Zivilisationskunde hinter sich haben, er sagt: »Good morning, sir, how are you?« So spricht der Kellner in dem Lokal, wo es ein Frühstück gibt. Und selbstverständlich antworte ich: »Thank you, I am fine.« Mir ist, als hielte ich ab sofort einen

Garantieschein in Händen, dass ich die Tage in Melbourne wie eine Eroberung nach Hause tragen werde.

Ich ziehe los, kein Ziel vor Augen, will nur wieder den Geruch einer Großstadt genießen, die Geräusche, die Kulisse für die Geräusche, das Quietschen der Trambahnen, die durch Häuserschluchten ziehen, die Vexierspiele auf den Glasfassaden der Wolkenkratzer, den sonnenhellen Lichtkegel zwischen zwei Häuserecken, durch den eine elegant gekleidete Frau eilt, die Fensterputzer in schwindelnder Höhe, die lässigen Kringel der Raucher im Gegenlicht, die auf Terrassen ihren ersten Kaffee trinken.

Und irgendwann höre ich Musik, komme näher und sehe einen dünnen Mann mit einer spanischen Gitarre zwischen zwei Verstärkern stehen. Und flüchte instinktiv auf die andere Seite. Weil ich schon vor langer Zeit beschlossen habe, das Geklimper der Talentlosen nicht mehr auszuhalten. Aber ich drehe mittendrin um, mitten auf der Straße. Weil hier ein Talentierter aufspielt. Weil auch Santana sein *Samba Pa Ti* nicht besser interpretieren könnte. Ich kehre zurück, setze mich auf eine Bank und bin nur einer von vielen, die jetzt nicht weiterwollen, ohne dem Langhaarigen zuzuhören, der lässig entlang dem Hals seiner Gitarre zaubert. Leute hasten – und bleiben stehen. Eine ältere Dame im Rollstuhl fährt mit ihrem Hund heran und beide halten still und lauschen. Der Musiker redet nicht, keine Erklärung, kein Hinweis, kein Wort, kein Titel. Dafür *Bésame mucho*, zwei Stücke aus Vivaldis *Vier Jahreszeiten*, von den Stones die Schmelzkeule *Angie*, die Filmmusik aus *Exodus*, Stings *The shape of my heart*. Musik als Muttersprache.

Über eine halbe Stunde haben wir Zuhörer Gelegenheit, die kleinen Ohnmachten der Begeisterung zu erfahren. Wobei ein Schreiber nebenbei noch die Attacken der Missgunst ertragen muss. Weil der Dünne etwas kann, was niemand »übersetzen«

muss. Emily Dickinson, die amerikanische Dichterin, notierte einmal: »Ein Wort kann dich überschwemmen, wenn es vom Meer kommt.« Sehr wahr, aber es überschwemmt den Leser erst, wenn er es versteht, wenn das Wort in einer Sprache auftaucht, die er kennt. Ganz anders mit Noten. Jeder, der jetzt an dem Alchemisten mit seinem Instrument vorbeikommt, erhält einen Trost, eine Sehnsucht, eine Erinnerung, einen Swing. Ohne dass ein einziges Wort fällt. Und würden die Vertreter aller fünftausend Sprachen zuhören, jeder würde »verstehen«. Auf seine Weise.

Musik ist nur Musik, sie braucht nur sich. Sie hat keine Geschichte zu erzählen, keine Wahrheit zu verkünden, sie ist nie dumm, sie kann nicht lügen, auf mysteriöse Weise vermehrt sie jedermanns Glück. In Hochform holt sie uns zurück in einen Zustand, der uns mit allem versöhnt. Wer also wollte nicht tauschen mit einem, der jedem in seiner Nähe den Kopf verdreht, das Herz. Was müsste ich als Schreiber aufführen, um Wildfremden so nahezukommen, dass sie innehalten und dableiben. Mitten im Großstadtlärm.

Schräg gegenüber haben Adventisten einen Stand aufgebaut. Man will sie fast bemitleiden. Denn keiner streift sie mit einem Blick. Keiner will momentan wissen, dass die baldige »Wiederkunft Christi« bevorsteht. Denn alle Augen sind auf Santos (seinen Namen werde ich bald erfahren) gerichtet, alle Ohren, jede Faser Aufmerksamkeit. Auf jenen, der nichts verspricht, der nur linkisch dasteht und an sechs Saiten zupft. Wie beruhigend, dass das Weltliche, die Welt noch immer den Sieg davon trägt über die Reden vom Jenseits. Spürt doch jeder Anwesende, dass wir uns gerade im Paradies befinden. Nicht für immer, aber für eine kurze, flüchtige Zeit befindet sich der Himmel an der Ecke Bourke/Elisabeth Street.

Als der Wunderknabe aufhört, gehe ich auf ihn zu. Wir reden. Santos lebt schon lange als Italiener in Melbourne, hat eine

Band, tourt. Er liebt die Stadt, liebt den Kontakt zur Straße, er sagt, dass ihn kein anderes Ziel im Leben bewegt, »als schöne Dinge zu tun«. Um mich für das Schöne zu revanchieren, biete ich ihm ein Gedicht von Salvatore Quasimodo an, das mir vor Minuten wieder einfiel. Einfallen musste. In der Originalversion. Ich kann die Sprache nicht, aber die paar Zeilen, die weiß ich auswendig. Doch um ein Haar wäre ein Mord passiert, denn Santos hat noch nie von seinem Landsmann gehört, jenem italienischen Gott, der sich als Dichter verkleidete und 1968 als 67-Jähriger in Neapel starb. Ich lasse nur ab vom Meucheln, weil Santos verspricht, noch heute nach dem Gewinner des Literatur-Nobelpreises (1959) zu googeln, zudem spüre ich, dass ihm die Strophe nah geht. O.k., ich kann weder Musik noch Gedichte produzieren. Aber ich kann immerhin ein Wunder aufsagen und es herschenken:

Ognuno sta solo sul cuor della terra
trafitto da un raggio di sole:
ed è subito sera

Ein jeder steht allein im Herz der Erde
getroffen von einem Sonnenstrahl:
und gleich ist es Abend

Mit einem Stoß Zeitungen gehe ich in ein Café, will die Nachfreude auskosten, das Vibrieren im Körper behalten. An der Kasse – Selbstbedienung ist eine barbarische Erfindung – wird plötzlich etwas klar, was mir bisher eher diffus bewusst war. Die Situation: Big Coffeeshop, Maschinen sausen, TV-Screens flirren, der Chef am Computer, Lichter blinken, zwei Angestellte mit dem Handy am Ohr, Hebel klicken, Mordsbetrieb – und niemand da. Außer einem Paar im Eck und ich an der Kasse. Der rasende Stillstand, dennoch soll ununterbrochen signalisiert werden: »We're busy«, sprich, wir sind wichtig, wir sind gefragt, bei uns ist die Hölle los. Kein australisches Phänomen, ein weltweites. Im selben Moment, ich stehe noch immer herum, drängt sich eine Erinnerung auf. Jener Nachmittag vor Monaten, als ich ein Café betrat, dessen Besitzer neben der Theke saß, geruhsam die Zeitung lesend. Irgendwo in Arabien. Und ich setzte mich und bestellte. Und er brachte das Gewünschte. Ohne einen einzigen Knopf zu drücken, ohne Gedöns, ohne Wichtigtuerei. Nichts klingelte, nichts brauste, erstaunlicherweise kamen keine halbe Minute später der Tee und ein Gebäck an den Tisch.

Nicht so in modernen Zeiten. Ich warte, noch immer. Das Warten lassen gehört zur Politik solcher Einrichtungen, es soll die Wichtigkeit unterstreichen, ja im Kunden ein irritierendes Gefühl von Abhängigkeit wecken, von: »We don't need you, but you need us.« Dann kommt die Lady und ich versuche die vielen Male mitzuzählen, die sie auf die Tasten vor sich drückt. Beim 24. Mal komme ich ins Schleudern, verliere den Überblick. Klar, die Bestellung eines Glases Milch ist kompliziert, noch haariger die Lage, wenn zusätzlich ein Muffin geordert wird. Sicher gibt es fünfzig Milchsorten und 120 verschiedene Muffins. Irgendwann ist das Werk vollbracht, ich bekomme, nein, nicht die Ware, ich bekomme den Bon, den Zettel. Damit bin ich entlassen, ich setze mich und lauere sieben Minuten, bis auf einer Tafel meine Nummer erscheint und ein Beep losgeht. Hurra, ich darf das längst Bestellte, längst Bezahlte abholen und davontragen.

Vor Tagen sah ich im Fernsehen einen Bericht über Cafés und Restaurants in den 70er Jahren, hier in Australien. Dicke Decken lagen auf den Tischen, dicke Stoffe hingen an den Wänden, so genannte »Lärmschlucker«. Ganz im Sinne des Werbespruchs, der Gäste locken sollte: »Sie wollen es ruhig, um intime Gespräche führen zu können!« Klingt das nicht wie ein Märchen?

Draußen auf der Terrasse wird alles gut, die Sonne ist da, der Aschenbecher, das attraktive Melbourne. Und die pure Freude stellt sich ein, ach, ein Jauchzen und Frohlocken. Denn ich entdecke einmal mehr besten australischen Journalismus, gespickt mit grimmigem Humor, mit der Fähigkeit, jede heilige Kuh umzulegen und eiskalt alle Heiligkeiten zu hinterfragen. Ich finde einen Artikel mit der Überschrift »Widespread sex drought«. Die Verfasserin zieht Parallelen zwischen der klimatisch verursachten Dürre auf dem Kontinent und der erotischen Trockenperiode, die laut zitierter Umfragen in hiesigen Betten ausgebrochen ist, genauer, in hiesigen Ehebetten. Als erster Lustkiller – na ja, eine Weltneuheit ist die Nachricht nicht – wird das Ehebett identifiziert und die damit verbundene »schreckliche Angewohnheit, sich jede Nacht dort mit derselben Person zu verabreden« (ist das nicht toll formuliert?). Als zweites Sedativum wirkt die Lust am Geldverdienen. Damit noch mehr Scheine auf der Bank liegen und noch weniger Sex ausbricht, Gatte und Gattin tatsächlich die Terminkalender durchblättern müssen, um sich an ihre letzte Intimität zu erinnern. Und die nächste zu vereinbaren.

Erfreulicherweise schrieb eine Frau den Essay. Somit fällt der Verdacht weg, hier agiere ein Mann, der ewige Stier, seinen Frust aus. Und die Autorin legt bis zur letzten Zeile nach, zieht über die Flut der Ehe-Ratgeber her, diese peinsamen Drucksachen eifernder Ehe-Therapeuten, die das Ehevolk mit Vorschlägen aus der Mottenkiste ihres armseligen Erotik-ABCs beflügeln wollen:

- Richten Sie Ihr Schlafzimmer neu ein!
- Treiben Sie es auf dem Kühlschrank!
- Besorgen Sie sich Duftkerzen!
- Sehen Sie verrucht aus!
- Kaufen Sie sich ein durchsichtiges Négligé!
- Legen Sie orientalische Musik auf!

Ad infinitum absurdum. Fazit der Schreiberin, die ganz offensichtlich über mehr Menschheitskenntnis und Weltwissen verfügt als die einschlägigen Experten: Kein String auf Erden wird erloschene Vulkane aufwecken, kein Supersonic-Bett den Sexdrive beschleunigen, kein Dildo mit ausfahrbarem Widerhaken die Lustfeuer wieder entfachen. Das Thema ist durch, die Lava verglüht, beide sollen sich nach neuen Brennpunkten umsehen, nach anderen Männern und Frauen, um ihre Leiber wieder mit Sehnsucht und Hingabe zu erhitzen.

Melbourne und der Outback sind die australischen Gegensätze. Die Metropole gilt als die *geistige* Hauptstadt des Landes. (Sydney als *money capital* und Canberra als politisches Zentrum.) Kein Wunder folglich, dass sie hier ein internationales *Writers' Festival* veranstalten. Mich verfolgt das Glück des Tüchtigen, ich komme rechtzeitig zum letzten Tag. Immerhin.

Das Ganze ähnelt ein wenig der Buchmesse in Leipzig, viele Lesungen, viele Reden und Gegenreden, viele Veranstaltungen mit vielen lästigen Fragen: Ob wir wirklich so infantil sind, dass wir es verdienen, rund um die Uhr mit News aus dem Nieten-Dasein einer Paris Hilton drangsaliert zu werden? Bekommen wir, was uns zusteht? Sind in einem Zeitalter, in dem »every man and his dog can have a blog«, Literatur-Kritiker noch nötig? (Ja!, so das begrüßenswerte Ergebnis der Diskussion, denn zwischen »Oh, geiles Buch, Mann, musst du dir unbedingt reinziehen!« und den klugen Ausführungen eines Rezensenten liegen nicht Welten, aber möglicherweise brauchbare Argumente, um das eine Buch zu lesen und das andere unter den Ohrenbacken-Sessel zu schieben. Damit er aufhört zu wackeln.)

Eine Einladung heißt »I've seen it all in a small town«, in der drei Schriftsteller zu Wort kommen, die Romane über kleine Städte geschrieben haben. Einer von ihnen antwortet auf den Zwischenruf, dass dort doch nichts passiert: »Just look hard enough«, schau einfach genau hin! Das ist ein Imperativ auch für Schreiber, die lieber in große Städte flüchten. Ein anderer liest ein Kapitel aus seinem Buch vor, in dem der Ausdruck »Department of lunacy« vorkommt. Auf Fragen des Publikums zu diesem bizarren Ausdruck anwortet der Autor, dass es bis 1983 im Staat North South Wales ein »Wahnsinns-Ministerium« gab, das für geistig Behinderte zuständig war. Um Politiker zu entlarven, genügt ein Blick auf ihre Sprache.

Im Freien stehen Büchertische um ein winziges Amphitheater, wo man lesen und zwischendurch in die Sonne blinzeln kann. Ich kaufe mir ein Buch und werde es die nächsten zwei Stunden nicht loslassen. *Courage*, geschrieben von Maria Tumarkin, einer jungen Frau, die vor knapp zwanzig Jahren Russland Richtung Melbourne verließ. Das Buch ist deshalb so anrührend, weil es *nicht* von Helden, Titanen und anderen Göttern erzählt, die tollkühn und todesverachtend die Welt und den Himmel aufräumen, nicht schwärmt von den Leinwand-Recken, die uns die Botschaften cooler Grausamkeit und cooler Demütigung beibringen, *nicht* das hohe Lied jener singt, die als Abenteurer einbeinig und ohne Sonnenbrille vom Südpol zum Nordpol hüpfen, sondern eben von jener Eigenschaft spricht, die wir alle verdammt nötig haben. Von Anfang an, jeden Tag, bis ans Ende: So was wie Chuzpe, wie Beherztheit, wie Nerven, um uns gegen die täglichen Frechheiten, Übergriffe und Gleichgültigkeiten – uns gegenüber, anderen gegenüber – zu wehren. Um gegen die eigene Trägheit des Herzens, des Körpers zu kämpfen, diese feiste Sucht nach Komfort, diesen instinktiven Reflex, vor Konflikten davonzulaufen. Wer couragiert ist, der riskiert auch, so die 34-jährige Schriftstellerin, sich lächerlich zu machen, zuckt nicht davor zurück, seine Schwächen und Wundstellen preiszugeben. Zuletzt notiert sie: »Jeder von uns verspürt tief in sich diesen Hunger nach einem mutigen Leben.« Ja, ein mutigeres würde schon reichen.

Den Abschluss des Festivals bildet eine Rede von Noel Pearson, Rechtsanwalt und einer der führenden Aborigine-Intellektuellen in Australien. Die Frage, wie Schwarz und Weiß produktiver und vorurteilsfreier miteinander leben können, war natürlich eines der bestimmenden Themen der letzten Woche. Der 43-Jährige ist bekannt für klare Worte. Kein Manövrierer, kein politischer Windbeutel, seine Meinungen sind auch im eigenen Lager umstritten. Über tausend Zuhörer sitzen in der Storey-Hall, das Interesse ist immens.

Das Zusammenleben von *white* und *non white* ist aber nur Nebenschauplatz der flammenden Rede. Im Juni 2007 kam der Bericht *Little Children are Sacred* heraus, der auf die katastrophalen Zustände in zahlreichen *aborigine communities* verwies. Arbeitslosigkeit, Alkohol, Drogen, Glücksspiele, Pornografie, Gewalt untereinander, Gewalt gegenüber Kindern, sexueller Missbrauch. »Crisis levels« seien erreicht. Die Autoren des Reports appellierten an die Regierung, die Lösung der angesprochenen Probleme als »dringend und von nationaler Bedeutung« einzustufen.

Pearson bezeichnet sich selbst als »Ex-Linken«, der die Konservativen als »Faschisten« beschimpfte. Heute sieht er die Dinge anders, nennt die Linken die ewigen »Rechtfertiger« und befürwortet den Plan der Liberalen (den sogar die Labour Party unterstützt), mit drastischen Maßnahmen der Katastrophe Herr zu werden. Die beiden umstrittensten Eingriffe: das *permit system* aufzuheben, sprich, die Aborigine-Gemeinden allen Besuchern zugänglich zu machen. Ohne *permit*, ohne offizielle Erlaubnis der lokalen Behörden. Damit käme mehr Öffentlichkeit in diese Orte, weniger Heimlichkeit wäre möglich. Und zweitens, noch schneidender: Einen Teil der Sozialhilfe nicht auszuzahlen. Um mit der einbehaltenen Summe die Miete, die Lebensmittel und die nötige Schulausrüstung der Kinder zu finanzieren. Um somit zu verhindern, dass alles sofort versoffen und verspielt wird. Pearson meint, dass ein gedankenloses *welfare system* nichts als Unglück über sein Volk gebracht habe. Denn *handouts*, Almosen, erniedrigen den anderen, ersticken in ihm – erst recht, wenn das Ritual schon dreißig Jahre andauert – jede Eigeninitiative. (Ironischerweise heißt die vom Staat monatlich verteilte Hilfe in Australien *sit-down money*. Weil man sich nach dessen Erhalt hinsetzt. Und sitzen bleibt. Statt loszugehen und nach Möglichkeiten zu suchen.) Nur Aborigines können Aborigines retten. Verantwortung für sich übernehmen ist der erste Schritt in die Freiheit.

Und da liegt die Krux. Pearson spricht von einem »teutonic (sic!) shift«, der nötig wäre, um die betonierte Vergangenheit in den Köpfen aufzubrechen. Er zitiert sogar seine Erfahrungen mit der jüdischen Gemeinde hier in Melbourne, von der er gelernt habe, dass man Opfer gewesen sein kann und trotzdem eines Tages imstande ist, die Opferrolle zu verlassen. Aber, und jetzt kommt der traurige Clou des Abends, ganz unerwartet und ganz anders als das typische Erfolgsgrinsen einschlägiger Sonntagsredner: Der Mann sieht schwarz, die »selbst verpasste Entmachtung« der Aborigines sei weit, vielleicht zu weit fort geschritten, um Anlass zu Optimismus zu geben.

Noch ein Nachsatz. Kinder missbrauchen ist niederträchtig. Sei es körperliche Züchtigung, sei es sexuelle Nötigung. (Ich weiß, worüber ich gerade schreibe.) Wer will da widersprechen. Missbrauch ist immer eine Affäre von Feiglingen, die sich über Schwächere hermachen, um die eigene Schwäche zu vertuschen. Aber anthropologische Studien – und manche Forscher haben über lange Zeiträume mit ihnen gelebt – weisen nach, dass dieses Verhalten bei den Aborigines nicht »angeboren« ist, wie nimmermüde Hassbirnen zu verbreiten suchen. Sondern sich im Laufe der letzten Jahrzehnte einschlich. Als Folge eines Zusammenbruchs sozialer Codes, als Folge einer Geschichte, die sie zu Parias degradierte. Das entschuldigt nichts, rechtfertigt nichts. Es soll nur daran erinnern, dass wir Menschen sind, und dass wir alle, wenn es uns nur lange genug dreckig geht, weniger edel und gut auftreten, als wir gemeinhin zu sein glauben. Die Tatsache, dass innerhalb der schwarzen Bevölkerung enorme Anstrengungen unternommen werden – vor allem von Frauen, von Müttern –, um diesen Abstieg in einen infernalen Alltag zu bremsen, zeigt nur, wie komplex und widersprüchlich die Problematik ist.

In Melbourne bin ich beschäftigt. Weil ich hier, wie seit Wochen geplant, nach Jacob G. Rosenberg suche. Jenem jüdischen Autor, von dem ich schon zu Beginn der Reise erfahren habe. Inzwischen kenne ich sein damals im Radio vorgestelltes Buch *Sunrise West*, sowie ein paar glänzende Kritiken darüber. Nichts wäre simpler, als im Telefonbuch nachzuschauen. Aber wir leben in misstrauischen Zeiten. Gestern berichtete die Presse einmal mehr über Skinheads, die in der Gegend gern »Juden jagen« (und verprügeln). Ich gehe nach Balaclava, dem jüdischen Viertel, frage im Rathaus, in Buchhandlungen, beim koscheren Metzger, Leute auf der Straße, recherchiere in der Gemeinde-Bibliothek und besuche das *Jewish Museum of Australia*. Viele haben von dem Schriftsteller gehört, aber keiner weiß, wo er wohnt.

Obwohl in Eile, bleibe ich für eine Führung durch die Synagoge. Ein kalter, ungemütlicher Ort, innen und außen ohne architektonischen Reiz. Jemand fragt nach dem Wandschrank, in dem sie die Thora aufbewahren. Jüdische Überlieferungen, die religiösen, überliefern mir so wenig wie alle anderen Sprüche aus himmlischem Mund. Immer Behauptungen, nie Beweise. Wer sie glaubt, wird selig. Glaubt er. Schon Nietzsche fragte, warum die Christen, die beharrlich von »Erlösung« sprechen, nicht erlöster aussehen. Drei ältere Damen nehmen noch an dem Rundgang teil. Alle aus Israel. Ich kämpfe mit mir, zudem vergesse ich nicht, dass ich Deutscher bin. Aber ich frage, wohl provoziert von der »heiligen« Umgebung. Will wissen, wie das jüdische Volk – eingedenk seiner unerhörten Geschichte – an einen Gott glauben kann, der es auserwählt hat, es schützt, sich kümmert. Auserwählt zu was? Zum Geschlachtetwerden? Was für ein lieber psychopathischer Gott ist das? Kennt jemand eine Figur, die nachtragender ist, bluthungriger, lusthassender, mysogyner, homophober, rassistischer und größenwahnsinniger als jener im Alten Testament / in der Thora erfundene Gott? Wie viel Grausamkeit muss über Menschen kommen, damit sie loslassen von Ideen, die grundsätzlich an der Wirklichkeit scheitern? Etwa 14 Millionen Juden gibt es, verteilt auf viele Länder. Das macht 0,21 Prozent der Weltbevölkerung. Dafür sind 23 Prozent aller Nobelpreisträger jüdischer Herkunft. Mindestens ein Drittel der deutschen Literatur der ersten Hälfte des 20. Jahrhunderts wurde von jüdischen Schriftstellern verfasst. Von ihren wissenschaftlichen Beiträgen nicht zu reden. All das spricht für eine außergewöhnliche Intelligenz, für ein außergewöhnliches Erkenntnisvermögen. Im Museum nebenan hing eine Notiz des (ungläubigen) Albert Einstein: »Das Streben nach Wissen um seiner selbst willen (...) und die Sehnsucht nach persönlicher Unabhängigkeit, das sind die Merkmale jüdischer Tradition, zu denen ich dankbar gehöre.« Offensichtlich haben die Gläubigen unter den 14 Millionen von den Zeilen noch nichts gehört. Sonst hätten sie ihre persönliche Unabhängigkeit nicht hergegeben für eine Schimäre hinter den sieben Milchstraßen.

Aber mitten in der Frage höre ich auf, bin still. Weil ich denke, dass hier nicht der rechte Platz ist für sophistische Auseinandersetzungen. Zudem will ich das Trio nicht verstören, mein Einwand würde sie nur verletzen. Jede Aufklärung, jeder Aufbruch zu anderen (Denk)Ufern käme für sie zu spät. Als wir wieder hinaus in die Sonne treten, habe ich Kopfweh. Ich leide wohl physisch unter geistiger Enge.

Weiter nach Jacob G. Rosenberg forschen. Mit Hilfe eines Redakteurs der *Australian Jewish News* erreiche ich seine Verlegerin, die von Sydney aus verspricht, Kontakt mit ihm aufzunehmen. Die Suchaktion zieht sich über eineinhalb Tage, dann halte ich seine Telefonnummer in Händen. Ich rufe ihn an, der Mann klingt beschwingt, er weiß bereits von meiner Bitte. Er schlägt ein Treffen für morgen Nachmittag vor. Mit Freude und Dankbarkeit hänge ich ein. Ich hätte mir nicht verziehen, wenn ich ohne ein Gespräch mit ihm hätte weiterziehen müssen.

Ich gehe ins *Old Melbourne Gaol*, das alte, finster-feuchte Zuchthaus von Melbourne, wo insgesamt 135 Kriminelle exekutiert wurden. Heute kann man die Zellen besichtigen, die Totenmaske jedes Einzelnen, seine Geschichte nachlesen. Sogar ein Deutscher stieß hier seinen letzten Seufzer aus, ein gewisser Christian von See. Am 29. 11. 1858 begleitete ihn ein Pastor names Goethe (sic!) zum hauseigenen Galgen. Doch selbst das Rezitieren der letzten Gebete in der Muttersprache hat Herrn von See nicht davon abgehalten, sich in die Hose zu machen. *Unanswered prayers*, wie offensichtlich.

Ganz anders der Mann, wegen dem allein die Besucher hierherkommen: Ned Kelly. Der berühmteste Ganove und Nationalheld des Kontinents. Hört man seinen Namen, weiß man nie genau, welche Empfindungen überwiegen. Bewunderung oder Abscheu? Mitgefühl oder Befriedigung? Er war ein Killer und Aufsässiger, Sohn eines (irischen) Immigranten, der die (englischen) Australier hasste, ein Pferdedieb und Bankräuber, der Lebensretter eines Kindes (das zu ertrinken drohte) und der Chef der *Kelly-Gang*, ein gut aussehender Hasardeur und (bisweilen) tätiger Robin Hood, dem sie hier in Melbourne – nach einem umstrittenen Prozess – am 28. Juni 1880 die Schlinge um den Hals legten.

Nun, mit einem Gassenhauer auf den Lippen schlurfte der Verurteilte – Füße in Ketten – nicht zur Hinrichtungsstätte, aber er tat das, was ihm seine Mutter Ellen, ebenfalls hinter Gittern, befohlen hatte: »Die like a Kelly!« Überliefert ist sein legendärer (eine Legende?) Satz, sein letzter: »Such is life.« Ein herausforderndes Leben, bis zuletzt. Denn Aushilfshenker Mister Lipjohn, der wohl die Broschüre *The Art of Hanging* nicht gründlich genug studiert hatte, applizierte den Strick so schlampig, dass der 26-Jährige über vier Minuten lang in der Luft strampelte. Bis er endlich tot war, erwürgt, mit intaktem Genick. Hinterher wurde der Kopf abgeschnitten und die Schädeldecke aufgebohrt. Um das »Verbrecher-Gen« zu finden.

Noch eine Fußnote. Im Hof der Anstalt stand *labor in vain* auf dem Programm, die damalige Vorstellung von Resozialisierung, frei übersetzt: vergebliche Müh'. Man ließ die Insassen antreten und forderte sie auf, volle Wasserkübel weiterzureichen, einer dem andern, stundenlang, tagsüber, ganzjährig. Mit dem Ziel, die Sträflinge zu »dekonstruieren«, ihnen das böse Gen auszutreiben. Um sie irgendwann – jetzt als willige, willenlose Jasager – wieder in die Gesellschaft einzugliedern.

Ich mache noch einen Umweg über die *State Library*, hier stellen sie die bizarre Ritterrüstung aus, die sich Kelly für seinen Endkampf mit der Polizei hat schmieden lassen. Hinter Glas hängt sie, von allen Seiten beleuchtet. Eine Schulklasse mit Kindern sitzt gerade vor dem Altar, und eine Lehrerin erklärt den geschichtlichen Hintergrund. Und ich bin Zeuge einer wunderbaren Szene, denn irgendwann fragt Miss Joleen die Jungen und Mädchen, wer denn gern ein Leben wie Kelly führen würde. Und ohne eine einzige Gegenstimme sausen die Arme der 10-Jährigen nach oben. Schon jetzt scheinen sie überzeugt, dass selbst ein kurzes Halunkenleben – inklusive elendem Röcheln am Strang – mehr Freuden und Intensitäten verspricht als das lange fade Dasein der Mitläufer und Braven.

Zweimal wurde der Heldenstoff verfilmt, 1970 als Machwerk mit dem Seidenhosen-Revolutionär Mick Jagger in der Hauptrolle. Sein talentfreies Gehampel vor der Kamera war so peinlich, dass er es vorzog, der Premiere fernzubleiben. Und vor einigen Jahren mit Heath Ledger, dem so begabten australischen Schauspieler, der kürzlich – »accidentally«, hieß es im offiziellen Befund – an einer Überdosis Antidepressiva und Schmerzmittel in New York starb. Kaum älter als Ned K.

Ins *Immigration Museum*. Ich bin immer fasziniert von Männern und Frauen, die alles aufgeben, um woanders – so fern woanders – neu anzufangen. Australien zu betreten war dornenreich. Einerseits verlangte die schiere Größe des Landes nach mehr Bewohnern, mehr als die fünf Millionen, anderseits gab es seit 1901 den *Immigration Restriction Act.* Damit Australien »weiß« bleibt, sprich, die Nicht-Weißen am Betreten gehindert wurden. Als effizientestes Mittel – um scheinheilig den Ruf knallharter Rassenpolitik zu vermeiden – wurde der *dictation test* ausgetüftelt: Man diktierte dem Neuankömmling einen Text. Nicht in seiner Muttersprache, sondern in Englisch, mindestens fünfzig Wörter lang. Und erwartete eine intelligente Zusammenfassung des Vorgelesenen. Saß man einem Inder gegenüber – in Indien wird auch Englisch gesprochen – so wählte man zum Beispiel Holländisch. Damit er garantiert durchfällt und wieder verschwindet. Bekannt wurde der Fall des tschechisch-deutschen Schriftstellers Egon Erwin Kisch, der 1934 – mit Beinbruch beim Sprung vom Schiff in

Melbourne – in Australien ankam. Um Reden zu halten gegen den wachsenden Faschismus in Europa. Der Reporter war reinrassig weiß, trug aber einen anderen Makel mit sich herum: Marxist. Deshalb bekam er einen Absatz in *scottish gaelic* präsentiert, ein Gälisch, das kaum noch in Schottland bekannt ist. Kisch ging gegen das Urteil »Illegaler Einwanderer« vor Gericht – und gewann. Eher die Ausnahme, da Freunde und Genossen publizistisch Druck ausübten. Die Freundelosen kamen ins Lager oder standrechtlich aufs Schiff zurück in die (ungeliebte) Heimat. Trotzdem, der Fairness halber muss erwähnt werden: Millionen fanden auf dem Kontinent ein neues Zuhause, 1973 wurde die *White Australia Policy* offiziell abgeschafft.

Teile eines typischen Immigraten-Schiffes stehen in dem Museum. Es zu besichtigen ist das reinste Amüsement. Auf jeder Überfahrt, so ist zu erfahren, wachte eine hauptamtlich beschäftigte Matrone darüber, dass sich Unverheiratete nicht zu nahe kamen. Kann einer sich vorstellen, wie viele Extra-Schillinge die Moralstrenge als Schweigegeld in der Matronenschürze verschwinden ließ? Erstaunlich auch die Nachricht, dass die Schiffsgesellschaften die Passagiere zum Schreiben eines Tagebuchs anspornten. Kostenlos wurde Papier verteilt. Man hatte inzwischen begriffen, dass geschriebene Sprache sich als Therapeutikum anbot gegen den »Schmerz der Trennung« und die »Furcht vor dem Unbekannten«.

Eine nachgebaute Schiffskabine ist die Sensation, sogar der Boden wankt. Fürs einfache Volk, die Volks-Familie, gab es eine einzige Koje. Und für die ganze Massenkabine ein *pit shit*, ein Klo, sprich, ein rundes Loch mit einem Kübel darunter. Viele wussten zuerst nicht, welchem Zweck die Schüssel diente und benutzten sie als Nahrungsmittel-Ablage. *No privacy*, selbst der Abort war lediglich durch einen Vorhang verdeckt. Ausgesprochen witzig wird auf kleinen Schrifttafeln beschrieben, was hinter der Gardine vor sich ging (bei denen, die wussten, dass es sich nicht um eine Obstschale handelte): »Mit der einen Hand an der Nase, mit der anderen irgendwo sich festhalten, um durch das Schaukeln des Schiffes nicht abgeworfen zu werden.« Noch witziger wird die Inszenierung, da man über Lautsprecher die einschlägigen Geräusche hört, die an dem stillen (?) Örtchen produziert wurden. Das Furzen und Ächzen jener, die an Verstopfung litten. Und die plumpsigen Geräusche, wenn die Hartleibigkeit ein Ende hatte. Was seltsamerweise fehlt, ist eine programmierbare Geruchsmaschine, die den Besuchern die (internationalen) Duftmarken entgegenweht. Wie auch immer, das Museum klärt auf, erzählt von den Mühseligkeiten, die der Weg in ein anderes Leben bereithielt. Und vom Mut jener, die sie auf sich nahmen.

Hier sei eine schnelle Kriegserklärung erlaubt, ein kurzer Beitrag zum Thema »Die Würde des Menschen ist antastbar«. Die Assoziation zur Gegenwart war unvermeidlich. Was man unseren Vorfahren zugemutet hat, mutet man uns noch heute zu. Mitten in den hochmodernen Zeiten sind Latrinen-Soundtrack und Stinkbomben-Berieselung bis auf Weiteres zu haben. Ich hatte sie erst gestern: Jene öffentlichen Null-Null-Kabinen, in denen man (unten) die Waden seiner beiden Nebenmänner sieht und – oben, wenn man sich nicht duckt – ihre Köpfe. Dabei gleichzeitig den verschieden lauten Tönen und verschieden penetranten Gestank-Salven aller gerade tätigen Kloschüssel-Benutzer ausgeliefert ist. (Und den anderen die eigenen liefert.) Man könnte das als eine besonders innige Form der Völkerverständigung begreifen. Oder begreift nichts und kotzt auf jene skrupellosen Narren, die ihre Mitmenschen mit solchen Einrichtungen entwürdigen.

Wir treffen uns um 16 Uhr in Armadale, einem belebten Vorort von Melbourne, im Café Alto. Die Sonne scheint und ein Mann mit weißem Haarkranz und freundlichem Lächeln kommt auf mich zu, Jacob G. Rosenberg. Ein Gefühl von Dankbarkeit durchströmt mich. Der Schriftsteller ist 85 Jahre und mitten in der Arbeit an einem Roman. Dass er sich dennoch Zeit nimmt für jemand ihm völlig Unbekannten, ist nur als Zeichen äußerster Höflichkeit zu begreifen. Einer seiner ersten Sätze verrät, was ihm half, ein so langes Leben zu bestehen. Humor. Auf die Frage nach seinem Gesundheitszustand antwortet er grinsend: »Ich bin eine wandelnde Apotheke.« Er ist neugierig, will wissen, wie ich ihn entdeckt habe. Ich rekapituliere kurz, erwähne das Interview vor Monaten mit ihm im Radio und das inzwischen gelesene Buch *Sunrise West*, die Kritiken. Ich bitte ihn, das mitgebrachte Exemplar zu signieren, versuche, es nicht zu sagen und sage es doch: dass ich ihn bewundere für den Lebenswillen, der ihn nicht losließ. Dann halte ich den Mund, er soll reden.

1922 kommt Jacob in Baluty zur Welt, dem armseligsten Viertel in Lodz, nach Warschau die größte Stadt Polens. Sein Vater ist Weber, Agnostiker und Sozialist, die Mutter Spinnerin, weniger radikal. Ein Teil des knappen Haushaltsgeldes geht in die Anschaffung von Büchern. Am siebten Tag der deutschen Invasion in Polen fällt Lodz, am 7. September 1939. Ein Ort mit großem jüdischem Bevölkerungsanteil. Die Nazis feiern und nennen ihre Beute ab nun Litzmannstadt. Am 12. Dezember des gleichen Jahres führen sie den gelben Judenstern ein, das Markenzeichen für die Todgeweihten. Anfang August 1944 werden die Rosenbergs deportiert, am Eingang zum Lager Birkenau (Auschwitz II) wird die fünfköpfige Familie getrennt: drei nach links und umweglos in die Gaskammer, Jacobs Schwester Pola und der 22-Jährige nach rechts. Sie wird sich 72 Stunden später, kahlgeschoren und hoffnungslos, in den Starkstrom-Stacheldraht werfen. Am 8. Mai 1945 verlässt Rosenberg das von den Amerikanern befreite Vernichtungslager Ebensee. Er will schreiben. Den Stoff hat er schon.

Irrwege durch Italien, Suche nach einem Land, das ihn aufnimmt. Mehrere Absagen, aber Australien sagt zu. In Marseille geht er an Bord eines ägyptischen Frachters, der früher Kühe und Ochsen beförderte. Eigentlich völlig harmlos, nur nicht für einen, der einst mittels Viehwagen in ein Todeslager transportiert wurde. Betritt das Schiff mit seiner Frau Esther, der er nach der Befreiung begegnet ist. Die junge Frau hat das Warschauer Getto, Maidanek, Bergen-Belsen und Dachau überlebt. Sie vereinbaren, so lange auf ein Kind zu verzichten, bis sie beide eine Umgebung gefunden haben, wo sie sich in Sicherheit fühlen. Zudem braucht der Körper seiner Frau Jahre, um wieder als Frauenkörper zu funktionieren. So verstört scheint er von den Schrecken, die über ihn kamen. Einige Wochen später erreichen sie Melbourne, das neue Leben beginnt. An manchen Tagen heulen sie, aus Freude, dass sie davongekommen sind. An manchen Tagen erwischt sie das »Auschwitz-Syndrom«, jenes seltsame Schuldgefühl, dass sie beide überlebt haben und andere nicht. Mancher, der sich nach Australien retten konnte, hat die Rettung nicht ausgehalten, hatte alles auf sich genommen, um zu überleben. Nur um sich eines Tages das Leben zu nehmen. Unfähig, mit der Vergangenheit fertig zu werden. Ob auch er an Selbstmord gedacht hat? Nein, nie, erst recht nicht, nachdem er Esther getroffen habe. Liebe ist das Gegenteil von Tod, im Dezember 1953 kommt ihre Tochter Marcia zur Welt.

Das australische Leben fing bescheiden an, ein Zimmer für zwei, zwei strapaziöse Jobs in einer Kleiderfabrik, der unbeugsame Wille, sich eine Existenz aufzubauen. Als sie endlich in eine eigene Wohnung umziehen, empfinden sie ein geradezu hysterisches Glück über die ab jetzt eigene Toilette. »Um dort ungestört die Zeitung lesen zu können.« Er beginnt zu schreiben, traut sich an seine Erinnerungen. Er muss schreiben, das Geschriebene soll ihn erlösen. Aber nicht auf Polnisch, nicht auf Jiddisch, nicht auf

Deutsch (das er gebrochen spricht), er lernt die neue Sprache, schreibt irgendwann ein makelloses Englisch.

Sein Unglaube kam nie in Gefahr. Welch absurder Gedanke, sagt er, an einen schützenden Gott zu glauben. Er erzählt die Episode eines (jüdischen) Freundes, dem ein Rabbi seine Zweifel und »Perplexitäten« vorwarf: »Yes, Rabbi, six million perplexities.«

Nein, er hasst die Deutschen nicht, er kann nicht hassen, sagt er, er kann es nicht. Er zitiert Nelly Sachs, Paul Celan, Heinrich Heine, Stefan Zweig, er ist ungemein belesen, versteht lesen als eine andere Form der Nahrungsaufnahme. »I never like a day to go by without print.« Und er zitiert seinen Vater: »Ein Bücher-sklave ist ein freier Mensch.« Er bewundert die deutsche Literatur. Er ist immer noch Europäer, immer noch Sozialist, immer noch von der Torheit geschlagen, dass eine gerechtere Welt möglich ist. Hat er Angst vorm Sterben? Nein, er denkt nicht oft daran, er nimmt jeden Tag als Geschenk, er schreibt.

Ich bitte den Kellner um die Rechnung und Mister Rosenberg besteht darauf, mich einzuladen. Ich begleite ihn zurück zu seinem Wagen, beim Abschied frage ich ihn, was er uns, den Nachgeborenen, sagen möchte. Er lächelt. »Don't let yourself be duped, think for yourself.« Lass dich nicht verführen, denk für dich selbst.

Am nächsten Morgen um 7 Uhr weiter Richtung Nordosten. Als der Greyhound-Bus an einem McDonald's vorbeikommt, kann man eine Hausfassade weiter den Graffito lesen: *All you can eat, all you can vomit*. Melbourne bleibt bis zuletzt eine intelligente Stadt. Dann hinaus aufs Land und Victoria zeigt sich als hübscher Staat, links und rechts liegen die fetten Wiesen und fetten Kühe. Nach dem Starren auf so viel Wüste ist das ein heilsamer Anblick.

Das wird ein guter Tag, ein starker. Mit einem kleinen Wunder als Einleitung. Ich will nach Glenrowan, aber der Bus fährt weiträumig daran vorbei. Als ich den Fahrer frage, wie ich am besten vom Highway zu dem Dorf gelange, zwinkert er lässig und sagt, ich solle mich setzen und keinem etwas erzählen. Und der Mensch fährt tatsächlich an der Ausfahrt links runter und macht für mich den Umweg von mindestens zehn Kilometern. Das hat Stil, da beweist einer, wie anders man miteinander umgehen kann. Ich steige aus, wir winken uns zu, er dreht cool eine Schleife und braust zurück.

Glenrowan hat eine Hauptstraße und ein halbes Dutzend Abzweigungen. Es gibt nur einen Grund (denke ich), um den Besuch hier zu rechtfertigen: *This is Kellyland*. Man geht ein paar Schritte und erreicht das Areal, das der Weltöffentlichkeit vom Bürgermeister geschenkt wurde. Als eher müde Attraktion. Denn hier rekonstruierten sie in Form von Hinweisschildern und Holzfiguren jenen Tag, an dem der Outlaw und seine Drei-Mann-Gang von der Polizei – genau hier – nach einem wilden Shoot-Out verwundet und gefangen wurden. Sogar die alte Bahnstation haben sie nachgebaut und den Warnruf angenagelt: *No kissing in public*.

Die Stadt leistet sich sogar Garry, den Schmied, der für Touristen nichts als Kelly-Rüstungen schmiedet. Jenen grotesken Eisenhelm und grotesken Brustpanzer, die ihn gegen die Gewehrkugeln einer gewaltigen Übermacht schützen sollten.

Viel aufregender als die tapsigen Versuche des Stadtoberhaupts sind die Einfälle Robert Hempels, des Besitzers von *Ned Kelly's Last Stand – Animated Theatre*. Ein rasant kitischiger, naturalistischer, höchst unterhaltsam und mit modernster Technik inszenierter Budenzauber, der jeden Cent seiner 18 Dollar Eintritt wert ist. *Das* ist der wahre Grund, warum keiner Glenrowan übersehen darf.

Erster Raum: Man sitzt im Dunkeln, plötzlich flackern Kerzen, plötzlich brennt ein Kaminfeuer, man hört das ferne Rattern eines Zuges und sieht mitten auf der Bühne Polizei-Bosse, sprechende Attrappen, die einen Plan aushecken, um den meistgesuchten Verbrecher zu überlisten. Zur Dramatisierung der Szene faucht ein Sturm, schlägt heftiger Regen an die Fenster. Zweiter Raum: Ein volles Wirtshaus, Betrunkene, einer pisst in eine Schüssel, einer hängt alkohol-ohnmächtig in der Deckenbeleuchtung, Kelly hält eine Rede, erklärt seine Strategie, um der Staatsmacht zu entkommen. Dritter Raum: Ein Hinterhof, der Endkampf, die vier Desperados gegen die Bullen, Rauch steigt auf, Schüsse knallen, Schreie, ein Schlachtfeld. Vierter und letzter Raum: Kelly liegt im Sarg, finster beleuchtet, wieder der unheilvoll pfeifende Wind. Unheimliche Sekunden, bis ein furchtbares Krachen die Stille zerfetzt, sich plötzlich die Decke oberhalb des Toten öffnet, der gehenkte Kelly nach unten saust und zuletzt über dem anderen Kelly baumelt, der bereits starr in der Kiste liegt. Wie in einer Geisterbahn zuckt man zurück, schreit voll schreckhafter Freude über den abstrusen Einfall.

Selig tritt man nach 45 Minuten wieder ins Freie, schon siegessicher vom Erfinder und Besitzer der Show erwartet. Neue Pläne, erfährt man, geistern ihm durch den Kopf. Noch mehr Schrecken, Blitz und Donner sollen den Zuschauer das Fürchten lehren. Und natürlich – der wievielte bin ich, dem er die Anekdote erzählt? – werde ich darüber in Kenntnis gesetzt, dass Filmregisseur George Lucas hier war (er drehte in Australien eine *Star Wars*-Episode) und dem Daniel Düsentrieb aus Glenrowan den schwerwiegenden Satz mitteilte: »You are to be commended for your vision and your intestinal fortitude«, Leute wie Sie verdienen Anerkennung für ihre visionären Talente und ihre innere Stärke! Wann immer jetzt einer mault und an der Kitschorgie herumkrittelt, wird der Amerikaner zitiert. Worauf stets – so Robert, der Geadelte – Ehrfurcht heischende Stille ausbricht. Ein Genie hat gesprochen, Silentium, bitte!

Endlich kapiere ich. Die größte Sensation in dem 350-Einwohner-Kaff ist Mister Hempel, er ganz allein. Die Show kommt erst nach ihm. Der 71-Jährige sprüht, eine kindliche Lebensfreude geht von ihm aus. Er wuchs in einem Vaudeville-Theater auf, wo seine Mutter als Köchin arbeitete. Eine Löwin, die er liebte, und die ein *scavenger* war, eine, die kämpfte, um ihn durchzubringen. Magere Zeiten damals. Der Vater war ein Schwein, das erfreulicherweise früh starb. Robert jr. zog den Vorhang hoch und starrte jeden Abend auf die Mädchen, die hochhackig, barbusig und federngeschmückt auf dem Podium des Tivoli standen. Sonst nichts, nur standen. Im Zuschauerraum lauerte schon die Polizei, denn solange – wie närrisch – die Riege sich nicht bewegte, war der Sitte Genüge getan. Sobald die Schönen aber das eine Bein vor das andere setzten, stürmten die Ordnungshüter nach oben und verhafteten die Gesetzesbrecherinnen. Sofort Riesenradau, Raufereien, für eine Nacht mussten die Sittenlosen in die Zelle. Was nur Entzücken beim Tivoli-Chef auslöste, denn am übernächsten Tag stand der Bischof von Melbourne in der Zeitung, der wieder einmal den Untergang Australiens und des

Abendlandes beklagte. Was sich immer als Bombenwerbung entpuppte, denn jetzt strömte noch mehr Publikum zur Vorstellung, harrten noch mehr Besucher begierig darauf, ob die Provokation stattfinden würde oder nicht. Damals, so Hempel, habe er sich in die Schönheit der Frau verliebt, habe begriffen, so drückt er es aus, »dass wohl nichts Schöneres zwischen Himmel und Erde existiert«. Hat es noch inniger begriffen, als eine der Damen sich seiner annahm, eines warmen verregneten Nachmittags, und ihn, den knapp Halbwüchsigen, in das Leben eines Mannes einführte. In einer gemütlichen Ecke, nicht weit vom Bühnenvorhang.

Aber er heiratet die falsche Schöne, eine andere, eine Lustfeindin, die ihre Feindschaft nicht eingesteht und ihm die Lust vorspielt, ja ihn lobt als Liebhaber. »Dabei konnte ich ihr nicht einen Funken Sinnlichkeit verschaffen«, bekennt er. Aber irgendwann, Jahre später, war die *agony* vorbei, er entdeckt den Schwindel, erkennt sich als Betrogener und will keinen Sex mehr mit einer, die keinen will. Er bittet die Frau, die er einmal angebetet hat, um die Scheidung, bittet sie, »the grave«, das Grab, verlassen zu dürfen.

Inzwischen hat sich der Entertainer in einem sündig-sinnlichen Leben eingerichtet. In einem Alter, in dem andere ihre ersten Inkontinenz-Hosen ausprobieren. Ich darf einen Blick auf sein King-Size-Bett werfen, nur zwei Bretterwände getrennt von Kellys Sarg. (Die Nähe soll ihn an die Vergänglichkeit des Lebens erinnern.) Während seine Nachbarn, sagt er, alle Nachbarn in Glenrowan, jeden Abend vor dem Fernseher »das Sterben üben«, bestellt er sich einen schönen Menschen in die Kemenate. Das kostet, doch dafür »bekomme ich das Ergreifendste (›the most touching‹) geboten, was einem Mann geboten werden kann«.

Robert, *the kid*. Witzig, frech, jungenhaft, begehrlich, charmant, ein Kind, das gegen den Weg allen bürgerlichen Fleisches rebelliert. Das leben will. Und nicht seine Tage und Nächte als seniles Schaf verbringen. Nie klingt er protzig, immer erzählt hier einer, der sich vorgenommen hat, an den Gaben und Wundern der Welt teilzunehmen. Solange es nur geht. Er benutzt den Kick – ob nun als friemelnder Theaterdirektor oder Liebhaber von Schönheit – als Droge gegen die Trostlosigkeiten, die das Alter dem Leben zumutet. Er »spinnt«, und Spinner – wie oft erwiesen – leben besser, intensiver, glücklicher. Weil sie die Tricks kennen, um der Tristesse des Alltags zu entgehen, weil sie auf ihr Glück bestehen. Für ihn muss Bernard Shaw den Satz geschrieben haben: »Wir brauchen dringend einige Verrückte. Schaut euch an, wohin uns die Normalen gebracht haben.«

Nachmittags stelle ich mich neben die Straße, strecke den Daumen raus, muss nach Wangaratta. Im Animated Theatre knallen wieder die Schüsse, wieder dringen die Schreie der letzten Schlacht nach draußen. Zum fünf- oder zehntausendsten Mal kämpft Ned Kelly um sein Leben. Die Sonne strahlt, Robert schreit einen letzten Gruß herüber, ein Van hält und ich bin dabei.

Fahrer Graham ist ein scheuer Mensch. Er arbeitet hier als Koch in einem der Restaurants. Fast jeder im Ort lebt vom Nationalhelden. Wäre N. K. hier nicht umgeschossen worden, gäbe es Glenrowan nicht. Wir plaudern. Irgendetwas an dem vielleicht 35-Jährigen ist anders, verschlossener, zurückhaltender. Ich frage ihn:

– Are you happy?
– Sometimes.
– What makes you happy, sometimes?
– Paxtime. (Er deutet auf eine Schachtel Antidepressiva.)

Er redet wie einer, der sich auskennt. Seit zwanzig Jahren ist er klinisch depressiv. Von einer Therapie will er nichts wissen, er glaubt nicht an Psychologie. Er wisse auch keinen Grund für den

Absturz. Plötzlich war er da, aus heiterem Himmel, eines Morgens. So schluckt er jeden Tag. Das hilft. Er platzt hinterher nicht vor Glück, aber die Dämonen der Schwermut halten sich zurück, sie reißen ihn nicht mehr ins dunkle Loch.

In Wangaratta bricht keine Depression aus, aber man darf sterben, ohne hier gewesen zu sein. Plakate hängen aus, um die *Heat-is-on*-Tour anzukündigen, *Australia's hottest men explode onto the stage with their sensational bodies.* Das ist so ein Moment, in dem ich wieder von einem anderen Beruf träume, dem hier: in eine Stadt kommen und mit bloßem Körper und Badehose die Bühne betreten. Und alle freaken aus. Und wieder wegtreten. Keine Gedichte rezitieren, nichts vorturnen, nicht Tango tanzen, nicht Feuer schlucken, kein Wasser aus Indien zaubern, nein, nichts, nur unbekleidet vor anderen spazierengehen und hinterher Geld abholen. Das ist tatsächlich sensationell.

In Wangaratta gibt es einen Bahnhof, deshalb der Stopover. Ein gekrümmter Mensch und ich erreichen gleichzeitig den Schalter. Mit einer eleganten Bewegung überlässt mir der kranke Greis den Vortritt. So gebeutelt vom Leben und noch immer so viel Stil, das ist bemerkenswert. Ich muss darauf bestehen, dass ich seine Großzügigkeit nicht annehmen kann. Wie verschieden wir mit der Welt und ihren Bewohnern umgehen. Auf der einen Seite die Büffel, das Herdentier, der blökende Trampel. Und auf der anderen die Achtsamen, die Empathie-Begabten, die Mitdenker und Mitfühler. Der Alte ist ein ganzes Lehrstück.

Die nächsten fünf Stunden bin ich wieder der ewige Jude, der mit seinem »Schlepptop« und dem Rucksack von einem Café ins nächste zieht. Immer auf der Suche nach einem Ort, der nicht gerade schließt, wenn ich sitze. Aber kurz nach 21 Uhr darf ich davon, um nach einer knappen Stunde Zugfahrt in Wodonga anzukommen. Da ich inzwischen begriffen habe, dass überall in

Australien, außer in Großstädten, immer nur *ein* Taxi wartet, sprinte ich vom Waggon zum Vorplatz und bin klarer Sieger. Auf zum heftig, per Telefon, umkämpften Hotelbett.

Sauberes Zimmer, warm, ich drehe den Fernseher an, lege mich ins Bett, zappe, will mich entspannen. Das geht, denn eine aufregende Dokumentation über Bodybuilder kommt. Die Muskelberge erinnern mich an meine Jugend. Da wollte ich auch ölglänzend und mit 140 Zentimeter Brustumfang durchs Schwimmbad stolzieren. Es kam nie dazu. 34 Zentimeter davor bin ich gescheitert.

Der Film behandelt ein Problem, das es damals nicht gab. Steroide spritzen. Um »Masse« aufzubauen. Um in wenigen Monaten Muskelpakete anzuhäufen, die durch »ehrliches« Training nie möglich wären. Man sieht den Mann mit dem »größten Bizeps aller Zeiten«. Der Superlativ mag erfunden sein, aber seine Oberarme sehen aberwitzig aus, ähnlich wuchtig wie der Oberschenkel eines Zehnkämpfers. Ein Wahnsinniger, der sich beim Spritzen der Droge gefilmt hat. Bis die chemiedrallen Höcker platzten und er per Blaulicht auf dem Operationstisch landete. Und hinterher im Zuchthaus, da er sich die Scheine für die Aufputschmittel nur auf kriminellem Wege beschaffen konnte.

Der Beitrag hat Tiefe, denn er verhandelt ein Allerweltsthema, das jeden von uns bewegt. Alle Interviewten – sie sehen inzwischen aus wie muskelfaserüberwucherte Monster vom Planet der Affen – geben als Motivation an: »to be someone«, jemand sein, der es schafft, aus der Masse der Gesichtslosen, der Ruhmlosen herauszutreten. Deshalb stemmen sie Hanteln, schwitzen drei Eimer pro Tag und gockeln bei Mister-Wahlen. Um dem desolaten Schicksal eines *nobody* zu entkommen. Und wäre es mit einem Body, der aussieht wie mit 300 Atü Lachgas vollgepumpt.

Am nächsten Morgen gibt es Frühstück im Bett, um sieben wird wie vereinbart an der Tür geklopft. Die Freundlichkeit der Australier hört nicht auf, nein, sie legt zu. Ich habe keine Ahnung, warum gerade jetzt, aber mit freudiger Dankbarkeit will ich es annehmen.

Vor Wochen erzählte mir jemand von Bonegilla, Australiens erstem, größtem und am längsten funktionierendem – 1947 bis 1971 – »Migranten-Zentrum«. Ich nehme ein Taxi zu dem zehn Kilometer entfernten Lager. Es liegt außerhalb jedes Wohngebiets. Als ich morgens ankomme, ist kein Mensch zu sehen, von den 24 Baracken-Siedlungen existiert noch eine Sektion, »Block 19«. Vöglein zwitschern unter dem blauen Himmel, ein Brise weht, man hört das Summen der Bienen, am Eingang kann man nachlesen, dass man »auf eigenes Risiko das Gelände betritt«.

Viele der Asylanten wurden schon in den Flüchtlingslagern in Europa ausgesucht. Jung sollten sie sein, kräftig, gesund und mit einer *fair complexion*, schön weißrassig. Die Unfitten mussten zurückbleiben. Strikte medizinische Check-ups wurden durchgeführt, Australien hatte nichts zu verschenken. Ein Handel fand statt. Die einen stellten ihr Land zur Verfügung, die anderen ihre Arbeitskraft. Wer die lange Reise antrat, musste sich zudem schriftlich verpflichten, mindestens zwei Jahre in der neuen Heimat zu arbeiten. In jedem Antrag stand – ganz gleich, welchen Beruf der Antragsteller ausübte – *labourer*, Arbeiter, Hilfsarbeiter. Demütigend aber effektiv, denn somit konnte jeder zu einem *hard labouring job* geschickt werden. Schienen legen, auf gottverlassenen Höfen schuften, Straßenbau in der Wüste.

Natürlich, kein Kontrollsystem der Welt verhindert die Ankunft von Gesindel. So mancher Zwielichtige brachte sich auf dem Kontinent in Sicherheit, meist Männer, die vor der Polizei, der Frau, der Familie, dem Staat, den Schulden davongelaufen waren. Und das gleiche Leben hier weiterführten, sich Banden anschlossen, mit Ketten und Schlagringen bestückt »ihr Viertel« verteidigten. Gegen andere schwere Jungs. Was wiederum zum

Aufruhr unter den »anständigen weißen Ureinwohnern« führte. (Anständige schwarze Ureinwohner kamen nicht vor.) Überliefert ist der rührig biedere Aufruf an ihre Töchter, die Töchter der Anständigen, sich auf keinen Fall mit den *wogs*, den Kaffern, den Kanaken einzulassen. Anspielung auf die eher dunkle Hautfarbe südeuropäischer Einwanderer.

Für etwa 320 000 Männer, Frauen und Kinder war Bonegilla – Aborigine-Wort für »wo Wasser sich treffen«, Anspielung auf drei nahe Flüsse – ihre erste Unterkunft. Geht man auf ein unschönes Betonkonstrukt zu, *The Beginning Place*, schaltet sich automatisch ein Monitor ein, auf dem ein Dokumentarfilm läuft. Am erstaunlichsten die Aussage eines Beamten, der in den frühen 50er Jahren hier beschäftigt war. Er berichtet von einer gewissen Gruppe von Flüchtlingen, von Deutschen, die einen starken Geruch absonderten. Sie rochen nach Urin und Fäkalien. Man fand bald heraus, warum: Die *wake-up calls* wurden über Lautsprecher durchgegeben, man musste sich in Reih und Glied aufstellen, die Weckruf-Stimmen redeten (auch) Deutsch, am Eingang zum Lager standen Soldaten, dazu der Anblick der vielen Baracken mit den seltsam groß geratenen Schornsteinen. Kein Wunder, dass die grausigsten Erinnerungen zurückkamen, eben der panische Instinkt, wieder in einem Konzentrationslager gefangen zu sein. Deshalb das Versagen der Schließmuskeln. Als Zeichen von Todesangst.

Rabiat auch die Geschichte von den italienischen Insassen, die es eines Tages satt hatten, mit Hilfe dümmlicher Vertröstungen – »Come tomorrow morning, nine o'clock, work available!« – abgespeist zu werden. Und losstürmten und die Büros niederbrannten. Sie forderten »Arbeit oder Rückführung!« An der *listening wall* kann man die Geschichten jener hören, die hier ausharrten. Ein Russe: »Wir wollten nur weg, von Europa, vom Krieg, von den Camps.« Eine kleine Tafel verweist auf einen gewissen *Mister*

Adolph and his son Siegfried. Leider sagen sie nichts, schade, man hätte gern gewusst, was Herr Adolph und sein Sohn Siegfried zu erzählen haben. Das Absurde am Rande von Tragödien verschafft immer einen Moment der Heiterkeit.

Still ist es, die Behelfsunterkünfte aus Holz und Wellblech stehen jetzt leer, hohes Gras wuchert, ein Schild warnt vor Schlangen, ein anderes vor »belastendem Asbest-Material«. Die Bruchbuden verfallen, ein paar Waschbecken und Duschen stehen noch, eine verwaschene Schrift verweist auf einen *working out room*, wohl ein Behelfsstudio, um die zum Stillstand verurteilten Leiber in Form zu halten. Über der Anlage weht ein Hauch von Geisterstadt in hübscher Umgebung, hügelig, ein See in Sichtweite, hohe Bäume, deren Blätter im sanften Wind rascheln.

Ich setze mich auf eine Holzveranda, rauche, schließe die Augen, würde gern wissen, was aus den 320 000 geworden ist, die hier durchgeschleust wurden. Wer kam bei seinen Träumen an, wer scheiterte und blieb ein Leben lang nur Träumer? Plötzlich muss ich grinsen, ein Foto fällt mir ein, das ich in der heutigen Zeitung sah. Es zeigte das *Shopping-Paradise Alexa*, das vorgestern in Berlin eröffnet wurde. Und es zeigte die Menschenmassen, die sich um das Gebäude wälzten. Kurz vor Mitternacht (!), denn um Null Uhr wurden die Tore geöffnet, »for the bargain hunters«, für die Schnäppchenjäger. So stand es unter dem Bild. Es gab Verletzte, Scheiben gingen zu Bruch, die Polizei musste eingreifen. Es hatte etwas Obszönes, deshalb wohl schaffte es das Bild bis zur Veröffentlichung im endlos fernen Australien. Fünftausend Kälber tanzen um das goldene Kalb. Man kann das Foto interpretieren, wie man will. Feststeht, der große mitternächtliche Haufen hat nicht einmal mehr Träume. Er ist dort angekommen, wo das Leben am fürchterlichsten sein muss, dort, wo nichts anderes mehr zählt, als die Fähigkeit, Zeit totzuschlagen.

Per Anhalter zurück nach Wodonga. Nach Minuten hält ein hilfsbereiter Mensch, die ersten fünf Kilometer sind rasch geschafft. Dann muss er rechts ab, ich geradeaus. Und jetzt stehe ich und zähle mit. 321 Autos ziehen an mir vorbei, das wären etwa tausend Sitze, auf denen ich hätte Platz nehmen können. Ganz offensichtlich bin ich dem Held des Tages schon begegnet. Jetzt paradieren 321 Duckmäuser, die sich nicht dazu durchringen können, einen adrett gekleideten Herrn am helllichten Tag ganze vier Kilometer zu transportieren. »I see no bravery in your eyes«, singt James Blunt auf meinem iShuffle. Bevor Nummer 322 auftaucht, drehe ich ab und gehe los.

Der Besitzer meines Motels, der Allrounder, der persönlich die Frühstückstabletts an die Betten seiner Gäste bringt, hat mir gestern Abend von einem Deutschen erzählt, der hier in der Gegend lebt. Als Metzger. Den will ich jetzt finden. Er muss reden. Über seine Gründe, hierherzukommen. Ich rufe die paar »Peters« an, die im Telefonbuch stehen, irgendwann hebt der richtige ab, Lutz Peters. Ich sage ihm, dass ich ihn ausfragen will, und er sagt ja.

Mit dem Taxi nach Albury, der Schwesterstadt von Wodonga, auf der anderen Seite des Murray River. Vor der Metzgerei *Peters & Son* steige ich aus, eigentlich ein *smallgoods shop*, eine Wursterei. Der 57-Jährige fremdelt zuerst, aber dann bittet er mich in den Raum, wo gemetzgert wird, wo die toten Schafe und Schweine hängen. Als Kleinkind wanderte er 1952 mit seinen Eltern nach Australien aus, an seine Zeit in Berlin und Bonegilla kann er sich nicht erinnern. Sein Vater war Soldat an der Russland-Front, entkommt, wird verwundet, schlägt sich nach Berlin durch und findet Arbeit als Koch bei den Amerikanern. Und findet Gisela, die beiden heiraten. Und wollen weg. Sie haben genug von Europa gesehen, um den Erdteil als hoffnungslos abzuschreiben. Außerdem jagt sie Tag und Nacht die Angst, dass die roten Horden das Abendland überrennen. Ursprünglich wollten sie nach Kanada, aber das Land wollte nicht, also Australien. Vor 1952 ging es nicht, denn bis dahin waren Deutsche nicht erwünscht.

Paul, der gelernte Metzger-Vater war gerissen, ein Arbeitstier, ein Zupacker. Frühzeitig verlässt er Bonegilla, will von den zwei Jahren, zu denen er sich als Aushilfskraft auf einer Farm verpflichtet hat, nichts wissen, sucht sich einen Partner, zieht eine Fleischerei nach der andern auf, versorgt das Lager und verkauft vor allem an die deutschsprachige Klientel. Und hilft anderen, sich zu integrieren. Jeder schätzt ihn, auch die Australier. Paul boomt.

Einst gab es in der Gegend sogar ein *Germantown*, aber nach '45 wurden alle deutschen Namen getilgt. Inzwischen hat sich die Lage entspannt, jetzt kehren manche früheren Bezeichnungen zurück. Paul ist vor sechzehn Jahren einem deutschen Tod erlegen, dem Arbeitstod. Sein Sohn hat inzwischen zweimal »Germany« besucht (wir reden Englisch, seine Muttersprache klingt eher brüchig), es gefiel ihm, aber zu eng, zu kalt, zu viele Deutsche, kein weites Land, keine Tiefenschärfe.

Lutz fragt, ob ich seine Mutter besuchen will. Natürlich will ich. Er ruft sie an und Gisela ist einverstanden. Mit Kuchen und Taxi durch eine dieser kleinen Städte, die riesige Flächen besetzen. Weil alle ein Eigenheim und eine Eigengarage besitzen. Und alle Jahre in ein größeres Eigenheim und eine größere Eigengarage umziehen. Noch plagt Australien keine Platznot.

Vor den *Murray-Gardens* ankommen, einem wohlbestallten *retirement village* mit feinen Bungalows, in denen alte Menschen ihren Lebensabend verbringen. Frau Peters bittet mich in ihr großbürgerlich eingerichtetes Heim, durchaus mit Geschmack möbliert. Viele Bücher. Sie gefällt mir sofort, denn die 81-Jährige legt Wert auf Disziplin und gepflegtes Aussehen. Gerader Rücken, Blick in die Augen, irgendwann wird sie sagen, dass sie streng war. Mit sich und den anderen. In Breslau geboren, überlebt sie als Schülerin den Arbeitsdienst, die Bomben und den Krieg. Sie verliebt sich in Paul und Paul in sie. Wie wahr, sie wollten weg. Doch Berlin fluchtartig verlassen war verboten. Von den Russen. Also haben die Amerikaner das Gepäck nach Westdeutschland ausgeflogen, sie selbst sind mit zwei unauffälligen Taschen per Bus – angeblich, um Verwandte zu besuchen – nach Bremerhaven gefahren. Um dort das Schiff zu besteigen, Richtung Perth. Alles bezahlt von der australischen Regierung.

Ruhige Überfahrt, abgesehen von einem Verrückten, der sie, Gisela, nachts in der Kabine besuchte und ankündigte, gemeinsam mit seinen Kumpanen den Dampfer zu kapern. Und verschwand. Sodass die Verschreckte Paul weckte und von dem Zwischenfall berichtete. Paul meinte »du spinnst« und schlief weiter. Der Verrückte kam wieder, und diesmal wurde er verhaftet. Und in Perth umgehend deportiert, *back home*. Die Behörden wollten strebsame Deutsche, keine durchgeknallten.

Deutschland fehlt nicht, sagt sie. Und fehlt doch. Kein Wort des Undanks gegenüber Australien kommt ihr über die Lippen. Friedlich sei es, blau, wenig Nazis, hilfsbereit, immer gut gelaunt. Und genau da liegt das Problem. Rastlos Gutgelaunte können nerven wie ausdauernd Depressive. Ab und zu will man sie über den Haufen schießen. So schwer erträgt man das Fehlen jeglicher Abgründe und Widersprüche. Irgendwann will man den Nachbarn nicht mehr als grinsenden Pappkameraden kennenlernen, sondern als einen, der noch mehr in seinem Hirn abspeichert als die letzten Rubgy-Ergebnisse. Missis Lutz preist ihre Mitbewohner im top gepflegten Seniorenheim für die lebensleichte Nonchalance, die sie an den (an jeden) Tag legen. Und zugleich geht ihr die Geistlosigkeit auf die Nerven, das »no worries«-Getue, der Sportwahn, genauer, der Sportergebnisse-Wahn, die hartnäckige Bereitschaft, jedem Buch aus dem Weg zu gehen. So bleibt sie ziemlich isoliert. Das sind die Augenblicke, in denen sie von Europa träumt, sich als Europäerin fühlt. Ich untersage mir den Einwurf, dass ich an eine spezifisch australische Dummheit nicht glaube und standhaft überzeugt bin, dass die Geistesarmut weltweit ihr Unwesen treibt. Denken ist kein Massensport, nirgends.

Aber die Ex-Deutsche ist nicht bitter, bleibt dabei, dass der Weg ans andere Ende der Welt der richtige war. Nur manchmal eben wünschte sie sich mehr intellektuelle Auseinandersetzung mit anderen. Deshalb liegen so viele Bücher herum. Als »ersatz«. Sie betont das deutsche Wort mit einem australischen Akzent. (Die englischsprachige Welt hat den Ausdruck inzwischen in ihr eigenes Vokabular aufgenommen.) Beim Abschied schlägt Gisela Lutz vor, mich per Auto zurück nach Wodonga zu bringen. Angenehme Fahrt direkt in die Abendsonne. Mittendrin sagt sie: »Das Leben ist schön.« Aus dem Mund einer 81-Jährigen klingt der Satz beachtlich.

Noch ein Hinweis zum Thema. Vor Tagen stand im *Sydney Morning Herald* das Pamphlet eines Medienprofessors. Verhalten enerviert sprach er über die hiesige Buchproduktion, in der preisgekrönte Werke kaum eine Auflage von tausend Exemplaren erreichen, dafür das *Total Wellbeing Book* und *Spotless* (Anleitung zum fleckenlosen Haushalt) und die x-te Autobiografie eines Celebrity-Hanswursts (der für alles berühmt sein mag, nur nicht für aufschreibenswerte Gedanken) wie all der in Bestzeit zusammengeschmierte Nonsense Rekordzahlen erreichen.

Auf zur vorletzten Station, nach Canberra (sprich Cänberra). Ein freundlicher Mensch chauffiert den Greyhound. Nach den ersten Kilometern kommt über Lautsprecher die Nachricht: »I'll put something light on to make you feel good.« Das klingt vielversprechend, klingt nach Dick und Doof oder John Cleese oder Groucho meets Woody, eben Zeitgenossen, die uns dazu animieren, den Irrsinn der Zeitläufte mit lauthalsem Gelächter zu ertragen. Seltsamerweise legt der Mann eine DVD ein, auf der umgehend Leute tot umfallen. Reihenweise umgelegt. Unüberhörbar, seit Beginn des 21. Jahrhunderts hat das Wort »leicht« eine neue Bedeutung verpasst bekommen. Würgern und Killern bei ihrer Lieblingsbeschäftigung zuzuschauen gilt als leichte Kost. Folglich – gnadenlos logisch – fühlen wir uns dabei »gut«. Rechnet man das hoch, geht es uns am Ende des Films bestens. Denn je mehr Leichen, desto gehobener die Stimmung. Endlich verstehe ich das Wort »Stimmungskanone«.

Jetzt ist der starke Leser gefragt. Aber da muss er durch. Wie der Autor, der knapp drei Tage vor Ort standhielt. Wer behände liest, hat es nach knapp drei Minuten hinter sich. Canberra ist das Fadeste, was die Welt an Hauptstädten zu bieten hat. Und das Viereckigste, was Bürokraten imstande sind, auszuhecken. Wer das packt, ohne geistig und körperlich zu verfallen, der kann mit Gelassenheit in die Zukunft blicken. Er ist gerüstet. He did Canberra. And he survived.

An der ersten Straßenkreuzung sehe ich einen abgerissenen Typen, der mit einem Gummischaber bereitsteht, um die vorbeikommenden Windschutzscheiben zu reinigen. Wenn die Fahrer es zulassen, denn Säubern kostet. Der Fensterputzer gehört hierher. Auf abwegige Weise passt seine Armseligkeit zu dem hässlichen Protz. Ich checke in einem Hotel ein, das ohne Weiteres über Nacht in eine Schuhschachtelfabrik umfunktioniert werden könnte. Es liegt an der *Mort Street* und *mort* ist das französische Wort für Tod. Die Assoziation ist zwingend. Wer aus der Schuhschachtel tritt, altert mit jedem Schritt. Dass es nur wenige Hotels hier gibt, auch das leuchtet ein. Die Sehnsucht der Weltbevölkerung, hier aufzukreuzen, hält sich in Grenzen.

Ich bin im Civic, so nennen sie hier Downtown-Canberra, das Zentrum. Civic heißt u. a. *städtisch*. Aber hier ist keine Stadt, nur eine Plaza neben der anderen, umzingelt von Betonkisten, bevölkert von ein paar Verirrten, die gerade fluchtartig davoneilen. Als wollten sie Schutz suchen vor so viel Gräulichkeit, so viel Verlassenheit. Es ist Samstagnachmittag und ein paar anderen Verwegenen und mir allein gehört die australische Hauptstadt. Dass ich schon auf den ersten hundert Metern an einem Birkenstock-Laden vorbeikomme, ist ein Zeichen des Teufels. Er will beweisen, dass ich mich nicht täusche. So griesgrämig bleich wie das Schuhwerk aus dem »Traditionshaus« sieht es hier aus. Wer sich das ausgestellte Modell *Arizona* überzieht, ist für jeden Bußgang gerüstet.

In Afrika habe ich erfahren, dass die Standorte deutscher Botschaften in zwölf Zonen eingeteilt sind. Je anstrengender eine Hauptstadt ist, desto höher die Zahl und desto höher die Zuschläge. Um den Herausforderungen besser standzuhalten. Paris liegt wohl in Zone 1 und Bamako in Mali in Zone 12. Wo liegt Canberra? Wer hierher verbannt wird, verdient jedes Recht auf Unterstützung.

Das ist der Unterschied. Schlechte Bücher kann man auf den Müll werfen und vergessen. Schlechte, schlecht aussehende Städte nicht. Sie passen auf keinen Schrottplatz, eine halbe Ewigkeit werden sie uns jetzt daran erinnern, was an Warzenhässlichkeit machbar ist. Dazu kommt, ganz automatisch, die Trägheit einer solchen Stadt. Über 350 000 Leute leben hier und nur jeden Tausendsten trifft man im Freien. Wie verständlich, wer will schon in einem Betonloch tollen. Architektur als Kriegserklärung. Selbst der (Noch)Premierminister erklärte zu Beginn seiner Amtszeit, er werde diesen Ort nicht bewohnen, nur beizeiten von Sydney hierherjetten. Das will was heißen, immerhin gilt John Howard als »the most boring fart in the country«, als langweiligster Furz auf dem Kontinent.

Nun denn, wie kam es zu dem Unglück? 1891 trafen sich die Vertreter der sechs Kolonien – die heutigen sechs *states* –, um die Steuergesetze, die Postgebühren und die Uhrzeiten zu vereinheitlichen, kurz, eine Nation zu formen. Am 1. Januar 1901 wurde der *Commonwealth of Australia* ausgerufen, der Staat Australien. Die Suche nach einer Hauptstadt dauerte länger, 1908 war es so weit, man fand einen Namen – ursprünglich die Bezeichnung der lokalen Aborigines für »Treffpunkt« – und fand einen Standort. Irgendwo im Busch, irgendwo zwischen Melbourne und Sydney, den beiden Erzrivalen. Dann wurde ein internationaler Wettbewerb ausgeschrieben, den der amerikanische Architekt Walter Burley Griffin gewann. Und eine der größeren Schandtaten in der Geschichte der Menschheit nahm ihren Lauf.

Griffin kam 1913 zum ersten Mal hier an, in Begleitung seiner Frau Marion, ebenfalls Architektin, sprich, sie hatten ohne jeden lokalen Augenschein geplant und entworfen. Zudem geriet ab sofort das Timing durcheinander, schlechte Zeiten für Schönheit brachen aus. In Europa ging der Erste Weltkrieg los, Gelder wurden abgezogen, Kompetenzhändel vergifteten die Zusammenarbeit zwischen dem Ehepaar und den Finanziers, Intrigen schwirrten, 1920 stand noch immer keine Stadt, nur ein paar flüchtig abgesteckte Hauptstraßen. Die Griffins und ihre Arbeitgeber trennten sich, »im gegenseitigen Einverständnis«, hieß es. Nun holten die Männer mit den Ärmelschonern aus, die Schmallippigen, die auch ohne Schönheit über die Runden kommen. Aus den einfallslosen Reißbrett-Ideen der Amerikaner betonierten sie ein Desaster. Griffin, später: »I have planned a city that is not like any other in the world.« Wie man den Satz auch begreift, er ist schrecklich wahr. Als 60-Jähriger wird der Unglücksrabe von einem Baugerüst in Indien fallen und nicht viel später begraben. An unbekannter Stelle. Böse Menschen behaupteten damals, es gebe noch Gerechtigkeit hienieden.

Ich bereite mich für den Abend vor, suche nach einem Unterschlupf. Und werde fündig. Ach, wie schnell man seine Ansprüche mäßigt. Ich lande im Canberra-Center – *the ultimate shopping destination*. Immerhin Mitmenschen, immerhin Kinos, immerhin eine *relaxed and friendly atmosphere*. Nichts als die Wahrheit. Ich besorge mir eine Zeitung, darf mich setzen – und lachen. Das beweist, wie Leute, die lange unterwegs sind, moralisch verkommen. Und ich weiß wieder, warum ich keine Romane lese. Denn noch immer ist die Wirklichkeit wunderlicher als jede Fantasie. Unter »Remembering too many losses« steht – und natürlich ist das nicht lustig, nur saukomisch –, dass die *Canberra After Suicide Support Group*, die Nach(!)-dem-Selbstmord-Beihilfe-Gruppe, zu ihrem jährlichen Treffen aufrief. Kürzlich hat sich die Polizeichefin erhängt. Was immer ihre Gründe waren, die Stadt, so darf man vermuten, gab ihr den Rest.

Die letzten Stunden werden geradezu berauschend. Denn gegen 21 Uhr müssen sich die Canberraner – auf irgendein geheimes Signal hin – darauf geeinigt haben, ihre Häuser zu verlassen und die Cafés um den *Garema Place* zu besetzen. Viele Nationalitäten ziehen vorbei, natürlich auch Aussies, Männer und Frauen reden miteinander, Männer und Frauen flirten miteinander (was für ein Beweis für den unbesiegbaren Lebenswillen, mitten in der Wüste), Heizpilze wärmen die Terrassen, man darf schauen, hören, lesen, dem Nachbarn und sich einen Zigarillo anbieten. Und wieder lachen. Denn in der Presse machen die Stadtväter Werbung für ihren Unort, sprechen direkt die Sydneysider an, fordern sie auf, endlich hierherzuziehen. Das klingt (beinahe) so, als wenn der Oberbürgermeister von Murmansk die Bewohner Venedigs aufriefe, zu ihm zu kommen. Das hat was Rührendes, was märchenhaft Bescheuertes.

Und dann finde ich im Illustriertenhaufen ein tatsächliches Märchen, der Beweis für vieles, auch dafür, dass man nur lange genug wühlen muss, um selbst in der Finsternis ein Glanzstück zu finden. Denn hier steht die Geschichte von Percy und Nellie B., beide 91. Als 18-Jährige lernen sie sich beim Tanzen kennen, 1937 heiraten sie, jetzt feiern sie die siebzig Jahre Verbundenheit. Ja, »sie feiern«, so reden sie. Nein, sie reden eben nicht, sie kommunizieren per Zeichensprache, die zwei sind von Geburt an taubstumm. Das, sagen sie, hat sicher zu ihrem Glück beigetragen. Kein aneinander Vorbeibrüllen, nichts in furioser Wut aussprechen, was nie mehr unausgesprochen sein kann. Waren sie wütend aufeinander, dann haben sie sich die Rücken zugekehrt und jeder hat vor sich hingefingert. Aber es blieb »leise«, keine schrillen Verletzungen flogen hin und her. Hatten sie beide ausgestunken, dann drehten sie sich wieder zueinander und fingerten: »I love you, darling.« Ja, das sei wohl das Geheimnis ihrer beharr-lichen Liebe, meinen sie. Den Mund halten können (müssen). Und der Humor, auch der sei hilfreich in stürmischen Zeiten.

Man sieht zwei Fotos, beide mit Percy und Nellie. Das Bild der Hochzeit, sie *a stunning beauty*, er ein *hunk*, der es mit jeder Dorfschönen aufnehmen kann. Und links daneben eine Aufnahme, die vor ein paar Tagen entstand. Beide uralt, Brillenträger, kichernd, er verliebt den linken Arm um ihre Schultern, sie verliebt den Kopf auf seiner Männerbrust. Man glaubt alles, was sie behaupten. Auch die Liebe. Als ich nochmals auf die 91-Jährige blicke, geradezu gebannt von ihrer Fröhlichkeit, fällt mir sinnigerweise ein Interview mit Paul McCartney ein, das ich kürzlich las. Der Musiker meinte, dass er ein grundsätzlich warmes Verhältnis zu Frauen habe, »they are good«. Er erzählte, dass ihn als Elfjähriger eine Frau umarmt hatte, um ihn zu trösten. Diese Geste habe jenes Urvertrauen ausgelöst, ihn begreifen lassen, dass Wärme von Frauenarmen ausgehe. Nun, ob von allen, wer weiß. Aber von dieser Frau in Liverpool und von Nellie, der glücklichen Australierin, gewiss.

Zweiter Tag in C., die Stadt ist noch nicht fertig mit mir. Wie sagte Kurt Tucholsky: »Das Gegenteil von gut ist gut gemeint.« Die Griffins meinten es gut, »a green city« hatten sie sich vorgenommen, über 10 000 Acres Natur sollten in der Stadt blühen, sagenhafte 40 Millionen Quadratmeter. Am nächsten Morgen marschiere ich zum *National Museum of Australia*, der Weg führt durch den *Commonwealth-Park*. Und der ist tatsächlich – besonders heute, an einem Sonnentag – eine Labsal, ein sinnliches Vergnügen, ein Waldpark, Wiese, dicke Bäume, nicht überzüchtet, keiner dieser manirierten Gärten, die aussehen wie gestutzte Pudel. Und genau da liegt die Krux. Kaum hat man das Paradies verlassen, knallt man wieder gegen Beton. Umgekehrt gedacht: Gäbe es keine Natur hier, wäre der Anblick erträglicher, die Garstigkeit würde weniger auffallen, da Vergleichsmöglichkeiten fehlen. Man käme mit weniger Wunden davon.

Das Museum hat einen ausgezeichneten Ruf, auch weil es sich – gelegentlich – traut, mit Ausstellungen auf peinigende Weise an den Umgang der Weißen mit den Aborigines zu erinnern. Erinnerungen, die in Canberra zu heftigen Auseinandersetzungen zwischen jenen führten, die Mord nicht als Mord begreifen, und jenen, die das Wort aushalten. NEIN, die folgenden Generationen sind nicht für die Schandtaten ihrer Väter verantwortlich, aber JA doch, sie sollten sich zu einer Geste entschließen, die Schuld (als solche) anerkennt und es den Nachkommen der Überlebenden ermöglicht zu verzeihen. Ist das so viel? *

Über die *Commonwealth-Bridge* und weiter auf der *Commonwealth Avenue* – schon die Vielfalt der Namen verrät die Kreativität der hier Verantwortlichen – erreicht man den *official part*, die andere Hälfte von Canberra. Hier wirtschaften die Politiker. Beachtlicherweise hat selbst die Stadtverwaltung begriffen, dass etwas schief lief, grundehrlich verkündet sie: »Viele Leute glauben, die *parlamentary zone* mache einen leeren und unfertigen Eindruck (...) und entmutigte Fußgänger, sich in ihr zu bewegen.« Aber ich bin mutig, dringe vor bis zum neuen, 1988 eröffneten Parlament, dem 1100 AU$-Millionen teuren Gebilde, auf dem sich ein Grasdach befindet und über dem Gras ein 81 Meter hohes, durchaus lächerliches Gestänge, an dem eine australische Flagge weht, riesig wie ein Eisenbahnwaggon.

Trotzdem, die Unverzagtheit lohnt sich. Innen sieht es besser aus, geschmackvoller, nur wunderlich, dass sie keine Schneeschuhe ausgeben, um gefahrlos das andere Ende der Teppichböden zu erreichen. Überall stehen freundliche Einwohner herum und haben noch Geduld für die schlichtesten Fragen. Was man als Ausländer immer wieder vergisst: Australien ist eine *parlamentarische Monarchie* und das Staatsoberhaupt heißt Elizabeth II. Und der von ihr eingesetzte *Generalgouverneur* hält als umtriebiger Frühstücksdirektor die Verbindung zwischen Buckingham und

* Am 13. Februar 2008 wird sich Kevin Rudd, der neu gewählte Premier der Labour Party, im Namen der Regierung für das an den Aborigines begangene Unrecht entschuldigen, »we apologise ...«. Auch für das Rauben der Kinder, *the stolen generations*, auch für die anderen Untaten, auch für den Mangel an Respekt, zwei Jahrhunderte lang. Wer die Reaktionen der Aborigines auf die Rede sah, wird eine Ahnung davon bekommen, was die Worte für sie bedeuteten. Wenn jetzt den Reden noch Taten folgen, also keiner mehr von Respekt spricht, sondern Respekt zeigt, also jeden anderen, auch den schwärzesten anderen, als ebenbürtiges menschliches Wesen begreift, dann kann, wie Rudd es fordert, »ein neues Kapitel in der Geschichte Australiens beginnen«.

hiesiger Regierung. Vor Jahren wurde – wieder einmal – per Referendum der Versuch unternommen, die englischen Grufties ihrer Ämter zu entheben. Vergeblich, die Mehrheit will sie behalten. Ein Gefühl von Isolation, so hieß es, ängstigt die Australier. Die britischen Zöpfe einzumotten würde bedeuten, sich ganz von Europa zu trennen.

Wie in jedem anständigen Hohen Haus hängt auch hier eine Ahnengalerie verblichener Staatsmänner. Ich suche nach Harold Holt, der 1967 beim Baden verschwand, als aktiver Premierminister und erfahrener Schwimmer. Das Rätsel seines Todes wurde nie gelöst, nie ein toter Harold gefunden. Wohl Haifisch verschluckt. Es bleibt dabei, den Kontinent bevölkert die gefährlichste Tierwelt des Universums. Hier versinken sogar schwer bewachte Volksvertreter.

Mein Verschwinden von hier ist ebenso spektakulär. Na ja, fast. Ich öffne eine Tür und der Blitz schlägt ein im Haus. Die Alarmanlage orgelt. Doch das anrückende Sicherheitspersonal bleibt gefasst. Blonde können keine Terroristen sein. Ich werde höflich darauf hingewiesen, dass dieser Ausgang nur in *emergency cases* benutzt werden darf. Aber jetzt sei kein Notfall, deshalb die Sirenen. Ich will mich rückhaltlos bekennen und erlaube mir, auf einen ganz persönlichen Notstand zu verweisen, meinen rumorenden Darm. Ich muss mich mit Canberra vergiftet haben. Das sage ich natürlich nicht, nicht notwendig, denn schon dröhnt herzhaftes Männerlachen durch die Hallen. Ach, die zimperlichen Europäer, denken sie sicher und geleiten mich – drei Mann hoch – zur richtigen Tür. Dahinter liegt das blitzblanke Parlamentarier-Klo. Ein würdiger Ort, in dem ich jetzt allein sein darf. Dicke Mauern, von oben bis unten versiegelt, schalldicht, ja duftend, die ideale Umgebung, um sich ganz seinem *very private business* hinzugeben. Voller Andacht nehme ich Platz auf einem Möbel, das einst die Satire-Zeitschrift *Titanic* den einzig legitimen »heiligen Stuhl« nannte. Diese Behauptung kommt einer ewigen Wahrheit verdammt nahe.

Abends gehe ich ins Kino. Wie immer sind Bruce W. und sein *Die hard 0.4* schon da. Auf mehreren Leinwänden. Als wollte er uns daran erinnern, dass die Lüsternheit nach Gewalt nicht nachlässt. Aber, schon wieder ein Pluspunkt für Canberra, hier zeigen sie tatsächlich einen australischen Film, *The Home Song Storys*. Der Saal ist voll, keiner schnattert in sein Handy, kaum einer hustet, kein Räuspern, voller Ergriffenheit verfolgen wir eine Geschichte, die offenbar alle hier bewegt. Regisseur Tony Ayres erzählt seine eigene Story aus der Perspektive des kleinen Jungen, der er in den 60er Jahren war: Die Familie lebt in Hongkong, die Mutter arbeitet als Nachtclubsängerin, der Vater ist längst verschwunden. Die schöne Rose lernt einen australischen Seemann kennen, die beiden verlieben sich, ziehen nach Melbourne, sein Zuhause, ziehen in einen trostlosen Vorort. Und das trostlose Leben fängt an. Der Seemann ist ein (anständiger) Biedermann, aber sie will Glamour und Leidenschaft, will singen und Erfolg haben. Sie trennen sich. Andere »uncles« – mit dieser Bezeichnung stellt sie ihren beiden Kindern die fremden Männer vor – treten auf. Zuletzt trifft sie einen illegalen (chinesischen) Zuwanderer, einen jungen hübschen Kerl, der seine eigenen Probleme mitbringt. Die Spirale dreht sich – nach unten. Alkohol, Drogen, Spielleidenschaft, das Wissen um die Flüchtigkeit von Schönheit, häusliche Gewalt, die Angst vor den Behörden, der Terror der Armut. »Wie weit musst du reisen, um bei dir anzukommen«?, lautet eine Zeile im Drehbuch. Manche kommen nicht an. Rose nimmt sich das Leben.

Vielleicht geht der Film deshalb so nah, weil hier keine Mutterheldin vorgeführt wird, sondern eine Frau mit Facetten, auch dunklen. Wie die anderen Akteure der Handlung. Keiner ein geborenes Schwein, keiner ein leuchtendes Beispiel. Eher irgendwo dazwischen, manchmal stark, oft schwach, verführbar, gefangen in Gedanken, die keinen Ausweg zulassen. Sinnigerweise fiel mir während der hundert Minuten ein Schulfreund ein, der als Student nach Queensland ausgewandert war. Ich hatte ihn vollkommen verdrängt. Vor etwa einem Jahr habe ich ein Foto von ihm gesehen und wusste, dass er den Fallenstellern nicht entkommen war. Bei unserem letzten Treffen rannte er als fadendünner 17-Jähriger während eines Sportfests um die Wette, jetzt füllte ein bierfassfetter Ex-Hallodri das Bild, mit einem vom Wohlstand verwüsteten Gesicht. Unterm Cowboyhut. Ist er angekommen? Dort, wo er ankommen wollte?

Am dritten Tag regnet es. Ich besteige morgens einen Stadtbus, will zur *National Library*. Nur in Begleitung von ein paar Hunderttausend Büchern komme ich heute über die nächsten zehn Stunden. Und wieder passiert etwas, was mich selbst jetzt beim Schreiben zum Kichern verführt. »Es gibt mehr Ding' im Himmel und auf Erden, als Eure Schulweisheit sich träumt«, bemerkte Hamlet zu Horatio und die folgende Szene ist der unwiderrufliche Beweis für die Worte des dänischen Zauderlings. Ich gehe vor zum Fahrer, stelle mich neben ihn und sage:

– One ticket, please.
– Adult or child?

Wer hätte gedacht, dass ein Herr im besten Alter, der seinen siebten Geburtstag schon eine Zeit lang hinter sich hat, noch als Kind durchgeht. O.k., so sei es. Ich will endlich auch Schnäppchenjäger sein, eiskalt antworte ich, mit Männerstimme: »One child, please.« Der Bus ist fast voll, keiner lacht, keiner wacht auf, die Toten fahren zur Arbeit.

Während der Fahrt fange ich an zu verstehen. Eigentlich darf man darüber nicht kichern, im Grunde müsste man schluchzen. Wir fahren durch eine *residential area*, vorbei an Hunderten blitzblanker, in matter Verzweiflung daliegender Einfamilienhäuser, die alle gleich aussehen und bei deren Anblick man sich wundert, wie jemand abends zurück in sein Eigenheim findet. So gesichtslos sieht hier die Welt gerade aus. Und im selben Augenblick übernehme ich (in Gedanken) das Steuer des Busses, bin der Fahrer mit den Friedhofsaugen, bin es seit Ewigkeiten und weiß, dass ich noch eine Ewigkeit über diesen Mond kurven muss, erinnere mich zugleich, dass ich von Anfang an spürte, dass ich – *driver* Michael D. / *social security number* 3 9458 485 – ein solches Dasein nicht verkrafte, aber auch keinen Ausweg wusste und deshalb beschlossen habe, Roboter zu werden, eben blind, taub, irgendwie tot. Und deshalb wende ich nicht mehr den Kopf, leiere nur noch blechern und automatisch: »Adult or child?«

Die Nationalbibliothek ist vorbildlich, ein Lesesaal mit Steckdosen, ein Café, ein Buchladen, an allen Ecken und Enden weht Geist. Mein Tischnachbar heißt Gary – ein Rätsel an Intelligenz, an Vielwissen und Erkenntnishunger – und weiß auf alles, was ich nicht weiß, eine Antwort. Und bringt mich am frühen Abend mit seinem Auto zurück zur *civic*. Beim Abschied frage ich ihn nach seinen Plänen und Gary beichtet: dass er hier mit seiner Frau auf den Tod der kranken Schwiegereltern wartet. Ist es so weit, kündigen sie die Wohnung und verlassen mit Bleifuß die Stadt.

Am nächsten Morgen hat das Exil ein Ende, ich darf früher fort als Gary, ein Bus evakuiert mich nach Sydney. Dennoch, auf Canberra hätte ich nicht verzichten wollen. Reisen hat mich noch nie als Veranstaltung interessiert, auf der man »schöne Eindrücke«

sammelt. Reisen soll beuteln, verwirren, die Weltwachheit in mir schüren. Eine missratene Reise ist nur jene, nach der ich sonnenbraun und ahnungslos wie vor der Bräune wieder zu Hause ankomme. Außerdem: Hat mich die Hauptstadt nicht beschenkt? Mit der Liebesgeschichte von Percy und Nellie? Mit einem der exquisitesten De-Luxe-WCs im Universum? Mit einem Film, an dessen Ende sich jeder Zweite die feuchten Augen wischte? Mit einem Busfahrer, der einmal Mensch war und nun als Androide unterwegs ist. Ist das nicht auch eine Geschichte, die zum Mitgefühl verleitet? Mit ihm, mit allen wie ihm? Und zur Wachsamkeit uns gegenüber aufruft? Damit wir nicht auf einen ähnlichen Untergang zusteuern.

Ruhige Fahrt. Das Land und der Himmel leuchten, im Radio kommt die Nachricht, dass ein Greyhound-Fahrer und ein rasend gewordener Passagier – mitten im gestrigen Nachmittagsverkehr – um die Übernahme des Steuerrads kämpften und der Rasende zuletzt überwältigt wurde. Und dass hinterher die Polizei anrückte, um die (angeblich) versteckte Bombe zu finden.

Wir haben es leichter. Keiner droht, uns in die Luft zu sprengen, Australien ist wieder einmal bildschön und als wir 3½ Stunden später ankommen, weiß ich sofort, dass ich Abbitte leisten muss. Sydney leuchtet auch, der Frühling blüht, die Australierinnen blühen, wo immer ich den Kopf hinwende, oft sieht er etwas, wovon er den Blick nicht lassen will. Das hat sicher (auch) mit der Tatsache zu tun, dass nach einem Aufenthalt in C. alles nur beschwingter, farbenfroher (froh!), sinnlicher werden kann. Zudem nimmt mein vom Stress traktierter Leib dankbar zur Kenntnis, dass er die knapp 25 000 Kilometer ohne größere Beulen und Niederlagen überstanden hat. (Vom kommenden K. o. weiß er noch nichts.)

Ich deponiere das Gepäck auf meinem Hotelbett und begrüße sechzig Meter weiter Cenel, den Fast-Food-Türken, dem ich an einem regenverseuchten, eiswindigen Tag vor drei Monaten ein Hikmet-Gedicht aufsagte. An jenem Tag, als ich Sydney noch hasste. Cenel leuchtet auch, für die sechs Zeilen über die Brüderlichkeit wird er mir bis zum Lebensende ein Lächeln schenken. Sprache kostet nichts und kann zaubern. Wobei wir noch immer keine Ahnung haben, wie sie das macht.

Zudem kam Sydney vor Tagen in die Schlagzeilen, weltweit und unter großem Gelächter. John Howard, der baldige Ex-Premierminister, hatte seinen »best buddy« eingeladen, Bush jr., den baldigen Ex-Präsidenten sowie weitere 19 politische Hochwürden und Spesenritter, zum *APEC-Forum*, der Asia-Pacific Economic Cooperation. Man konnte täglich via Medien mitverfolgen, wie ein Teil der Stadt für schlanke 173 Millionen Dollar zur Festung umgebaut wurde. Die 21 schienen so beliebt, dass sie vor dem Liebesrausch des Volkes geschützt werden mussten. Per Beton-Paravents, Stacheldraht-Tonnen, Hubschrauberstaffeln, Kriegsflotten, Scharfschützen, Hunde-Armeen, Polizei-Armeen, Panzer-Limousinen und ein paar Hundert eigens eingeflogenen *under-cover-agents*. Um sicherzugehen, dass die Liebe nicht überhandnimmt.

Nun das Gelächter, das in alle fünf Kontinente übertragen wurde. Was war passiert? Zur Vorgeschichte: ABC, die öffentliche Fernsehanstalt, produziert wöchentlich eine Satire-Sendung unter dem Namen *The Chaser's War on Everything,* des Jägers Krieg gegen alles. Anspielung auf den inflationären Umgang des Wortes »war« (Krieg) in der amerikanischen Politik. *War on hunger, war on drugs, war on crime, war on terror*, eben *war on everything*. Es scheint kein anderes Rezept zu geben, um mit Konflikten fertig zu werden. Es gibt nur Bombenhagel und Friedhöfe. Und lauter verlorene Kriege.

Diesmal gelingt der Crew eine Sensation. Mit Witz und Chuzpe, mit Fantasie. Und völlig unbewaffnet. Sie mietet drei schwarze

Straßenkreuzer, steckt drei kanadische Flaggen drauf, verkleidet zwei Mann als Polizisten auf Motorrädern und fährt los. Und – noch unfassbarer – wird vom hochbezahlten, hochmotivierten und hochgerüsteten Hightech-Personal durchgewunken, eingelassen in die *security red zone*, ins Hoheitsgebiet, jenes Quadrat, wo jeder Blumentopf schon dreimal gescannt wurde. Und kommt, *in cold blood*, bis nahe an Bush's Intercontinental-Hotel heran. Und eine Bombe, eine Bomben-Blamage wird gezündet: Einer der elf Beteiligten entsteigt dem zweiten Wagen und winkt kostümiert als – ja als wer? – als OSAMA BIN LADEN in die Kameras der Weltpresse.

Ein Geniestreich, Tyl Ulenspiegel in Down Under, Australien bebt vor Lachen, der Polizeichef kocht vor Wut, die vorgeführten Politiker schäumen. Nichts hilft, ihr Geifer verrät, dass sie sich als Popanze und manisch besessene Sicherheits-Freaks, gar erfolglose, ertappt fühlen. Ich gehe in die ABC-Zentrale und schaue mir ein Dutzend Mal die Szene an. Man will veitstanzen vor Amüsement. Weil man Zeuge wird, wie Leichtsinn und Frechheit die Kraftmeiereien einer Weltmacht in die Knie zwingen. Immerhin eine halbe Stunde lang. Egal, die Frist genügte, um zu beweisen, dass noch andere Umgangsformen möglich sind als Hass und wieder Hass. 1000 Punkte für Sydney, 1000 Punkte für ein Fernsehprogramm, das zum Auslachen und Nachdenken verführt.

Das ist mein letzter Nachmittag, rechts das blaue Meer, oben der blaue Himmel. Ich wandere durch den paradiesischen Hyde Park zum Kings Cross, will nur schauen, niemanden mehr treffen und ausfragen, will mir einen ersten freien Tag gönnen, einen ersten freien halben. In einer schmalen Nebenstraße, ein paar Ecken weg von den Nutten und Kaputten, stehen ein paar Bäume auf dem Trottoir. Ich setze mich, lehne mich an eine Kastanie, rauche, bin nichts als ein glücklicher Mensch.

Bis sich schräg gegenüber die Balkontür einer kleinen Villa öffnet. Rein zufällig habe ich sie bereits im Blick, sehe deshalb den leicht überraschten Ausdruck im Gesicht der Frau, die jetzt heraustritt. Wahrscheinlich sitzt nicht jeden Tag ein Wildfremder unter dem Baum. Drei, vier Sekunden dauert der Augenblick. Bis sie sich abrupt abdreht und die Tür hinter sich schließt.

Wie dunkle Schlangen fiel ihr Haar auf die Schultern. War es dieser Blick, den ich so gut aus Paris kenne, dieser Blick einer Schönen, in deren Nähe Männer nur als Staffage auftreten? Die einzig den Augenkontakt sucht, um sich ihrer Stärke, ihrer Vehemenz zu versichern? Schau, wie wunderschön ich bin! Die immer wieder wissen, ja genießen will den Anblick einer Niederlage, einer stummen Ergebung vor ihr, die aussieht wie keine weit und breit?

Während ich noch immer das Haus betrachte, fällt mir ein Lied ein, das ich vor Wochen auf der Reise im Radio gehört habe. Es war Tage, nachdem jemand Preverts Gedicht *Rappelle-toi Barbara* vorgelesen hatte, und ich noch dachte, dass es im australischen Rundfunk einen frankophilen Verrückten geben muss. Ein altes Chanson wurde gespielt, neu interpretiert von Francis Cabrel, einem Star in Frankreich: *Les Passantes*. Da ist die Rede von einem anderen flüchtigen Blick zwischen Mann und Frau, einem anderen Moment der Innigkeit. Jenem, dem alle, aber Reisende wohl öfters, begegnen. Irgendwann, irgendwo, bisweilen.

Das Lied ist ein Meisterwerk, in dem der Text und die Melodie, die jedesmal ein Herzflimmern auslöst, fugenlos zusammenpassen. Jeder Buchstabe fügt sich zu jedem Ton. In den fünf Minuten und zwei Sekunden wird von Blicken erzählt, die nicht hochmütig sind, nicht schlingernd, nicht gierig, nicht Bewunderung fordernd. Eben jene Bruchteile von Zeit, in denen ein Mann an dem Gesicht einer Frau vorbeigeht, die an einem Fenster steht, am Fuß einer Treppe, auf der anderen Straßenseite. Nur dieser kurze intensive Moment, nur dieser eine kurze Blick in ihre Augen, dann verschwinden sie, verschwinden aus dem Leben des Mannes.

Und er rennt nicht hinterher, sucht sie nicht. Aus vielen Gründen. Aus Mutlosigkeit, weil jene Frau kein Sehnen nach Nähe signalisierte, weil ein Zug wartet, ein Flugzeug. Beide werden den Blick vergessen, normalerweise. Ein paar sinnliche Gedanken werden, vielleicht, die nächsten Tage (und Nächte) zu ihm zurückkehren. Dann ist er weg. Entsorgt wie so vieles, von dem man nur blitzhaft erfuhr.

Doch in den letzten Strophen kommt die Moral des Chansons zu Wort, leise Moral, eher poetisch: »Mais si l'on a manqué sa vie«, aber – so beginnt sie – wenn man sein Leben vertan hat, genauer übersetzt, wenn man zu viel geträumt, zu oft verzagt auf die Zukunft gewartet hat, dann wird man sich an den Abenden der Einsamkeit dieser Lippen und Küsse erinnern, um die man nicht zu bitten wagte, an diese Augen all jener »belles passantes«, die man an sich vorübergehen ließ.

Um 9 Uhr 10 am nächsten Morgen fährt ein Greyhound vom Bahnhof zum Flughafen. Blauer kann eine Stadt nicht werden. Ich bin, absurde Zufälligkeit, der einzige Fahrgast in dem mächtigen Vehikel, und David ist der freundlichste, der lustigste Fahrer von allen. »I'm your personal chauffeur, sir«, sagt er grinsend und gibt Gas. Ich habe das alles nicht verdient, aber behalte die Nerven und genieße jeden letzten Meter.

Ich bin, wie viele andere, wohl so erzogen. Seit ich mich kenne, ist es so. Manchmal kann ich den törichten Gedanken in Zaum halten. Und manchmal nicht, wie jetzt: Glück muss vergolten werden, es fordert Revanche. Manchmal gleich, manchmal viel später. Heute gleich. Nach dem Einchecken bin ich beim Lesen eingeschlafen, die Rache des Körpers für neunzig Tage nonstop, neunzig Nächte zu kurz. Als ich aufwache, höre ich »this is the last call for Mister Andreas Altmann«, springe hoch, sprinte auf den nächsten Schalter zu, frage nach dem *gate*, drehe in Windgeschwindigkeit ab und – mein allerletzter Fehler auf dem Kontinent – fliege in den kofferschweren Gepäckwagen eines Hochintelligenten, der sich zwei Meter neben mir (statt hinter mir) postierte, stolpere, knalle mit dem Oberkörper auf das hüfthohe Eisengestell, das für Handtaschen gedacht ist, spüre noch den unbändigen Schmerz und sinke – inzwischen bewusstlos und eher unelegant – zu Boden.

Dreißig Minuten später hebt der Airbus ab. Mit mir und dem Paar gebrochener Rippen. Im linken Brustkorb. (Mein Hausarzt wird es mir freundlicherweise in zwei Tagen am Röntgenbild erklären.) Unergründliches Menschenherz. Mir fehlt nichts, trotz leichtem Zittern, trotz Kurzatmung. Am 91. Tag bin ich dankbarer als je zuvor. Das Unglück war ein Glück, o.k., ein kompliziertes Glück, aber ein Glück. Jeder Fremde will von einem Land überrascht werden, überwältigt, ja hingerissen sein. Australien hat mich zuletzt umgehauen. Um mehr darf einer nicht bitten.

Andreas Altmann

REISE DURCH EINEN EINSAMEN KONTINENT

Unterwegs in Kolumbien, Ecuador, Peru, Bolivien und Chile

272 Seiten, gebunden
€ 17,90 / sFr. 32,90
ISBN 978-3-8321-7996-0

Ob Señora Botero de Mejía, eine Greisin, die durch die Straßen von Bogotá zieht und Nahrungsmittel an die Ärmsten verteilt, ob Schuhputzer Xavier in Ecuador, der sich für die Geheimnisse der Sprache interessiert, oder eine strenggläubige 16-jährige Mutter: Andreas Altmann destilliert aus ihren Lebensgeschichten ein unsentimentales Porträt des heutigen Südamerika und zeigt, dass Gier und Zerstörung nur eine Handbreit von Barmherzigkeit und Liebe entfernt sind. So trifft er in Cali auf den unbeugsamen Lebensmut blinder Fußballspieler, die einem »sonoren« Fußball hinterherjagen. In Ayacucho begegnet er dem Mitgefühl in Person der 78-jährigen Angelica, die mit ihrer Organisation *Anfasep* den Angehörigen der Opfer aus den peruanischen Terrorjahren hilft. Und in Quito lernt er, was Einsamkeit bedeutet, als er im Frauenzuchthaus *El Inka* die zu acht Jahren Haft verurteilte Deutsche Anna besucht. Dabei mischt sich in seine Wut über den Zustand der Welt immer neu seine Liebe zu den Menschen, deren Lebenswille und Schönheit. Andreas Altmann hat ein wunderbar intensives, nachdenkliches, aber auch heiteres Reisebuch geschrieben, fesselnd bis zur letzten Seite.

»Eine Inspiration für ein anderes, wacheres Unterwegssein. Ganz gleich wohin.« TAGESSPIEGEL

Australien
Darwin
Jabiru
Katherin
Daly W
Ten
Northern Territory
Alic
Hermannsburg
Yulara
Uluru (Ayers Rock)
Western Australia
South
Coober Pedy
Cook
Kalbarri
Geraldton
Kalgoorlie
Nullarbor Plain
Perth
Bus/Anhalter:
Eisenbahn:
Flugzeug: